충북대학교 교양 교재

대학 글쓰기

대학 글쓰기 교재 편찬위원회 편

충북대학교 출판부

목 차

Ⅰ. 교양인의 삶과 글쓰기

1. 대학생활과 글쓰기

글쓰기는 자신의 생각을 글로 써서 표현하는 것이다. 글을 써 보면 자기가 어떤 사람인지, 자신의 생각은 무엇인지 알 수 있으며 사고 또한 깊어진다. 글을 쓰는 과정에서 자아를 성찰하게 되고 생각 또한 다음 단계로 나아가 발전하기 때문이다. 21세기에 글쓰기는 창의적 · 비판적 사고, 공감과 소통 능력과 함께 인간이 지녀야 할 매우 중요한 능력으로 부상하고 있다. 특히 글쓰기는 자아성찰, 표현을 통한 사고의 발전, 공감과 설득을 통한 소통을 본질로 한다는 점에서 보다 더 나은 삶을 사는 데 필요한 것이다.

과학기술의 발전으로 컴퓨터와 스마트폰 사용이 상용화되어 글쓰기 환경이 매우 많이 달라졌다. 이메일로 소통하는 글쓰기, 소셜 미디어로 불특정 다수를 대상으로 하는 짧은 글쓰기의 활성화 등 미디어의 발전에 따라 자연스럽게 바뀌고 있는 중이다. PC보다 스마트폰을 통해 글을 쓰는 일이 빈번해지는 등 또 다른 변화도 이어질 것이다. 글을 쓰는 환경이 변화하면 좋은 글을 쓰는 데 필요한 요건도 달라진다고 생각하기 쉽지만, 글쓰기의 기본 소양을 갖추면 어떤 환경에서도 글을 잘 쓸 수 있다.

1) 대학 글쓰기 교육은 왜 중요한가

2000년대에 들어서면서 대학 글쓰기 교육은 그전보다 더욱 강조되었다. 글쓰기의 중요성에 대한 인식도 높아졌다. 그렇지만 학생들은 대학에 들어오기 전에 글을 써본 경험이 거의 없어서 글로 써야 하는 과제를 부담스럽게 여긴다. 학생들이 글을 쓰는 것을 두려워하는 이유는 글을 쓰는 것이 어렵다고 여기기 때문이고, 글을 어렵게 여기는 것은 글을 쓸 기회가 없었기 때문이다. 중 · 고등학교에서 수행평가 과제로 글을 써보긴 했으나 대체로 인터넷에 있는 자료를 모아 '짜깁기'해서 제출했기 때문에 자신의 생각을 표현하는 글을 어떻게 써야 하는지, 왜 그렇게 해야 하는지 인식조차 못하는 것이다.

대학에서는 왜 자신의 생각을 정리해서 글 쓰는 과제를 많이 내는 것일까? 어떤 학생은 이미 연구가 잘 이루어져 있고 잘 쓴 글도 많은데, 왜 부족한 생각을 엮어 글을 써오라는 과제를 교수들이 내는지 모르겠다고 푸념을 하기도 한다. 대학교에서 글쓰기 과제가 많은 이유는 글을 쓰는 과정에서 자기 생각을 정리하는 법을 배우고 자신이 어떤 가치관을 지니고 있는지 확인할 수 있으며 이러한 학습 과정을 통해 지적으로 성장할 수 있기 때문이다. 책을 읽고 요약 · 논평하는 과제와 독서감상문 · 영화감상문 등은 글쓰기 훈련의 기초 단계일 뿐만 아니라 전공학습으로 유도하는 데도 훌륭한 기능이 있다. 요약, 논평, 감상문 쓰기 훈련이 되어 있으면 학술논문도 훨씬 더 잘 쓸 수 있다. 글쓰기는 학습 방법으로서도 중요한 역할을 한다.

대학의 전공 교육을 제대로 받기 위해서는 텍스트 독해 능력과 요약, 비판적 이해 능력이 요구된다. 이러한 능력을 기르는 데 글쓰기 기초교육은 매우 중요하다. 한 학기 강의를 통해 다른 학생들과 함께 책을 읽으며 저자의 생각이 무엇인지 이해하고 비판하는 눈을 기른다면 보다 더 효과적으로 글을 쓰게 될 것이다. 책을 읽고 이해한 내용을 서로 공유하며 요약해 보고 분석하여 비판하고 새로운 해석을 해내는 능력이 이 과정에서 길러진다.

이렇듯 글쓰기 능력은 사유 능력과 밀접하게 관련되어 있다. 특히 모국어를 정확하게 구사하지 못하면 사유 능력을 신장하기 어렵다. 미국 시카고대학의 재미교포 3세 한국학 전공 교수가 서울에서 개최된 국제학술대회에서 자신의 스승이 "너의 모국어는 영어이니 영어로 발표해라. 한국어로 말할 수 있다고 한국어로 발표한다면 그 순간 너는 중학생 수준 정도의 발표밖에 하지 못할 것"이라고 했다면서 한국어를 구사할 수 있는데도 영어로 발표하는 것을 본 적이 있다. 재미교포 3세에게 모국어는 한국어가 아니라 영어이기 때문에 깊이 있는 사고와 발표를 위해서는 모국어로 해야 한다는 것이다. 이를 통해서도 알 수 있듯이 높은 차원의 사유가 가능하려면 모국어 글쓰기가 뒷받침되어야 한다. 2008년 제18차 세계언어학자대회에서 수잔 로메인(Suzanne Romaine) 옥스포드대 석좌교수는 "인간은 모국어를 사용할 때 가장 창의적으로 사유할 수 있다."라고 했다. 전문 분야에 대한 깊이 있는 사고 훈련은 학습한 외국어보다는 모국어를 사용할 때 극대화되며 창의성 역시 이 과정에서 발현될 수 있기 때문이다.

2) 글쓰기에 대한 세 가지 오해

(1) 글쓰기 능력은 타고나는 것인가

글쓰기 재능을 타고나는 사람도 있지만, 글을 잘 쓰는 사람을 관찰해 보면 재능을 타고난 경우보다는 반복적인 학습과 훈련의 결과인 경우가 더 많다. 또 재능을 타고났어도 연습을 거치지 않은 사람이 글을 잘 쓰는 사례를 찾기는 어렵다. 어려운 수학 문제를 풀기 위해 들였던 시간을 생각해 보자. 글을 쓰는 데도 그만큼 시간을 들여야 재능을 타고난 사람도 글을 잘 쓸 수 있는 것이다.

글을 잘 쓰지 못하는 사람도 책을 읽고 글을 쓰는 과정을 거치면 글을 잘 쓸 수 있다는 것을 직접 경험해 보는 것이 중요하다. 글쓰기 수업을 들으면서 우리가 터득해야 할 것 중 하나는 바로 반복 훈련을 하면 글도 잘 쓸 수 있게 된다는 점을 깨닫는 것이다. 글을 잘 쓰기 위한 훈련 과정에서 창의적 사고 능력, 비판적 사고 능력, 공감 능력 등도 함께 자라나 훌륭한 교양인으로 거듭날 뿐만 아니라 미래 사회를 살아갈 수 있는 자질 또한 갖출 수 있으니 글쓰기 교육은 교양교육의 꽃이라 할 수 있다.

(2) 나만 글쓰기가 두려운가

문학 작가뿐만 아니라 칼럼니스트나 신문기자 등 글쓰기 전문가들도 글쓰기는 어렵고 힘들다고 말한다. 글쓰기를 본격적으로 해보지 않은 대학생들이 글쓰기가 힘들다고 말하는 것은 무척 당연한 일이다. 중등교육과정을 마칠 때까지도 자기 생각이나 자기가 경험한 것을 글로 표현하는 기회는 만나기 어렵다. 그런데 대학생이 되면 글을 쓰지 않으면 안 되는 상황에 맞닥뜨리게 된다. 글을 써 본 경험이 없는 데다가 남들과 다른 생각을 할 수 있는 능력도 갖추지 못했으므로 글을 쓰는 것을 더 두려워하는 것이다.

리포트를 잘 쓰고 서술형 시험 답안 작성을 잘 해야 좋은 성적을 받을 수 있으며, 회사에 취직한 후에는 제안서나 결과보고서를 잘 써야 업무 능력을 인정받을 수 있다. 글을 쓰는 능력을 기르지 않으면 대학생활이나 사회생활을 제대로 하기는 어렵다. 대학 입학과 함께 학생들은 글쓰기와 관련한 낯선 환경에 직면하게 된다. 두려움이 크겠지만 누구나 글쓰기를 어려워한다는 사실을 알고, 이를 극복할 수 있는 방법을 찾는 것이 바람직하다. 글을 써 본 경험이 없는 사람들이 글을 쓰는 것을 두려워하는 이유는, 글로 써 놓으면 자기가 보기에도 부족해 보이는 자기의 생각이 남들에게 그대로 드러나기 때문이다. 이것이 두려워 글을 쓰지 않으면 부족한 생각을 개선할 방법이 없다. 결국 글을 잘 쓰기 위해서는 용기가 필요하다. 자기의 부족한 생각을 솔직하게 드러낼 줄 알아야 하고,

다른 사람이 지적하는 것을 겸허하게 받아들여야 한다. 글쓰기 수업을 들으면 자기가 쓴 글의 문제점을 교수가 지적하고 개선 방향을 제시하기도 하는데 자기 글을 다른 사람에게서 평가받는 것을 두려워하지 말아야 한다. 당장 좋은 평가를 받는 것에 의미를 두기보다는 길게 보아 글을 쓰는 능력을 기르는 데 도움이 되게끔 활용하는 것이 현명하다.

(3) 내 생각이 아니라 교수가 원하는 내용을 써야 하는가

학생들은 교수가 원하는 내용이 따로 있다고 생각한다. 학점을 잘 받지 못했을 때도 학생들은 교수가 원하는 내용을 자기가 쓰지 않았기 때문이라고 생각한다. 물론 한 학기 강의에서 교수가 강조했던 내용을 파악하고 거기에 맞는 내용을 찾아 학생 자신의 생각에 근거해서 리포트를 쓰거나 시험 답안을 작성했을 경우 평가 결과는 좋을 것이다. 중요한 것은 교수의 견해가 아니라 학생 자신의 견해를 쓰는 것이다.

그러나 학생들은 교수가 원하는 것이 학생 자신의 입장과 생각을 쓰는 것이라고 생각하지 않는다. 특정한 문제에 대한 교수의 견해, 특정한 문제에 대한 교수의 관점과 반대되는 내용을 써서 자신이 부당한 평가를 받았다고 생각하는 경향이 있다. 이렇게 남의 시선을 지나치게 의식하면 자신의 생각을 발전시키기 어려울 뿐만 아니라, 자기 생각을 그대로 드러내지도 못하게 된다.

다른 사람의 시선이나 평가를 지나치게 의식하면 글쓰기 능력도 성적도 나아지지 않는다. 담당 교수가 과제로 내주는 글의 주제를 좋은 글을 쓰는 데 도움이 되는 힌트라고 받아들이고 자기가 중요하다고 여기는 것을 찾아 주체적으로 써야 한다. 자신의 생각을 뒷받침해 줄 만한 전문가의 견해를 찾아서 활용해야 할 때도 있다. 중요한 것은 진정성이다. 꼭 써보고 싶은 것을 공들여 쓰다 보면 머지않아 글을 잘 쓰게 된다.

2. 쓰기/읽기와 의사소통 과정에 대한 이해

많이 읽었더라도 많이 써보지 않으면 글을 잘 쓸 수 없다. 글쓰기를 배우지 않고도 여태까지 글을 잘 쓸 수 있었던 것은, 우리가 읽었던 많은 것들이 우리도 모르는 사이에 글을 쓰는 토대로 작용했기 때문이다. 읽기가 어떻게 쓰기로 연동되는지 필자의 쓰기와 독자의 읽기를 보다 분석적으로 고찰해볼 필요가 있다. 널리 알려져 있는 로만 야콥슨(Roman Jakobson)의 언어학적 커뮤니케이션 모델을 토대로 의사소통 과정을 분석적으로 검토해 보자.

다음에 제시하는 것은 로만 야콥슨의 언어학적 커뮤니케이션 모델로, 의사소통 행위상의 구성요소를 모델화한 것이다.

로만 야콥슨은 커뮤니케이션이 이루어지기 위해서는 여섯 가지 구성요소인 발신자(addresser), 관련 상황(context), 메시지(message), 약호(code), 접촉(contact), 수신자(addressee)가 요구된다고 하였다. 발신자는 정보나 메시지를 보내는 개인 또는 조직, 수신자는 커뮤니케이션의 메시지를 전달받는 자, 관련 상황은 메시지가 전달될 때 처해 있는 상황 내에서 의미를 갖고 있는 맥락, 메시지는 커뮤니케이션의 내용으로 발신자에서 수신자에게로 전달되는 기호이다. 약호 체계는 메시지를 축조하고 해독 및 재구성하여 메시지 이해를 돕는 것으로 사회적 관습이나 원리의 체제이며, 접촉은 발신자와 수신자 사이에 커뮤니케이션의 내용이 전달되는 통로 또는 매체를 말한다. 이를 토대로 쓰기와 읽기가 이루어지는 의사소통 과정을 분석해 보면 다음과 같다.

1) 필자

글로 의사소통할 때 주도권은 필자가 갖는다. 필자는 '이 글은 무엇에 관한 것인가?', '독자에게 하고 싶은 말은 무엇인가?'를 염두에 두고 글을 써야 한다. 필자는 자신의 생각과 느낌을 선택한 글의 종류에 맞게 써나간다. 이러한 자기표현으로서의 글쓰기는 내가 무슨 생각을 하고 있는지를 돌아보게 할 뿐만 아니라, 자기 자신을 깊이 이해하는 데 도움을 준다. 글쓰기를 통해서 필자 자신의 가치관이 무엇이었는지 확인하고 고민하는 과정을 통해 주체를 구성하는 일이 가능해진다. 이는 자아성숙의 과정이기도 하다.

2) 문맥

문맥이란 의사소통과정에서 의미를 이해하고 전달하기 위해 동원하는 맥락을 말한다. 글을 쓸 때 맥락을 짐작하게 하는 내용이 글에 있는지 확인해 본다. 완전한 소통은 쉽지 않지만, 소통을 위해 글을 쓰는 사람은 텍스트를 해석하는 데 도움이 될 만한 여러 가지 정보를 예비해 둘 필요가 있다. 맥락을 모르면 텍스트가 전달하고자 하는 내용이 다르게 이해될 수 있으므로, 글을 쓸 때는 맥락화가 제대로 되어 있는지 확인할 필요가 있다. 자신의 생각이 정확하게 표현되어 독자가 정확하게 이를 알아차릴 수 있도록 써야 한다.

3) 독자

아무리 좋은 글도 읽어주는 사람이 없으면 소용이 없다. 독자에게는 마음에 들지 않는 글을 읽지 않을 권리가 있다. 따라서 필자가 자신이 쓴 글을 독자에게 전달하고 싶다면 독자와의 소통을 염두에 두고 글을 써야 한다. 독자지향적 글쓰기가 필요한데, 이것은 독자의 비위를 맞춘다는 뜻이 아니다. 독자를 위해 쓴다기보다는 독자를 향해 필자가 원하는 방향으로 소통이 이루어지도록 설득해야 한다. 설득은 감성적 · 논리적 방법 둘 다 가능하며 때로는 문체가 그 역할을 담당하기도 하므로 글을 쓸 때, 표현 역시 중요하다.

4) 코드

글에 나타난 메시지를 해독하는 데 필요한 사회적 관습이나 원리가 코드인데, 글쓰기는 항상 해석공동체와 관련이 되어 있기 때문에 코드를 알아야 할 필요가 있다. 코드에는 국어 어문 규정부터 정확한 문장 쓰기의 방법, 상식적이고 보편 윤리에 근거한 판단, 전공 분야마다의 글쓰기 규약 등이 모두 포함된다. 필자는 공통 규약에 의거해서 글을 써야 하며, 독자의 마음을 움직일 수 있는 코드를 텍스트에 내재시켜 공감을 불러일으킬 수 있다.

5) 접촉

접촉은 발신자와 수신자 사이에 커뮤니케이션의 내용이 전달되는 통로 또는 매체를 말한다. 21세기의 글쓰기 환경에서 접촉은 매우 중요한 역할을 한다. 바로 디지털 매체가 지니는 상호작용성의 원리 때문이다. 특히 웹툰과 같은 장르의 경우 쌍방향 커뮤니케이션이 이루어지는 대표적인 글쓰기 형태라고 할 수 있다. 독자들이 댓글란에 글을 남기고 다른 독자가 답글을 남기며 서로 이야기를 공유하게 되는 과정에서 독자 스스로가 성장하기도 하고, 이러한 내용이 다시 필자에게 영향을 끼쳐 글에 반영되기도 한다. 댓글이라는 소통 행위가 일상화되어 있는 현재, 필자와 독자 간 피드백은 매우 즉각적이다.

6) 글

좋은 글이란 글의 성격에 따라 다를 수는 있지만, 기본적인 공통 요건이 있다. 필자의 생각이 정확하게 표현되어 있는 글, 짜임새 있는 구성을 지닌 글, 문제의식이 뛰어난 글이 좋은 글이다. 좋은 글의 결과는 어떻게 나타날까? 자신을 성장시키고 다른 사람들을 설득하여 공감을 얻어내어 보다 나은 사회 건설에 이바지할 수 있다. 좋은 글은 글쓰기의 기본을 지키고 인간과 사회에 바람직한 문제의식을 지향하기 때문이다. 미래사회를 예측할 때 공감 능력을 지닌 인간이 경쟁력을 발휘할 것이라고 한다. 진정성에 근거하여 내면의 깊이를 갖추고 인간에 대한 따뜻한 시선으로 세상을 바라보는 글은 의도하지 않아도 공감을 자아낼 것이다.

좋은 문제의식이란 주제의 본질을 꿰뚫으면서 개인적인 이해관계에 사로잡히지 않고 타인에 대한 배려나 시민사회의 성숙에 필요한 가치관에 근거해서 나오는 의문 또는 생각이라고 할 수 있다. 이것을 타자에 대한 상상력이라는 의미에서 '교양'이라는 말로 바꿀 수 있다. 대학생의 글쓰기가 지향해야 할 것은 바로 여기에 있다. 글을 써서 생각의 틀을 확대해 나갈 수 있다는 점에서 교양 형성의 가장 바람직한 길이 글쓰기인 것이다.

▶ **좋은 글을 쓰기 위해 문제의식에 대해 생각해 보자. '문제의식'이란 어떤 것인지, 좋은 문제의식이란 무엇인지 다음 글을 읽고 생각해 보자.**

> M : 걸인에게 한 번도 돈을 준 적이 없다고?
>
> 안 : 네. 한 번도요. 돈을 주면 맥주나 사마실 텐데 뭐하러 줘요?
>
> 필 : 하지만 형이 홍콩에 있었다면 줘야 할걸. 여기 걸인들은 먹을 게 없어서 거리로 나서니까.
>
> 안 : 그래. 홍콩은 다르겠지.
>
> M : 네가 말하는 '문제의식'이라는 건 뭐지? 설마 '제3세계는 빈곤 문제가 심각하다는 것을 아는 것' 정도를 말하는 건 아니겠지?
>
> 안 : '아는 것'은 '의식'이 아니죠. knowing은 having awareness가 아니잖아요.
>
> M : 무슨 뜻이니?
>
> 안 : 아는 것은 그저 아는 것일 뿐이에요. 하지만 '문제의식'을 가진다는 건 지금도 아프리카에서는 아이들이 매일같이 굶어 죽어가고 있다는 걸 안 이상 무엇을 해야 하고 무엇을 하지 말아야 할지, 자신의 행동을 결정한다는 거예요. 그게 바로 '문제의식'이에요.
>
> M : 알았어. 그러면 너는 이 세상에 대해 '문제의식'을 가진 사람이니? 예를 들어 설명해줘. 네가 하는 행동과 하지 않는 행동에는 어떤 것들이 있니?
>
> 안 : 저도 사실 자각을 잘 못하지만…… 그래도 자각하는 것이 중요하다고 생각해요.
>
> M : 계속 얘기해봐.
>
> 안 : ……예를 들면 전 가급적 스타벅스 커피는 안 마셔요. 물건을 살 때는 대형 슈퍼마켓보다는 주로 개인이 운영하는 작은 가게를 이용하고요. 조금 비싸더라도 그렇게 해요. 또 시디나 책을 살 때는 체인을 이용하지 않아요. 멸종 위기에 처한 동물은 먹지 않고, 동물 가죽도 사지 않고요.
>
> 필 : 우리는 윈난에서 표범 가죽을 사지 않았어. 하지만 형, 홍콩에서는 스타벅스나 퍼시픽이 아니면 갈 데가 없어.
>
> M : 안드레아, 너도 전등은 끄는 법이 없고 에어컨 역시 하루 종일 켜놓고 있던데 환경에 대해서는 아무런 '문제의식'이 없나봐?
>
> 안 : 그러게요.

필 : 형, 리허바이젠Licher Weizen이라는 독일 맥주 마셔. 이 맥주 한 상자 살 때마다 1제곱미터의 남미 우림을 구할 수 있대. 이윤의 일정 비율을 기부해서 숲을 구한다나봐.

안 : 브랜드가 다른 두 제품이 있을 때, 저는 도덕적 책임을 지지 않는 기업이 만든 제품은 고르지 않아요. 제3세계를 착취하는 기업이 만든 제품 같은 거 말예요.

M : 그렇다면 청바지도 제대로 살 수 없겠네. 니카라과에 공장을 둔 타이완 기업은 미국에서 청바지 한 벌을 대략 21.99달러에 팔지만, 노동자들에게는 20센트를 주지.

필 : 엄마도 다른 사람들 탓할 거 없어요. 슈퍼마켓에서 장을 보잖아요.

M : 여보세요, 홍콩은 '이씨 가문의 도시'라는 말 혹시 들어봤어? 슈퍼마켓은 말할 것도 없고, 네가 사용하는 전화나 전등, 버스와 배뿐 아니라 네가 읽는 신문, 네가 다니는 학교, 네가 사는 집, 네가 태어나고 죽을 병원 등 인간의 생로병사를 모두 한 회사가 책임지고 있어. 하지만, 엄마는 매번 슈퍼마켓을 이용하진 않아. 시간이 나면 전차를 타고 저 멀리 완차이 구시가에 가서 장을 보지.

필 : 거긴 철거되지 않았나요?

M : ……

안 : 하하, 그럼 엄마, 장 보러 마카오에 가시죠?

필 : 형, 마카오는 도박왕 허씨의 집안이야.^^

– 룽잉타이 · 안드레아, 강영희 역, 『사랑하는 안드레아』

▶ 다음 두 글을 읽고 자신의 생각이 바뀌었다면 글의 어떤 부분 때문인지 이야기해 보자.

공자는 얼굴빛이 변한 채 탄식하면서 두 번 절하고 일어나서 말했다.

"저는 두 번이나 노나라에서 쫓겨났으며, 위나라에는 다시 들어갈 수 없게 되었고, 송나라에서는 죽을 뻔했으며, 진나라와 채나라에서는 폭도에게 포위를 당했습니다. 저는 무엇을 잘못했는지 모르겠는데 이렇듯 네 번이나 곤경에 처했습니다. 도대체 무엇 때문일까요?"

어부가 슬픈 표정을 지으며 말했다.

"어떻게 해야 당신을 깨우칠 수 있을지!

자기 그림자를 두려워하고 자기 발자국을 싫어해서 달아나려던 사람이 있었는데, 발을 자주 뗄수록 발자국은 많아지고 아무리 빨리 달려도 그림자가 몸에서 떨어지지 않았습니다. 더 빨리 달리다가 기운이 다해서 죽고 말았습니다. 그늘로 들어가 그림자를 없애고, 제 자리에 머물러 발자국이 생기지 않게 했으면 됐을 텐데, 정말 어리석었지요. 당신은 인(仁)과 의(義)의 관계를 살피고, 같고 다른 것을 구별하며, 사물의 변화를 관찰하고, 다른 사람과 얼마나 주고 얼마나 받아야 하는지를 알고, 감정과 마음도 다스렸습니다. 그런데도 화를 피하기는 어려웠습니다.

몸가짐을 바르게 하고 본성을 지켜서 본래의 자기로 돌아오면 고달플 일이 없습니다. 자신을 바로잡지 않고 바깥에서 방법을 찾으니 개선이 되지 않는 것입니다."

– 김창환 역, 『장자』

모두가 속물이 되어 버린 세상에서 속물은 이제 두 가지 유형으로 분화되는 것이다. 하나는 즉자적인 속물, 속물을 살되 스스로가 속물임에 문제를 제기하지 않는 속물이며, 다른 하나는 자신이 속물임을 깨달은 속물, 즉 대자적인 속물이다. 위의 암호를 서로에게 던지면서 스스로가 속물임을 확인하고 인정하는 자들이 바로 대자적 속물이며, 그것이 또한 역사 이후의 삶을 살아내는 386세대의 이율배반적인 방편이다. 기형도의 표현을 빌리자면, 스스로가 "부러지지 않고 죽어 있는 날렵한 가지"(〈입속의 검은 잎〉)임을 알고 있는 이들은 진정성과 속물성이 착종된, 예컨대 '진정성의 속물'로서 살아간다. 속물인 자신들을 성찰함으로써, 속물로 살 수밖에 없음을 호소함으로써, 혹은 속물임을 드러내고 이를 외면화함으로써 속물이라는 범주를 벗어나고자 하는 이러한 '진정성의 속물'은 그리하여 '진정한 속물'이 아니라 '사이비 속물'이다.

– 김홍중, 「삶의 동물/속물화와 참을 수 없는 존재의 귀여움」

▶ 다음 글을 읽고 서로의 생각을 나눠 보자.

나는 1996년부터 대학에서 대중음악사를 가르쳤다. 맨 처음 대중음악사를 가르친 학교는 이 시점부터 한국 인디 문화의 메카가 되는 홍익대학교였다. 한 학기에 천 명 이상씩 가르쳤던 과목이었으니까 1996년부터 2002년까지 그 학교를 다녔다면 아마 대부분 내 강의를 들었을 것이다. 그때 내가 충격을 받은 것이 하나 있다. 학생들이 김민기가 누군지 모르는 거였다. 2006년이 아닌 무려 1996년이었는데도 말이다. 1996년 당시, 나는 당연히 모두들 그를 알 거라고 생각하고 수업 시간에 그와 관련된 이야기를 했는데, 표정들이 이상했다. 혹시나 해서 "김민기, 몰라요?"라고 물어보니, 아무도 대답하지 않았다. 그때 어색한 침묵을 깨고 머리가 긴 한 청년이 기어들어가는 목소리로 "혹시 드러머 아닌가요?"라고 대답하는 거였다. 사실 헤비메탈 밴드 '시나위'에서 드럼을 연주했던 또 다른 '김민기'가 있긴 했다. 하지만 난 기절하는 줄 알았다. 다른 곳도 아니고, 대중문화의 중심지인 홍익대 학생들이 김민기를 모른다니……. 결국 처음부터 수업을 다시 시작해야 했던 기억이 지금도 생생하다. 이 책을 보는 분들은 그럴 리 없겠지만, 혹시라도 그를 모르는 분을 위해서 처음부터 차근차근 이야기를 풀어나가겠다.

이번 이야기는 앞 장 '마이너리티의 예술 선언'의 '한국 버전'으로 사실상 이어지는 주제다. 미국의 이른바 10대들에 의한 새로운 문화적 세대혁명이 있었고, 그 문화적 혁명은 1964년 비틀스의 성공을 기점으로 전 세계에 전파된다. 여기서 흥미로운 점은 1964년 비틀스가 "전 세계의 젊은이들이여, 단결하라!"라는 새로운 메시지를 전파하는 순간에, 한국에서도 매체의 변화가 새롭게 일어나고 있었다는 것이다.

1964년 한국에서는 음악 전문 미디어라고 할 수 있는 FM 라디오 방송이 처음으로 시작되었다. 기억나는가. 한국에서 슬슬 과열되기 시작한 입시 경쟁으로, 심야에 FM 라디오 방송을 들으면서 공부하는 문화가 생겨났다. 한밤중 혼자 공부하는 게 너무 지겨워서 방송국에 신청곡 엽서를 보내는 문화도 이때 시작되었다.

이때 FM 라디오 방송에서는 어떤 곡을 틀었을까. 대부분 비틀스, 밥 딜런의 노래 같은 외국 팝송이었다. 지금은 라디오를 틀면, 거의 95퍼센트가 한국 노래지만, 당시엔 낮 12시 〈싱글벙글 쇼〉 같은 프로그램 말고는 FM에서 통칭 '가요'라고 부르는 한국 대중음악을 트는 것은 FM 피디들에게 금기 사항이었다. 왜냐? 바로 채널 돌아가는 소리가 들렸기 때문이다. 요즘 소위 '된장녀'의 상징이 1970년대 당시에는 모 사립여대생이었다. 당시 지방에서 살던 나는 모 여대생들이 읽지도 않는 『타임스(Times)』지를 표지가 바깥으로 보이게 끼고서 다닌다는 소문을 들었다. 이 말이 상징하듯, 당시 영어로 된 노래를 듣는다는 것은 '나는 낙오자가 아니다'라는 상징이었다. 나는 1977년부터 1979년 사이에 고등학교를 다녔는데 그 당시엔 반에서 꼴찌하던 친구들도 팝송을 들어야 했다. 물론 무슨 뜻인지 하나도 모른 채 들었다. 그랬기 때문에 만약 교실에서 한국어로 된 노래를 부르거나 얘기한다면 그 순간 그 애는 '왕따'가 될 수밖에 없었다. 일단 1970년대까지는 이런 특수한 상황이었음을 알고 있어야 다음 내가 할 이야기를 이해할 수 있다.

바로 그때, 1960년대에서 1970년대까지 대한민국은 경제적으로는 제1 · 2 · 3차 경제개발 5개년 계획의 시대이자 정치적으로는 제3공화국과 제4공화국시대였다. 그리고 그때 한국에서도 역사상 최초로 새로운 문화적 세대혁명이 일어났다. 그 새로운 문화적 세대혁명을 당시 언론은 '청년문화'라고 불렀다. 드디어 젊은이들의 문화가 처음으로 한국 사회의 지평선에서 떠올랐다. 그러나 이 청년문화의 핵심은 미국과는 달리 로큰롤이 아니었다. 통기타 음악, 포크 음악이라고 부르는 새로운 음악이 한국 청년문화의 핵심이었다. 나는 이것을 '로큰롤 혁명'에 빗대어서 '통기타 혁명'이라고 이름을 지어 불렀다. 그리고 한국 청년문화의 또 하나의 축으로서 '그룹사운드(group sound)'의 시대, 이른바 록 음악이 시작되었다. 그 당시에는 '밴드(band)'라는 말을 잘 쓰지 않았고, 일본식 영어인 그룹사운드라는 말을 썼다. 통기타 음악과 그룹사운드 음악, 이 두 개의 음악이 기존 어른들의 문화와 대결을 펼치기 시작했다. 드디어 어른들의 문화와 청년들의 문화가 거대한 전선을 형성하게 된 것이다.

– 강헌, 「청년문화의 등장」, 『전복과 반전의 순간』

1) 윗글의 필자처럼 글을 쓴다고 할 때, 내가 생각하는 '우리 시대의 청년 문화'는 무엇인가?

2) 내가 잘 알고 있는 것으로 체험, 취향, 가치관에 근거한 내용의 글을 써 보자.

▶ 다음 글을 읽고 생각해 보자.

게다가 어제의 비극을 극복했다고 해서 오늘 더 행복해지는 것은 아니다. 조금 더 행복해지는 것이 절대적 고통을 없애는 것보다 훨씬 더 어려울 수 있다. 중세시대의 굶주린 농부를 기쁘게 하려면 빵 한 조각으로 충분했다. 그런데 돈은 많이 벌지만 따분하고 과체중인 엔지니어를 기쁘게 하려면 어떻게 해야 할까? 20세기 후반은 미국의 황금기였다. 미국은 제2차 세계대전에서 승리한 데 이어 냉전에서 승리를 더욱 굳히며 세계 최고의 초강대국이 되었다. 1950년에서 2000년까지 미국의 GDP는 2조 달러에서 12조 달러로 늘었다. 1인당 실질소득은 두 배가 되었다. 피임약의 발명은 섹스를 전에 없이 자유롭게 만들었다. 여성, 동성애자, 아프리카계 미국인, 그밖에 소수자들이 가져가는 파이의 몫도 더 커졌다. 값싼 자동차, 냉장고, 에어컨, 진공청소기, 식기세척기, 세탁기, 전화기, 텔레비전, 컴퓨터가 홍수처럼 밀려들어 일상생활이 몰라보게 달라졌다. 하지만 연구결과들은 1990년대 미국인의 주관적 행복이 1950년대와 거의 같은 수준에 머물러 있음을 보여준다.

일본의 경우, 역사상 최고의 호황을 구가한 1958년부터 1987년까지 평균 실질소득이 다섯 배 늘었다. 하지만 물밀 듯 쏟아져 들어오는 부와 함께 일본인의 생활방식과 사회관계에 일어난 긍정적이고 부정적인 많은 변화들이 일본인의 주관적 행복수준에 미친 영향은 놀랍도록 적었다. 1990년대의 일본인들은 1950년대나 다름없이 만족하거나 불만족했다.

마치 전례 없는 성과에도 불구하고 알 수 없는 유리천장에 부딪혀 행복이 그 이상으로 올라가지 못하는 것 같다. 우리가 모든 사람에게 무상으로 음식을 제공하고 존재하는 모든 질병을 치료하고 세계평화를 이룬다 해도, 그 유리천장이 깨진다는 보장은 없다. 진정한 행복을 획득하는 것이 노화와 죽음을 극복하는 것보다 쉽지는 않을 듯하다.

두 개의 튼튼한 기둥이 행복의 유리천장을 떠받치고 있는데, 하나는 심리적인 것이고 다른 하나는 생물학적인 것이다. 심리적 수준에서 보면, 행복은 객관적 조건보다 기대치에 달려 있다. 우리는 평화와 번영을 누릴 때 만족하지 않는다. 실제와 기대가 일치할 때 만족한다. 나쁜 소식은, 조건이 나아질수록 기대가 부풀어 오른다는 것이다. 최근 몇십 년 동안 인류가 겪은 것처럼 조건이 확 좋아지면, 만족도가 높아지는 것이 아니라 기대치가 높아진다. 이 문제를 해결하지 못한다면, 우리는 앞으로도 성취하면 할수록 불만이 커질 것이다.

생물학적 수준에서 보면, 기대와 행복을 결정하는 것은 경제적 · 사회적 · 정치적 상황이 아니라 우리의 생화학적 조건이다. 에피쿠로스에 따르면, 우리는 불쾌한 감각에서 벗어나 유쾌한 감각을 느낄 때 행복하다. 제레미 벤담도 비슷한 주장을 했다. 그는 자연이 인간을 쾌락과 고통이라는 두 주인에게 맡겨 그들로 하여금 인간의 모든 행동, 말, 생각을 결정하게 했다고 말한다. 벤담의 후계자인 존 스튜어트 밀은 행복이란 고통 없이 쾌락을 느끼는 상태일 뿐이고, 쾌락과 고통 외의 선악은 존재하지 않는다고 말했다. 선과 악을 다른 어떤 것(예를 들면 신의 말씀이나 국익)에서 연역하려고 시도하는 사람이 있다면 그는 당신을 속이고 있는 것이다. 어쩌면 자기 자신도 속이고 있을지 모른다.

– 유발 하라리, 김명주 역, 『호모 데우스 : 미래의 역사』

1) 이 글은 무엇에 관한 글인가? '무엇'에 대해 어떤 입장을 취하고 있는가? 나는 이 입장에 대해 어떻게 생각하는가?

2) 이 글의 특징은 무엇인가? 자신의 논지를 전개하기 위해 어떤 글쓰기 방법을 취하고 있는가?

3. 글쓰기의 윤리

글쓰기의 윤리란 무엇인가? 글쓰기 교재에서 글쓰기의 윤리를 논할 때면 대체로 글쓰기 과정에서의 윤리 즉 표절을 하면 안 된다는 원칙을 주로 말한다. 그러나 글의 내용이 지니는 윤리 문제는 더 중요하다. 글의 내용이 지니는 윤리와 글 쓰는 과정에서의 윤리 두 가지를 다 고려하고 글을 써야 할 필요가 있다.

1) 글의 윤리

글의 내용이 지니는 윤리의 문제는 판단이 매우 어렵고 복잡하다. 특정한 주제에 대한 윤리적 판단은 저마다 다르기 때문에 자기와 다른 견해를 지닌 사람의 의견을 존중하는 태도가 필요하다. 성숙한 사회의 구성원이라면 다양성을 존중할 수 있어야 한다. 개인적으로 항상 올바른 판단을 하고 글을 쓰기는 쉽지 않을 수 있지만, 어떤 것이 윤리적인가에 대한 고민은 글쓰기에 반드시 수반되어야 하는 중요한 부분이다. 이를 위해 다음과 같은 질문을 스스로 던져 보자.

㉠ 자기와 다른 가치관이 드러나는 글이나 자기와 다른 가치관을 지닌 사람을 정당하게 비판하지 않고 무조건적으로 비난하고 있지는 않은가?

㉡ 타인을 성별, 인종, 종교, 지역의 차이로 배제하거나 차별하고 있지는 않은가?

㉢ 평화와 인권을 침해하는 내용을 담고 있지는 않은가?

2) 글쓰기 과정의 윤리

글쓰기 과정에서의 윤리 또한 매우 중요하다. 글의 내용에서 어떤 태도를 취하는가 하는 문제가 더 중요한 것 같지만, 글을 쓰면서 다른 사람의 글을 베껴 쓴다면 내용이 아무리 윤리적이라 해도 이 글을 쓴 사람은 글쓰기의 기본을 지키지 않았기 때문이다. 특히 좋은 글을 쓰고자 하는 학생들은 글쓰기 과정의 윤리를 지키는 것이 왜 중요한지 정확히 인식할 필요가 있다.

글쓰기 과정에서 지켜야 할 윤리를 지키지 않음으로써 발생하는 결과는 표절이다. 표절(剽竊, plagiarism)은 '어린아이 납치범'을 의미하는 라틴어 'plagiarius'에서 유래된 단어이다. 사전적 의미는 출처를 밝히지 않은 채 남의 견해를 무단 인용하는 것으로, 다른 사람의 정신적인 아이디어를 훔치는 비도덕적인 행위를 말한다. 직접적으로 법적인 처벌을 받지는 않지만, 다른 사람의 글을 무단 인용할 경우 사회적 지탄의 대상이 되거나 심지어는 제재를 받을 수도 있다.

표절이 가장 많이 일어나는 곳은 아이러니하게도 대학이다. 대학생들은 과제를 하면서 무심코 다른 사람의 글을 베끼거나 짜깁기를 하는데, 이러한 행위가 표절이다. 대학에서 학생들이 범하는 표절의 구체적인 사례는 다음과 같다.

㉠ 인터넷을 통해 리포트를 하나 구입해서 이름만 바꿔서 과제로 제출했다.

㉡ 수학 연습문제 과제를 자기가 직접 풀지 않고, 작년에 선배가 냈던 것을 베껴서 그대로 제출했다.

㉢ 독서감상문을 써야 하는데, 시간이 없어서 인터넷 검색을 한 후 앞 뒤 몇 문장만 고치고 그대로 '복사'해서 썼다.

㉣ 이광수의 소설 『무정』을 읽고 과제를 제출해야 하는데, 인터넷에서 찾은 『무정』의 줄거리를 그대로 '복사'한 후, 자신의 감상을 붙여 썼다.

㉤ 실험보고서에서 실험과정을 서술하는데, 친구가 쓴 보고서의 내용에서 단어를 몇 개 바꾸고 문장 순서를 약간 바꾸어 썼다.

㉥ 연명의료 중단에 대한 설문조사 결과를 출처 표시 없이 가져와 썼다.

㉦ 친일문제를 어떻게 볼 것인지 리포트를 써야 하는데, A, B, C 세 편의 글을 군데군데 요약하여 '짜깁기' 해서 썼다.

최근에는 대학마다 카피 킬러 시스템을 사용하여 리포트의 표절 여부를 가려내는 엄격한 평가가 이루어지고 있다. 물론 이런 제도 때문이 아니더라도 학생들은 교양인으로 성장하기 위해 대학교 과제 작성에서부터 자신의 의견과 읽은 내용을 구분하고 출처를 밝히는 것을 생활화해야 할 필요가 있다. 글쓰기에서 가장 중요한 것은 자기 생각을 쓰는 것이다. 대상이나 주제에 대한 생각을 펼쳐 나가는 데 필요한 자료를 인용할 수는 있지만 그대로 옮겨서는 안 된다.[표절을 하지 않고 글을 쓰는 방법에 대해서는 4장 3절 4항 올바른 인용법 참조]

표절을 하지 않고 글을 쓰기 위해서는 어떻게 해야 할까? 써야 하는 글의 주제에 대해 떠오르는 생각들을 메모해 둔 후 자료를 찾아보는 습관을 들이는 것이 좋다. 활자화된 글은 대체로 그럴 듯해 보이므로, 자료부터 먼저 볼 경우 자신의 생각을 쓰기 어렵기 때문이다. 특히 책을 읽거나 영화를 보고 글을 써야 하는 경우, 다른 사람이 써놓은 감상문을 인터넷 등에서 먼저 읽으면 독창적인 자기 감상을 쓰기가 어렵다. 강의 시간에 느낌을 간략하게 써보라고 하면 학생들은 열심히 생각해서 쓰려고 한다. 실제로 개성 있고 창의적인 생각이 나오기도 하는데, 과제를 할 때도 이같은 자세로 임한다면 표절을 피할 수 있을 뿐만 아니라 자기 생각에 근거한 좋은 글을 쓸 수 있다.

▶ 다음 신문기사는 논문표절 논란이 있었던 ○○○씨의 인터뷰 내용이다. ○○○씨가 자신의 논문이 표절이 아님을 주장하면서 한 말(밑줄 부분)에 대해 비판해 보자.

○○○ 씨는 논문의 오타까지 똑같다는 지적에 대해"(참고한) 이론적 배경의 글씨가 틀린 것"이라며 "운동과 공부를 병행하다보면 그럴 수 있다"고 주장했다.

이어 "오타까지 똑같은 것은 하다가 틀릴 수 있는 것 아니냐. 항상 정확하냐?"며 기자들에게 반문하고는 "실험결과와 과정이 중요한 것이지 이론적 배경은 다 가져다가 인용하는 것"이라고 목소리를 높였다.

특히 ○○○는 기자들에게 민주통합당 ○○○ 의원에게도 제기된 논문표절 의혹은 "어떻게 생각하냐"고 질문을 던지기도 했다.

이에 ○○○ 의원의 입장결정이 본인의 탈당 여부의 기준이 되는 것이냐고 묻자 "그분이 그렇게 하신다면 신중한 고려를 해야 할 것"이라고 말했다.

○○○는 이어 "저는 인용부분에 참고문헌을 달지 않았고 ○○○ 의원은 달았다고 하는데 그러면 황우석 교수의 논문을 전체 복사해서 참고문헌만 달면 표절이 아닌 게 되냐?"고 반문했다.

–「뉴시스」 2012년 4월 18일자 기사

Ⅱ. 사고의 기초

1. 이해하기

개 요

㉠ 사고 능력의 기초인 이해하기 능력을 기른다.

㉡ 텍스트를 읽고 '세부정보', '화제 · 중심내용' 파악하기를 학습한다.

㉢ 이해한 내용을 바탕으로 '요약하기', '화제 개발하기' 등의 쓰기를 수행한다.

1) '이해'에 대한 이해

(1) 이해 : 사고의 기초

인간이 다른 존재들과 구별되는 가장 대표적인 특징은 고차원의 사고를 한다는 것이다. 그리고 이러한 사고를 특정한 매체를 통해 표현하고 전달하는 데 있다. 이러한 사고와 표현의 능력을 기르는 데 있어서 가장 토대가 되는 것이 바로 '이해' 능력이다. 이는 흔히 '읽기' 능력과 직접적인 연결이 된다.

1차적으로 읽기란 문자를 해독하고 정보를 수용하는 것을 의미한다. 하지만 읽는 행위는 훨씬 더 많고 복잡한 목적을 가지며 기능 또한 다양하다. 읽기는 글쓴이가 직접 제시하거나 혹은 간접적으로 암시되는 텍스트 내의 의미를 텍스트 내에서 여러 단서를 활용하여 능동적으로 의미를 재구성하는 것까지 확장된다. 글의 의미를 파악하고 자신의 사고 체계로 구성하려면 적극적인 사고활동이 반드시 필요하다.

이해하기는 문자 텍스트를 해독하는 것으로 그치지 않는다. 수많은 비문자 텍스트가 존재한다. 우리의 사고를 전달하기 위해 사용하는 매체를 간단하게 정의하면, 그것은 기호(sign)이다. 기호는 무언가를 나타내기 위해 사용한 다른 무엇이라 할 수 있다. 이 기호 중에 가장 대표적인 것이 바로 인간의 언어, 문자기호라 할 수 있다. 우리는 '곰의 발자국'을 통해 포획하고자 하는 실제 '곰'을 떠올릴 수 있으며, '온도계의 붉은 수은 기둥'을 보고 '더위/추위'를 인지한다. 이처럼 많은 것들이 기호로 존재하며 기호는 무궁무진하다.

오늘날 우리 주변에서 흔히 발견할 수 있거나 실생활에서 많이 쓰이는 텍스트들 중에서는 사진이나 각종 도표, 영상 등의 비문자 텍스트가 있다. 이러한 텍스트를 이해하는 데 있어서도 결국 인간은 사고와 표현의 토대인 언어(문자)를 활용하게 된다. 비록 비문자 텍스트를 접하더라도 그것을 수용하고 해석하는 것은 언어적 과정을 거치게 되는 것이다.

(2) 읽기의 과정과 방식

사고와 표현을 원활하게 하기 위해서는 우선 제대로 된 읽기가 반드시 필요하다. 글을 읽을 때에는 다음과 같은 과정이 필요하다.

㉠ 글을 읽기 전에 미리 내용을 예측하거나, 읽기의 목적을 확인하기
㉡ 글을 읽는 도중에 글의 의미를 끊임없이 해석하고 판단하기
㉢ 글을 읽은 후에 이해되지 않는 내용을 다시 생각하거나, 문제가 되는 부분을 점검하기

글을 읽고 이해하는 행위는 사고를 단계적 · 발전적으로 확장하는 과정으로 다음과 같이 이루어져 있다.

㉠ 개별 문장을 이해하고 선택적으로 기억하기
㉡ 문장들 사이의 관계를 파악하여 그 문장들의 의미를 적절하게 통합하기
㉢ 글쓴이가 글 속에 명시적으로 제시하지 않은 의미 내지 생각을 추론하여 글의 세부내용을 보다 정교하게 이해하기
㉣ 글에 제시된 생각이나 의미를 구조화하고 요약하기
㉤ 글의 구성 방식이나 원리 찾기

글을 읽을 때 보다 적극적으로 정보를 수용하고 사고를 확장하기 위해서는, 글의 내용만 좇아가는 것이 아니라 전체의 '구조'에 중점을 두고 읽는 것이 중요하다.

일반적으로 글에는 시간의 흐름이 발생하기 마련이다. 하지만 글을 읽는 과정에서 사고 과정은 다층적이고 중층적으로 일어난다. 특정한 단계가 완전히 끝나고 다른 단계로 넘어가는 것이 아니다. 사고는 종합적 · 복합적으로 발생하지만 일단 글을 읽는 방식을 부분에서 전체로 확장하는 몇 가지로 구분해서 제시하면 다음과 같다.

❶ **단어와 문장에 대한 이해 :** 글의 가장 기초 단위라 할 수 있는 단어를 이해하고, 이에 근거하여 단어의 결합으로 이루어진 더 큰 단위로서 문장을 이해한다.

㉠ 중심 단어를 찾고 의미 파악하기
㉡ 지시적 의미와 함축적 의미에 대해 파악하기
㉢ 문장 성분들의 관계를 살피면서 문장 이해하기
㉣ 맥락에 따른 의미 차이나 화용론적 의미 파악하기

❷ **단락에 대한 이해 :** 단락은 한 편의 글의 구조 속에 유기적으로 짜여 있으며, 한 단락은 저마다의 독립성을 가진다. 단락이 모인 전체 글의 주제가 있듯이, 하나의 단락만 놓고 보면 그 단락의 주제라 할 수 있는 소주제가 있다. 이것은 단락의 중심이 되는 정보로서, 보조 문장들을 포함하는 포괄적 · 일반적 성격을 지녀야 한다.[단락에 대한 자세한 내용은 3장 2절 참고]

㉠ 단락의 화제를 찾기
㉡ 화제가 어떻게 평가되고 있는지, 어떻게 서술되고 있는지 파악하기
㉢ 화제가 포괄적으로 나타나는 대표 문장 찾기

❸ **단락 간의 관계 파악 :** 한 편의 글은 단락과 단락의 유기적 연결로 이루어져 있으므로 어떻게 연결되어 있는지 그 방식을 파악한다.

㉠ 단락의 핵심을 정확하게 파악하기
㉡ 단락의 핵심을 바탕으로 전체 글의 주제 이끌어내기
㉢ 주제를 형성하는 데 있어서 각 단락의 역할 파악하기
㉣ 단락과 단락이 어떻게 관계 맺고 있는지 파악하기

2) 이해능력 함양하기

(1) 세부정보 파악하기

읽기를 통해 글의 세부정보를 파악하고 이를 종합하는 것이 이해하기의 기초이다. 글을 통해 파악할 수 있는 내용은 명시적인 것과 추론적인 것으로 나눌 수 있다. 전자는 글에서 직접 드러나는 것이고, 후자는 문면에 직접 드러나지는 않지만 글의 내용을 통해 충분히 파악할 수 있는 것이다. 가령, 다음 글을 보자.

> 희생제의는 제물을 신 혹은 초자연적 존재에게 바침으로써 인간사회에 발생한 문제를 해결하려는 의례를 의미한다. 제의는 여러 구성요소로 이루어지지만, 희생제의에서 특별히 중요한 것이 희생제물이다. 이 제물은 사회적 · 문화적으로 중요한 함축적 의미를 지닌다. 제사를 올리는 인간들과 제사를 받는 신 사이에 유대관계를 맺어주고, 상호 소통하는 매개 구실을 하는 것이 바로 희생제물이다. 희생제물의 대명사인 '희생양'은 제사에 바쳐진 동물 제물의 한 사례일 뿐이다. 희생제물은 사회적 신분이 가장 높은 왕이나 사제에서부터, 신분이 가장 낮은 이방인, 노예까지 다양하다. 그리고 인간뿐 아니라, 동물도 희생제의의 제물로 바쳐졌다. 나라나 민족마다 제물로 바쳐지는 동물에는 차이가 있지만, 동양에서는 주로 소가 제물이 되었던 것으로 추정된다.
>
> – 오세정 · 조현우, 『고전, 대중문화를 엿보다』

이 글에서는 '희생제의'와 '희생제물'에 대해서 설명하고 있다. 희생제의의 정의는 "제물을 신 혹은 초자연적 존재에게 바침으로써 인간사회에 발생한 문제를 해결하려는 의례"이다. 이처럼 희생제의의 정의는 글에 명시적으로 나와 있다. 또한 '희생양'이 이 제의에서 사용된 제물의 대명사이며, 제물은 인간이나 동물이 될 수 있다고 명시적으로 나와 있다.

반면 이 글에서 명시적으로 나와 있지는 않지만, 파악할 수 있는 정보들도 있다. 가령, 제의가 이루어지기 위해서는 여러 구성요소가 필요하다는 점이다. 이 글에서는 명시적으로 '제물'이 하나의 구성요소이고, 제물을 받는 대상인 신 혹은 초자연적 존재가 그것이다. 이 외에도 제사를 주관하는 사람이나 그 밖의 것들이 있을 수 있음을 알 수 있다. 또한 희생제물의 종류도 지역적, 민족적 차이가 있었음을 알 수 있는데, 동양에서는 소가 많이 사용되었지만 다른 동물도 제물이 되었을 것이라고 추측할 수 있다.

'도(道)'를 명백히 아는 사람들은 모든 혼에는 세 종류가 있다고 말합니다. 저급이 생혼(生魂)입니다. 이것은 단지 부여받은 존재를 살게 하여 성장하게 해 줍니다. 이것이 초목들의 혼입니다. 중급은 각혼(覺混)입니다. 이것은 부여받은 존재를 생장시키고 또한 눈과 귀로 보고 듣게 하며 입과 코로 맛보고 냄새를 맡게 하고 다리와 몸으로 사물들의 실정을 느끼게 합니다. 이것이 짐승들의 혼입니다. 최상급이 영혼(靈魂)입니다. 이것은 생혼과 각혼의 기능을 함께 갖추어 생장하게 하며, 사물의 실정을 느끼게 하고, 또한 이를 부여받은 존재들로 하여금 사물들을 추론하고 '이치'를 명백히 분석하게 합니다. 이것이 사람들의 혼입니다.

만약 짐승의 혼과 사람의 혼을 하나로 하면, 이것은 혼에는 단지 두 종류만 있다는 것이기 때문에 세상의 통론(通論)을 어지럽히는 것이 아니겠습니까? 무릇 사물들을 분류함에 단지 겉모양으로 그 본성을 정할 수 없는 것이요, 오직 혼에 따라서 결정하는 것입니다. 처음에 본래의 혼이 있은 다음에 본성이 있게 되고, 그 본성이 있은 다음에 각기 부류(種)가 결정됩니다. 부류가 정해진 다음에 모습이 생겨나는 것입니다. 따라서 본성의 '같고 다름'은 혼의 '같고 다름'에 말미암은 것이요, 부류의 '같고 다름'은 본성의 '같고 다름'에 말미암은 것입니다. 새가 짐승의 모습이 일단 사람들과 다르다면 이것들의 부류나 본성이나 혼이 어찌 모두 다르지 않겠습니까?

사람이 사물의 이치를 궁구하는 것(格物窮理)은 다른 방도가 없습니다. 그 겉으로써 그 속을 검증하고, 드러난 것을 관찰하여 숨겨진 것에 통달하는 것입니다. 따라서 우리들이 초목의 혼이 무엇인가를 알고자 한다면, 그것들은 그저 크게 자라기만 하고 지각(知覺)은 하지 않는다는 것을 보고서 그것들의 속은 다만 생혼만을 가졌다는 것을 검증해 내는 것입니다. 새나 짐승들의 혼이 무엇인지를 알려면 그것들은 다만 지각만을 할 뿐, 이치를 추론하지 못하는 것을 보고서 그것들은 다만 각혼만을 가졌다는 것을 검증해내는 것입니다. 즉, 사람에게만 영혼이 있습니다.

–마테오 리치, 『천주실의』

위 글을 읽고 5명의 학생이 각자 자신이 이해한 것을 정리하였다. 다음 중 적절한 것과 그렇지 못한 것을 찾고 그 이유를 찾아보자.

㉠ A : 각혼과 영혼을 하나로 할 수 없는 것은 그 기능이 다르기 때문이다.

㉡ B : 사물의 부류가 다른 것은 외양이 다르기 때문이 아니라, 본성이 다르기 때문이다.

㉢ C : 인간이 사물의 본성과 혼에 대해서 추리를 할 수 있는 것은 영혼의 기능 때문이다.

㉣ D : 영혼은 생혼과 각혼의 기능을 포함할 뿐만 아니라, 다른 부류를 추론할 수 있으므로 높은 위치에 있다.

㉤ E : 식물과 동물, 사람의 부류는 외양의 같고 다름을 따르되, 그것을 확정짓는 것은 혼의 기능인 지각이다.

㉠ A의 진술은 첫 단락과 마지막 단락을 통해서 알 수 있는 내용이다. 첫 단락에서는 '각혼'이 지각 능력만 가진 반면, '영혼'은 '사물을 추론하고 이치를 분석'하는 능력을 가졌다고 되어 있다. 또 셋째 단락에서는 '새나 짐승들'이 '지각만을 할 뿐 이치를 추론하지 못한다.'며 '다만 각혼만을 가졌다.'라는 결론을 도출한다. 즉 각혼과 영혼의 기능이 다르기 때문에 이를 하나로 묶을 수 없다. 따라서 A의 진술은 적절하다.

㉡ B의 진술은 둘째 단락을 통해 확인할 수 있는 내용이다. '본래의 혼'–'본성'–'부류'–'모습(외양)'의 순서로 결정된다. 즉 부류가 다른 이유는 본성 혹은 혼이 다르기 때문이지 외양이 다르기 때문이 아니다. 따라서 B의 진술은 적절하다.

㉢ C의 진술은 첫째 단락과 셋째 단락을 통해 확인할 수 있는 내용이다. 인간은 영혼을 가졌기 때문에 사물의 본성과 혼에 대해 추론할 수 있다는 점이 강조되고 있다. C의 진술은 적절하다.

㉣ D의 진술은 첫째 단락을 통해 확인할 수 있는 내용이다. 첫째 단락을 보면 영혼이 '최상급'이며, '생혼과 각혼의 기능을 함께 갖추'고 있다고 되어 있다. 따라서 D의 진술은 적절하다.

㉤ E의 진술은 글의 내용에 어긋난다. 첫 번째 단락과 세 번째 단락에서 확인할 수 있듯이 식물을 제외한 동물, 인간은 모두 지각 능력을 갖고 있다. 동물과 인간을 구분하고 부류를 확정 짓는 것은 '지각 능력'이 아니라 '추론 능력'인 것이다.

(2) 화제 · 중심내용 파악하기

❶ 화제 : 무엇에 대해 쓰고 있는가?

글의 분량이 크든 작든 간에 우리는 그 글을 읽고 무엇에 대한 글인지, 그리고 그 글이 어떤 메시지를 전달하고 있는지를 파악해야 한다. 그래야 그 글 전체를 읽고 이해했다고 말할 수 있을 것이다.

모든 글은 '무엇'에 관한 것인데, 그 무엇이 바로 글의 '화제(話題; topic)'이다. 일반적으로 소재는 글 속에 등장하는 단순한 글감에서 화제에 이르기까지 포괄적으로 사용하기도 한다. 그런데 구분하자면 소재는 구체적 · 독립적 재료라면, 화제는 상대적으로 추상적이고 복합적인 것이다.

가령 한국 사회의 불평등한 관계에 대해 조사해 문제점을 지양하고 불평등을 개선하고자 주장하는 글이 있다고 하자. 이 글에 등장하는 소재는 각종 사회 현상이나 사건 등, 다양할 수 있다. 화제는 '한국 사회의 불평등'이 될 것이다. 어버이날을 맞아 부모님께 쓴 편지라면 이 글의 화제는 '어머니의 사랑'이며, 그것을 나타내기 위해 사용한 어린 시절 사건이나 어머니에게 받았던 선물과 같이 구체적인 글감은 소재가 될 것이다.

글을 읽을 때 처음 접하게 되는 것은 '제목'이다. 제목은 그 글이 무엇에 대한 것인지, 혹은 그 글이 궁극적으로 밝히고자 하는 메시지를 지칭하는 경우가 많다. 일반적으로 제목은 하나의 단어로 된 경우도 있고 단어들이 결합하여 어구의 형태를 띠고 있기도 하다. 문학적인 글에서는 글에서 중요한 의미로 사용되는 한 단어가 제목으로 나타나는 경우가 많다. 어떤 글이 대상을 설명하는 정보전달의 기능을 하는 것일 때에는, 설명하고자 하는 대상, 즉 화제가 일반적인 제목이 된다.

❷ 중심내용 : 말하고자 하는 핵심이 무엇인가?

일반적으로 화제에 대해 설명하고자 하는 주된 내용이 글의 '요지(要旨)'가 된다. 요지는 주제나 중심내용과 거의 유사하게 쓰이지만, 구분하자면 전자는 화제와 요지를 포괄하고자 언급하는 용어로 사용하는 것이 일반적이다. 논증적인 글에서는 대개 논증의 대상이 되는 화제인 '논점'이 있고, 이 논점에 대한 글쓴이의 입장이나 견해, 즉 '논지(論旨)'가 있다. 논증적인 글에서는 논점 자체가 제목이 될 수도 있지만, 일반적으로 논점과 논지를 결합하여 어구의 형식으로 축약한 것이 논증문의 제목이 되기도 하며, 이는 곧 글의 주제가 되기도 한다.

전체 글의 중심내용, 즉 주제를 찾는 것은 글 전체를 이해하였는가를 결정하는 일이다. 글의 모든 정보들을 파악하여 읽는 경우도 있지만, 짧은 시간 내에 글의 중심내용만을 찾아야 할 경우도 있다. 이럴 경우에는 글의 전체적인 분위기를 파악하고, 핵심단어나 어구를 찾고, 화제를 중심으로 핵심단어나 어구를 결합하여 하나의 문장을 만드는 작업을 연습하면 효과적이다.

글의 중심내용을 파악할 때는 부분을 이해하고 이를 결합하여 전체를 이해하는 방식이 효과적이다. 만약 4개의 단락으로 이루어진 글이 있다면, 각 단락의 핵심내용을 파악하고, 그것들을 결합하여 전체 글의 핵심내용을 재구성하는 것이다.

❸ 글의 핵심 이해하기

다음 글을 읽고 핵심단어, 화제, 중심내용을 찾아보자.

'원시인'이라는 말은 아프리카 · 남태평양 · 아메리카 및 아시아 등지의 지역에 사는 원주민을 일컫는 일반적인 명칭이다. 원주민들이 유럽인들에 의해 발견된 것은 주로 15세기에서 19세기 사이였으며, 어떤 경우에는 20세기까지 포함되기도 한다. 현대에 발견되는 원시인은 대부분 선사시대인이나 현대 유럽인과 신체적으로 다르지만, 그들을 원시인이라고 판단하는 기준은 그들의 신체적 특징이 아닌 문화적 발달단계에 의한 것이다. 원시인의 문화적 발달 단계는 혹자가 '야만적'이라고 표현하는 단계부터 비교적 고도로 발달된 단계까지 다양하다. 그래서 원시인이라는 단어는 그 자체의 의미상 규정이 명확하지 않다.

'문명인'과 구분하여 '원시인'에 적당한 정의를 내리는 일은 불가능하지 않지만 어려운 일이다. 우리들 자신의 문명을 표준으로 삼는 일조차 그 문명의 어떤 측면, 어떤 특징을 결정적인 것으로 생각하는가 하는 문제가 발생한다. 보통 규범 체계, 과학 지식, 기술적 성과와 같은 요소를 생각할 수 있다. 이러한 측면에서 원시문화를 살펴보면, 현대의 문화와 동일한 종류는 아니지만, 같은 기준선상에서의 평가가 가능하다. 대부분의 원시부족은 고도로 발달된 규범 체계를 갖고 있다. 헌법으로 규정된 국가조직과 관습으로 규정된 부족조직 사이에는 본질적인 차이가 없으며, 원시인들 또한 국가를 형성하기도 했다. 또한 원시인들의 법은 단순한 체계를 가지고 있었지만 정교한 현대의 법체계와 마찬가지로 효과적인 강제력을 지니고 있었다. 과학이나 기술 수준 역시 마찬가지이다. 폴리네시아의 선원들은 천문학 지식이 매우 풍부하였는데 그것은 상당한 정도의 과학적 관찰을 필요로 하는 일이었다. 에스키모인은 기술적인 발달로 황폐한 국토에 내장되어 있는 빈곤한 자원을 최대한 활용할 수 있는 기술을 발전시켰다. 현대의 유럽인이 같은 조건하에서 생활한다면, 북극지방의 생활에 적응하기 위하여 그들보다 더 좋은 도구를 만들어내지 못할 것이며, 에스키모인의 생활양식을 응용해야 한다.

원시인을 말 그대로 원시인이라고 느낄 수 있는 부분은 그나마 종교적인 면에서일 뿐이다. 우리의 관점에서 보면 다양한 형태의 원시종교는 비논리적이지는 않더라도 매우 불합리하다. 원시종교에서는 주술이 중요한 역할을 담당하지만, 문명사회에서는 주술이나 주술사의 힘을 믿는 경우는 거의 찾아볼 수 없다.

– 2016년 5급 공개경쟁채용시험 제시문

이 글은 우리가 흔히 말하는 '원시인'이 실제로는 엄격하게 그것의 반대 의미의 '문명인'과 구별하기 힘들다는 것을 말하고 있다. 전체 글에서 가장 중요하게 등장하는 핵심단어는 '원시인'이며, 이 원시인과 대칭적인 관계에 있는 '문명인' 또한 핵심단어라 할 수 있다. 이 둘을 구분하기 위해서 필요한 기준으로 등장하는 '규범 체계', '과학 지식', '기술적 성과' 등도 핵심단어에 해당한다. 여기에 덧붙여 원시인과 문명인을 구분할 수 있는 기준인 '(원시)종교', '주술'이 핵심단어라고 할 수 있다.

이 글의 화제는 '원시인'이다. 좀 더 구체적으로 말하면 '원시인을 어떻게 현대인과 구별할 수 있는가?' 정도로 표현할 수 있을 것이다. 또한 이 글의 중심내용 내지 주제는 '종교적인 면을 제외하면 원시인과 현대인을 구분하기는 어렵다.' 정도로 정리할 수 있다.

▶ **다음 글의 단락별 중심내용을 찾아보고, 이것을 결합하여 이 글의 전체 중심내용, 즉 주제를 찾아보자.**

(가) 인문학의 중요성을 강조하는 사람들은 흔히 인간이란 정신적 존재이기 때문에 참다운 인간적 삶을 위해서는 물질적 욕구의 충족을 넘어서서 정신적 풍요로움을 누려야 하며 이 때문에 인문학은 필수적이라고 주장한다. 그뿐만 아니라 인문학은 인간의 삶에 필수적인 건전한 가치관의 형성에도 중요한 역할을 한다고 주장한다. 그러나 과연 현대 인문학은 이러한 상식적인 주장들을 감당할 수 있을까?

(나) 분명 인간은 의식주라는 생물학적 욕구와 물질적 가치의 추구 외에 정신적 가치들을 추구하며 사는 존재이다. 그렇다고 이것이 그대로 인문학의 가치를 증언하는 것은 아니다. 그 이유는 무엇보다 인문적 활동 자체와 그것에 대한 지식 혹은 인식을 추구하는 인문학은 구별되기 때문이다. 춤을 추고 노래를 부르거나 이야기를 하는 등의 제반 인간적 활동에 대한 연구와 논의를 하는 이차적 활동인 인문학, 특히 현대의 인문학처럼 고도로 추상화된 이론적 논의들이 과연 인간적 삶을 풍요롭게 해주느냐가 문제이다.

(다) 현대 인문학은 대부분 과거의 인문적 활동의 산물을 대상으로 한 역사적 연구에 치중하고 있다. 전통적인 인문학도 역시 과거의 전통과 유산, 특히 고전을 중시하여 그것을 가르치고 연구하는 데 역점을 두었으나 그 교육 방법과 태도는 현대의 역사적 연구와는 근본적으로 달랐다. 현대의 역사적 연구는 무엇보다도 연구 대상과의 시간적, 문화적 거리감을 전제로 하여 그것을 명확하게 의식하는 가운데서 이루어진다. 현대의 역사주의는 종교나 철학사상 혹은 문학 등 동서고금의 모든 문화적 현상들을 현재 우리와는 전혀 다른 시대에 산출된 이질적인 것으로 의식하면서 그것들을 우리들의 주관적 편견을 제거한 객관적인 역사적 연구 대상으로 삼는다.

(라) 인문학이 자연과학처럼 객관적 지식을 추구하는 학문이 되면서, 인문학은 인격을 변화시키고 삶의 의미를 제공해주던 전통적 기능이 상실되고 그 존재 가치를 의심받게 되었다. 학문과 개인적 삶이 확연히 구분되고 인문학자는 더 이상 인문주의자가 될 필요가 없어졌다. 그는 단지 하나의 전문 직업인이 되었다.

– 2011년 5급 공개경쟁채용시험 제시문

(가)단락의 중심내용은 "현대 인문학'이 인문학에 대한 상식적인 주장들을 감당할 수 있을까?'가 될 것이다. 인문학에 대한 상식적인 주장들은 정신적 풍요로움을 위해 인문학이 필수적이라는 주장, 인문학은 건전한 가치관의 형성에 중요한 역할을 한다는 주장이다.

(나)단락의 중심내용은 '고도로 추상화된 이론적 논의인 현대의 인문학이 인간적 삶을 풍요롭게 해 줄 수 있는지가 문제이다.'가 될 것이다. 인간의 정신적 가치를 추구하며 살지만 인문적 활동 자체와 그것에 대한 지식이나 인식을 추구하는 인문학은 다르기 때문에 이와 같은 문제를 지적하고 있다.

(다)단락의 중심내용은 '현대의 인문학은 과거의 인문적 활동의 산물을 주관적 편견을 제거한 객관적인 역사적 연구대상으로 삼는다.'가 될 것이다.

(라)단락의 중심내용은 '현대의 인문학이 객관적 지식을 추구하는 학문이 되면서 인문학은 인격을 변화시키고 삶의 의미를 제공해 주던 전통적 기능을 상실하고 그 존재 가치를 의심받게 되었다.'로 될 것이다.

이 글은 '현대의 인문학'을 화제로 하고 있다. 구체적으로 말하면 현대 인문학의 정체와 기능이다. 인간은 정신적 가치를 추구하는 존재이며, 따라서 인문학이 이러한 인간의 존재론적 가치를 충족시켜야 한다. 그런데 오늘날 인문학은 마치 자연과학처럼 객관적 지식을 추구하는 학문이 되면서 인격을 변화시키고 삶의 의미를 제공하던 본래적 기능을 잃게 되었다. 따라서 이 글의 중심내용을 정리하면 '현대 인문학은 객관적 지식을 추구하는 학문이 되면서 인간의 삶을 풍요롭게 하는 본연의 역할을 하지 못하게 되었다.' 정도가 될 것이다.

3) 이해하기를 바탕으로 한 쓰기 수행

(1) 요약하기

요약은 글을 읽고 글의 핵심 내용을 보다 짧은 분량으로 정리하는 것이다. 요약적 글쓰기는 주어진 글에 대한 이해도를 높이고, 주어진 내용을 자신의 언어로 전달하는 능력을 기르는 글쓰기이다.

요약을 잘 하기 위해서는 자신이 읽은 글에서 무엇이 중요한 것인지 그렇지 않은 것인지를 구별하는 능력이 필요하다. 주어진 글의 내용을 비약 없이 추상화하는 능력과도 깊은 관계가 있다. 따라서 글의 내용을 정확히 이해하기 위해서, 글을 통해서 전달하려고 하는 '정보'를 효과적으로 정리하기 위해서 요약적 사고가 필요하다.

개인적인 글쓰기가 아닌 경우 대부분의 글쓰기는 그 분량이 제한되어 있기 마련이다. 정해진 범위 내에서 효과적으로 자신이 말하고자 하는 내용에 부합하는 사례라든가 증거를 제시할 때 요약하기는 매우 중요하다. 요약의 방법에는 문장으로 서술하면서 요약하는 방법과 주제어를 중심으로 항목화하여 요약하는 방법이 있다.

❶ 서술형 요약하기

서술형으로 요약하기는 글의 내용을 주제어와 중심 문장으로 정리하고, 그것을 연결하면서 한두 단락 정도로 축약하는 것을 말한다. 이때 전체 글의 주제가 부각되어야 하며, 문장과 문장 사이의 논리적 관계가 유기적으로 전개되도록 하여야 한다. 그리고 글의 내용을 필요 이상으로 추상화하는 것을 경계하여야 한다.

㉠ 글 전체의 주제 확인하기
㉡ 글의 내용이나, 각 단락의 중심어와 중심 문장 찾기
㉢ 각 문장의 유기적인 관계를 설정하여, 한두 단락으로 요약하기

❷ 항목형 요약하기

항목형으로 요약하기는 글의 내용과 구조를 보다 명료하게 파악하기 위한 것이다. 기본적으로 중심어를 중심으로 몇 가지 주요 단어로 요약해야 한다. 상위 항목과 하위 항목으로 나누어 요약할 때는 상하의 차등적 위계를 형성하도록 나누어야 하며, 대등한 항목으로 요약할 때는 각각의 항목이 유사한 가치를 가지고 있어야 한다.

㉠ 각 단락의 중심 문장 찾기
㉡ 중심어를 찾아 내용을 몇 단어로 요약하기
㉢ 각 문장의 유기적인 관계를 설정하여, 한 두 단락으로 요약하기
㉣ 항목의 위계를 설정하고 번호나 기호 붙이기

▶ 다음 글을 읽고 지시에 따라 글을 작성하시오.

의학의 한계를 이해하려면 먼저 질환(disease)과 질병(illness)의 차이를 인식해야 한다. 의학계에서는 질환을 사용한다. 질환이라는 용어는 몸을 생리학으로 환원하며, 측정할 수 있는 것들로 이루어진다. 체온, 감염 여부, 혈액 및 체액의 순환과 구성, 피부 상태 등등을 측정하고 검사한 결과가 질환에 포함된다. 질환 이야기에서 이런 결과들은 지금 일어나고 있거나 곧 발생할 어떤 고장을 가리키는 데 사용된다. 질환은 측정된 값을 참조하기 때문에 객관적이다. 내 몸은 살아 있다는 것을 경험하는 주체지만, 질환 이야기에서 몸은 측정될 수 있으며 따라서 객관화될 수 있는 대상이 된다. 질환을 논할 때 객관적인 이야기는 언제나 의학의 이야기다. 환자는 질환이라는 용어를 사용해서 자신을 표현하는 법을 재빨리 배우지만, 의학의 언어로 자신을 표현하면서 아픈 사람은 자기 자신을 잃는다. 내가 경험하는 내 몸은 다른 누군가가 측정하는 그 몸으로 환원되지 않기 때문이다.

환자가 되어 질환 이야기를 하는 법을 배운 사람은 자신의 몸을 외부에 존재하는 장소로, 질환이 발생하고 있는 '현장'으로 언급한다. 이런 식으로 말하면서 환자는 의사와 자신을 같은 장소에 두지만, 의사에게는 환자의 몸 자체가 외부의 장소다. 아픈 사람은 의사와 자신을 동일시할 때 훨씬 더 안전하고 편안하다는 사실을 안다. 이 같은 정체성의 혼란은 이해할 만하지만 그래도 잘못됐다. 정체성에 혼란을 겪으면서 아픈 사람은 대가를 치른다. 바로 자기 존재가 '그 몸'의 일부임을 잊어버리는 것이다.

질병은 질환을 앓으면서 살아가는 경험이다. 질환 이야기가 몸을 측정한다면, 질병 이야기는 고장 나고 있는 몸 안에서 느끼는 공포와 절망을 말한다. 질병은 의학이 멈추는 지점에서, 내 몸에 일어나고 있는 일이 그저 측정값들의 집합이 아님을 인식하는 지점에서 시작한다. 내 몸에 일어나는 일은 내 삶에도 일어난다. 내 삶에는 체온과 순환도 있지만 희망과 낙담, 기쁨과 슬픔도 있으며, 이런 것들은 측정될 수 없다. 질병 이야기에 '그 몸' 같은 것은 없으며 오직 내가 경험하는 내 몸만이 있다. 질환 이야기는 어떤 측정값들이 어떻게 변해가는지 기록한다. 질병 이야기는 완벽하게 편안했던 몸이 다른 몸이 되어가는 변화에 관해 말한다. 이 다른 몸은 질문을 던진다. 나에게 무슨 일이 일어나고 있는 거지? 그것에게가 아니라 나에게.

의원, 병원, 전화 통화 등 어디에서 이루어지든 간에 의학의 진찰과 치료는 오직 질환만이 논의 대상이라고 모든 사람이 믿도록 설계되어 있다. 여기서 질환은 측정될 수 있는 것이고 기계론에 기반을 둔다. 의사들과 이야기할 때 나는 언제나 내가 말해서는 안 되는 것들을 의식하며, 그래서 좋지 못한 소식을 전해 들을 때 더욱 입을 다문다. 질환에 관련된 질문만 해야 한다는 사실을 알고 있지만, 내가 느끼는 것들이 바로 질병이다. 내 삶에 관해 묻고 싶은 질문이 있지만 허용되지 않고 말해서도 안 되고 심지어는 생각해서도 안 된다. 내가 느끼는 것과 말해도 괜찮다고 느끼는 것 사이의 간격이 넓어지고 깊어지면서 내 목소리를 삼킨다.

의사들은 보통 예의 바르게 질문에 대답해주지만, 질문을 하려면 답변이 어떤 용어로 돼 있을지 예상해야 하며 결국은 질환 용어를 사용해서 질문하게 된다. 그렇지만 내가 정말로 알고 싶은 것은 질병과 함께 살아가는 방법이다. 내가 원하는 도움은 질문에 대답을 해주는 것이 아니라 내가 나름의 방식으로 질병을 살아내고자 노력하는 모습을 의료진 또한 지켜봐주는 것이다. 답을 받기보다는 경험을 공유하고 싶다. 하지만 의사와 간호사들은 과중한 스트레스와 업무에 시달릴 때가 많고, 그리하여 경험을 공유하는 일은 '전문가다운' 활동의 경계 밖으로 너무도 자주 밀려나곤 한다.

– 아서 프랭크, 메이 역, 『아픈 몸을 살다』

(1) 윗글의 단락별 중심 내용을 쓰시오.

(2) 윗글을 한 단락으로 요약하시오(200자 내외).

(2) 화제 개발하기

텍스트를 접하고 이것의 의미를 수용하여 이를 바탕으로 새롭게 사고나 글쓰기를 수행할 수 있다. 요약하기가 대상 텍스트를 1차적으로 이해하고, 그것을 자신의 사고 과정과 글쓰기 과정으로 끌어들여 표현한 것이라면, 화제 개발하기는 여기에서 한 단계 더 나아가는 것이다. 화제를 개발하는 방법은 여러 가지가 있지만 여기에서는 관점의 변화를 통한 화제 개발에 대해서 알아보자. 먼저 아래의 그림을 비교해 보자.

〈자료1〉 광한루의 풍경

〈자료2〉 광한루에서 본 풍경

두 사진의 1차적 의미는 각각 다음과 같이 추출할 수 있다. 두 사진 모두 '광한루'라는 구체적 대상을 담고 있다. 그런데 〈자료1〉은 광한루의 풍경을 찍은 것이고, 〈자료2〉는 광한루에서 본 풍경을 찍은 것이다. 〈자료1〉과 〈자료2〉를 비교하면서 개발할 수 있는 화제는 여러 가지가 있을 수 있다. 가령, 전통적인 관광의 방식, 즉 대상을 수동적으로 구경만 하는 방식이 아닌 새로운 관광의 방식이 필요하다는 전제에서 글을 쓴다고 가정하면 〈자료1〉과 〈자료2〉를 비교하여 화제를 개발할 수 있다.

위의 자료를 활용하여 개발할 수 있는 화제는 다음과 같은 것들이 있을 수 있다.

예 시

㉠ 관광을 할 때 전통적 방식은 관찰자의 시각으로 바라보는 것이다. 하지만 실제로 누각을 짓고 사용한 사람은 누각에서 세상을 바라보는 것이 목적이었다. 새로운 관광은 〈자료1〉처럼 관찰자가 아니라, 〈자료2〉처럼 주체적 시각으로 문화재를 이해하는 것이다.

㉡ 〈자료1〉은 주변 자연 경관과 문화재가 어떻게 조화를 이루고 있는가에 관심이 있고, 〈자료2〉는 자연경관 자체에 관심이 있다. 새로운 관광은 자연경관 위주가 아닌 자연과 인간의 어울림에 관심을 가져야 한다.

㉢ 〈자료1〉은 문화재를 바라보고 있고, 〈자료2〉는 문화재에서 주변을 바라보고 있다. 이제 새로운 관광은 〈자료1〉처럼 한정된 곳을 바라보는 것이 아니라 〈자료2〉처럼 다양한 곳을 바라보는 것이어야 한다.

우리가 접하는 많은 텍스트들을 통해 1차적으로 어떤 의미를 도출할 수 있다. 이것에 대해 글 쓰는 이는 다양한 자신의 관심사나 자신이 알고 있는 정보와 결부하여 새로운 화제를 생산해 낼 수 있다.

▶ **다음 글을 읽고 '한류 드라마의 발전 방안'에 대한 화제를 개발하여 한 단락으로 소개하시오.**

흔히 서사의 전통을 신화에서 전설 · 민담과 같은 설화, (고)소설을 이어 오늘날의 현대 서사의 등장으로 설정한다. 그렇다면 서사의 전통 문법이 있다면 그것은 서사의 기원에 해당하는 신화에서 찾을 수 있을 것이다. 이 단서를 레비-스트로스(C. Lévi-Strauss)에게서 찾아보자. 그에 따르면 신화는 모순된 것들의 공존을 보여준다고 하였다. 모순되기 때문에 인간은 고뇌하고, 고뇌하기 때문에 그것을 서사에 담은 것이다. 이는 신화에만 적용되는 법칙이 아니다. 전설이 현실에 발생한 비현실적인 것을 담고 있으며, 민담이 현실법칙을 벗어나 환상적인 것에서 부유하듯, 설화들은 모두 일정한 '모순성'에서 그 서사의 정체성을 찾을 수 있다. (고)소설은 구비문학인 설화와 분명한 차이를 보이는 기록 서사문학이지만, 전대의 설화의 자양분을 흡수하면서 서사의 법칙을 세워나갔다. 어차피 서사는 인간의 삶, 특히 고뇌하고 갈등하는 삶을 이야기의 형태로 포착하고 형상화할 수밖에 없다. 이것은 서사의 장르론적 숙명이다.

앞에서 언급한 성공한 한류 드라마들은 비록 단순하거나 유치하더라도 모순과 갈등을 잘 포착하고 있다. 다시 말해 이 드라마들은 전통 서사의 문법을 충실히 따르고 있는 것이다. 오랜 시간동안 형성되고 전승되어 온 서사의 전통은 국경을 넘어 보편성을 얻고 공감대를 형성하기에 용이하다. 여기에 더해, 가치관의 측면에서도 이 모순의 상황을 포착할 수 있다. 많은 논자들이 한국의 드라마의 경쟁력으로 도시적, 세련된, 첨단의, 고가의, 최신의 패션을 들고 있다. 소위 트렌디 드라마가 아시아 전역에 수출되는 한국 드라마의 선봉으로 보았다. 문화콘텐츠진흥원 중국사무소에서도 이러한 도시적 감수성과 패션이 〈별에서 온 그대〉의 주요 성공 요인으로 꼽았다. 한류 드라마의 인물, 말과 몸짓, 걸치는 옷과 소품, 머리모양 등은 분명 세련되고 유행을 반영 · 선도하지만, 동시에 극 중 주인공들이 정작 표상하고 있는 가치는 상당히 구태의연하고 세련되지 못한 것이다. 남성 주인공들은 지나칠 정도로 우직하고, 충직하다. 여성 주인공들은 적극적이며 진취적이지만 동시에 내면에는 전통적인 사랑의 가치를 간직하고 있다. 직업, 집, 차, 소파, 옷, 취미는 철저히 현대적이며 첨단이지만 정작 그들의 인품, 성격은 전근대 내지 전통적 가치관으로 무장되어 있다. 성공한 한류 드라마는 반드시 매력적 인물이 있으며, 그들의 독특한 캐릭터는 오늘날과 거리가 먼 과거의 가치관을 형상화하고 있다.

우리는 21세기 자본주의 산업사회에 살면서, 사고와 행동양식을 결정하는 판단 기준들은 상당 부분 근대 이전의 고대와 중세의 유산이라는 점을 떠올릴 필요가 있다. 어쩌면 현대의 물질적 가치와 속도의 가치가 커질수록, 합리적 · 경제적 사고가 힘을 더 발휘할수록, 즉 인간이 미래로 향하는 속도에 가속이 붙을수록, 인간은 과거나 전통의 가치를 희구하는 것이 아닐까? 우리의 삶이 모순됨에 자주 노출되고 있으며, 은연중에 혹은 무의식 중에 현 사회 체제에서 받은 피로를 잘 포장된 전통 서사를 통해 위로받고 치유하고자 한 것은 아닐까?

– 오세정, 「한류 드라마의 흐름과 성공 요인 재고」

2. 추론하기

개 요

㉠ 사고를 심화하기 위해 추론하기 능력을 기른다.

㉡ 텍스트 분석을 통해 '세부정보 추론하기'와 '오류 분석하기'를 학습한다.

㉢ 학습한 내용을 토대로 '추론과정 수립하기', '내용 추론하기와 구성하기', '논증하는 글쓰기' 등의 쓰기를 수행한다.

1) '추론'에 대한 이해

(1) 추론 : 사고의 중추

글을 포함한 각종 텍스트의 의미를 파악하는 데 추론은 필수적이다. 무언가를 읽고 쓰기 위해서는 단순히 표현된 것을 그대로 베끼거나 그것과 동일하게 사고하지 않는다. 모르는 어휘나 이해하기 어려운 문장이 나오더라도 글을 읽는 사람은 문맥을 파악하거나 관련된 다른 정보를 활용하여 그것이 어떤 의미인지 파악하고자 애쓴다. 또 어떤 사람의 말이나 글을 다 듣지 않아도 다음에 이어질 내용이 무엇인지 파악하기도 하고, 어떤 주장이 타당한지를 따지고 혹은 그 주장을 보완하기 위해서 추론하기도 한다.

추론이나 추리는 흔히 같은 의미로 사용된다. '추론(inference)' 또는 '추리(reasoning)'란 주어진 사실이나 정보 등으로부터 새로운 것을 도출하는 사고와 그 과정을 의미한다. 그리고 이러한 추론이 하나의 완성된 글로 표현된 것을 '논증(argument)'이라 부른다. 추론은 사고와 표현의 논리성을 획득하기 위해서는 필수조건이라 할 수 있다.

일반적으로 추론은 전제와 결론, 주장과 근거로 구성된다. 전제는 추론을 할 때 결론의 기초가 되는 판단이다. 전제에서 도출된 것은 결론이고, 주장을 뒷받침하는 것이 근거이다. 일반적으로 전제라고 할 경우는 결론, 근거라고 할 경우에는 주장을 각각 함께 사용한다. 추론에는 연역추론과 귀납추론이 있다. 연역추론은 전제로부터 결론이 필연적으로 도출되는 추론이다. 귀납추론은 전제가 결론을 개연적으로 뒷받침하는 추론이다.

우리가 가장 쉽게 접할 수 있는 추론은 탐정 소설이나 수사극에서 볼 수 있다. 사건이 일어나고, 그 사건의 범인을 찾기 위해서 수사관들은 특정한 흔적이나 증거물을 토대로 끊임없이 추론한다.

주어진 근거를 바탕으로 논리적이고 합리적인 결과에 도출하는 과정이 이야기나 극의 핵심 구조를 이루고 있는 것이다. 그런데 추론은 탐정 소설이나 수사극에서뿐만 아니라 우리의 일상생활에서도 빈번하게 사용된다. 대화에서 상대방의 의중을 파악하기 위해서, 리포트 작성을 위해 텍스트를 분석하는 과정에서, 누군가의 잘잘못을 따지거나 비판하기 위해서 우리는 끊임없이 추론을 한다. 추론은 사고의 중추로서 우리는 추론을 통해 보다 높은 차원의 논리적 사고를 할 수 있다.

(2) 추론의 종류와 방식

추론은 논리적 형식에 따라 추리하는 논리적 추론도 있고, 주어진 정보를 상황이나 배경 지식과 관련짓는, 이른바 화용적 추론도 있다. 논리적 추론은 형식 논리학이나 수학에서도 중요하게 기능하며, 대상 텍스트의 참과 거짓을 따질 수 있게 해 준다. 화용적 추론은 일상 대화나 텍스트 읽기와 쓰기에서 의미를 이해하고 소통하는 데 있어 중요하게 기능한다.

글 읽기는 글에 쓰인 직접적 표현에 대한 1:1의 지시적 관계 파악에 그치지 않는다. 대상 텍스트를 통해 추출한 정보들을 토대로 하여 다시 독자의 배경 지식과 사고 과정을 통해 새로운 정보를 채워가기 마련이다. 이러한 과정은 글쓰기 과정에도 동일하게 적용된다. 주어진 텍스트를 읽는 행위가 단순히 읽는 행위로 그치지 않고 다시 쓰는 행위로 간주되는 것도 이러한 맥락 속에서 이해할 수 있다.

간단한 추론 과정에 대해서 살펴보자.

〈예시1〉 철수는 새벽녘이 되어서야 잠들었다.

〈예시1〉을 바탕으로 다음에 일어날 일을 도출할 수 있다.

〈예시1〉 철수는 새벽녘이 되어서야 잠들었다.
〈추론1〉 철수는 다음날 학교에 지각을 했을 것이다.

〈예시1〉을 바탕으로 그 전에 일어난 일을 추리할 수도 있다.

〈예시1〉 철수는 새벽녘이 되어서야 잠들었다.
〈추론2〉 철수는 다음날까지 제출할 과제가 있었을 것이다.

이처럼 단순한 상황이라 하더라도 우리는 다양한 추론을 할 수 있다. 추론의 방향을 놓고 구분하면 〈추론1〉과 같은 전방성 추론(forward inference)과 〈추론2〉와 같이 후방성 추론(backward inference)이 있다. 전자는 초점 진술을 중심으로 이후에 발생할 것을 예측하는 것이고, 후자는 초점 진술을 중심으로 이전에 일어난 것을 추리하는 것이다.

단순한 기준으로 어떤 사건의 전후를 추측하는 것도 하나의 추론이다. 논리적 사고와 표현을 위해서 흔히 접하게 되는 추론은 이보다 정교한 형식과 규칙을 가진다. 기준과 관점에 따라 분류는 달라질 수 있지만 일반적으로 추론은 연역추론과 귀납추론으로 나뉜다.

❶ 연역추론

연역은 전제가 참일 경우 결론이 필연적으로 참이어야 하는 것을 의미한다. 따라서 연역 논증이 타당하다면, 거기에 새로운 부가적인 전제를 덧붙이더라도 그 논증의 타당성이나 강도에는 아무런 영향을 미치지 못한다. 이는 연역에서는 전제가 결론을 함축 또는 가정한다는 사실을 의미한다. 어떤 논증에서 그 전제들이 모두 참이고 결론이 거짓인 경우가 있을 수 없을 때, 그 논증을 연역적으로 타당하다고 말한다. 연역에서 관심사는 전제나 결론의 참, 거짓 여부가 아니다. 전제가 모두 참이라면, 결론이 거짓일 수 있는 가능성 여부가 여부가 핵심이다. 연역에서는 전제가 참일 때에 결론은 반드시 참이 된다.

연역의 대표적 사례로 삼단논법을 들 수 있다.

모든 사람은 죽는다. ———————— 대전제
소크라테스는 사람이다. ———————— 소전제
따라서 소크라테스는 죽는다. ———————— 결 론

삼단논법은 두 개의 전제를 통해 하나의 결론을 이끌어내는 추론 방식이다. 결론에서의 주어는 소개념, 술어는 대개념이라고 한다. 이 예시에서는 '소크라테스'는 소개념이며, '죽는다'는 대개념이다. 소개념을 포함한 전제를 소전제, 대개념을 포함한 전제를 대전제라고 한다. 삼단논법은 두 개의 전제를 통해 참인 결론을 이끌어내는 과정이다.

❷ 귀납추론

귀납은 전제가 참일 때 결론이 참일 개연성을 지니지만 연역처럼 확실하게 참을 담보하지 못한다. 귀납은 전제들로부터 도출되는 것이 경험적 추측을 표현하는 결론이 된다. 이는 귀납이 연역과 달리 결론이 전제들 속에 전적으로 포함되어 있지 않다는 것을 의미한다. 귀납적 논증에서는 전제들의 진위 여부가 결론의 참을 절대적으로 보증하지 못한다. 그렇기 때문에 귀납에서 결론은 개연적으로 증명된다.

귀납은 추론 과정이 논리적이지 않은데 결론은 참일 수 있다. 예컨대 점을 쳐서 불길한 미래가 예측되었다. 이후 점을 본 사람이 길을 가다 교통사고를 당했다. 이 경우 결론은 우연히 참이 되었지만 추론 과정이 합당하다고 할 수는 없다. 반대의 경우도 가능하다. 추론 과정은 논리적이지만 참이 아닌 결론에 도달할 수 있다. 예컨대, 최근 일주일 동안 하루도 빠짐없이 오후에 비가 내렸다. 따라서 오늘도 오후에 비가 내릴 것이라고 추론하였다. 하지만 오늘은 비가 내리지 않았다. 여기서 추론 자체는 귀납적으로 타당하지만 결론은 거짓이 되고 말았다.

귀납은 연역에 비해 절대적 참을 보증하지 못하는 약점이 있지만 귀납만의 장점이 있다. 관찰된 사실에서 추출된 결론을 통해 관찰되지 않은 사실을 예측할 수 있다는 점이다. 연역이 형식적으로는 완전하지만 새로운 정보를 확대생산하고 예측하는 것은 용이하지 않다. 반면 귀납은 이러한 예측 가능성으로 인해 각종 보고서 및 학술적 글쓰기에서 많이 이용되고 있다.

귀납의 사례는 우리 주변에서 흔히 볼 수 있다.

〈사례1〉 충북경찰청 범죄분석팀의 조사에 따르면 성범죄자의 재범률은 100%라고 한다. 네덜란드의 경우 성범죄자들에게 전자발찌를 의무적으로 착용하게 하였더니 재범률이 10%로 줄었다. 그러므로 성범죄자들에게 전자발찌 제도를 실시해야 한다.

〈사례2〉 소금암 광산으로부터 얻은 소금이나, 바닷물로부터 얻은 소금이나, 소금(NaCl) 안의 염소(Cl)의 질량을 조사하니 60.66%였다. 따라서 모든 소금에는 염소의 질량이 60.66% 존재한다.

사례에서 볼 수 있듯이 결론의 근거들이 100% 참을 보장하기보다는 경험적으로 판단할 때 개연성이 높다는 것을 보여준다.

2) 추론 능력 함양하기

(1) 세부정보 추론하기

글을 읽고 1차적으로 내용을 이해하고 나면, 해당 정보를 통해 글에 직접 드러나지 않는 정보를 미루어 파악할 수 있다. 다음 글을 보자.

> 근대 이전의 종교적 인간은 사회적으로는 특정 지역공동체에 붙박여 살았다 하더라도 현상학적으로 초월적 존재와 연결된 '종교적 영토' 안에 거주하면서 살았다. 태어남과 죽음, 살아갈 이유를 모두 신이 안내해 주었다. 이는 철학적으로는 존재와 사유의 통일을 추구하는 형이상학으로 나타난다. 하지만 과학혁명에 의해 전통적인 형이상학이 붕괴되자, 근대적 인간은 초월적 존재로부터 단절되어 이 땅에 던져진 실존이 되었다. 자신의 존재의 근거를 스스로 찾아야 하는 여정이 시작된 것이다.
>
> 이에 대처하는 두 가지 주된 방식이 있다. 하나는 존재와 사유가 최종적으로 통일되는 미래의 이상향을 설정하는 헤겔과 마르크스의 방식이다. 다른 하나는 생활세계에서 타자들과 더불어 살아가는 '세계-내-존재'에서 출발하는 하이데거와 아렌트의 방식이다. 이러한 두 방식은 철학적으로는 대립되지만, 현실적으로는 근대 국민국가의 형성을 통해 통합된다. 국민국가는 미래의 이상향을 설정하여 개인의 사멸을 넘어 공동체의 불멸을 추구하도록 함은 물론, 시민권제도를 통해 세계-내-존재로서의 국민의 안전을 보장한다. 근대 인간의 삶의 영역인 '사회적인 것'은 이렇듯 국민국가 프레임 안에서 만들어졌다. 종교로부터 탈영토화된 근대인을 다시 국민국가의 '사회적인 것' 안으로 '재영토화'함으로써 근대인의 실존적 불안은 해소되는 듯 보였다. 개인 서사 대신에 국민국가의 거대 서사가 지배하는 탓이다.
>
> – 2013년 입법 고등고시 제1차시험 제시문

위 글을 읽고 3명의 학생이 각자 추론한 내용을 다음과 같이 정리하였다. 적절한 것과 그렇지 못한 것을 찾고 그 이유를 찾아보자.

㉠ A : 자신의 존재의 근거를 스스로 찾아야 하는 근대인은 미래 또는 현재를 그 척도로 삼는다.

㉡ B : 국민국가는 종교와 달리 개인이 처한 삶과 죽음의 문제를 해결하지 못한다.

㉢ C : 근대인들은 전근대의 종교적인 속박에서 벗어나 자유를 얻었지만 대신 존재론적 불안감을 갖게 되었다.

㉠ A가 추론한 내용은 자신의 존재 근거를 스스로 찾아야 하는 근대인은 미래 또는 현재를 그 척도로 삼는다는 것이다. 이는 두 번째 단락을 통해서 확인할 수 있다. 미래에서 찾는 것은 헤겔과 마르크스의 방식, 현재에서 찾는 것은 하이데거와 아렌트의 방식이다. 따라서 올바르게 추론한 것이다.

㉡ B가 추론한 내용은 국민국가가 종교와 달리 개인이 처한 삶과 죽음의 문제를 해결하지 못한다는 것이다. 그런데 두 번째 단락에서 국민국가는 개인의 사멸을 넘어 공동체의 불멸을 추구하도록 함은 물론이고 근대 인간의 삶의 영역을 만들어낸다는 점에서 개인이 처한 삶과 죽음의 문제를 종교 대신 해결하고 있다. 따라서 이 추론은 적절하지 못하다.

㉢ C가 추론한 내용은 근대인들이 그 이전 시대 사람들과 달리 종교적 속박에서 벗어나 자유를 얻었지만 존재론적 불안감을 갖게 되었다는 것이다. 그런데 이 글에서는 전근대인들의 실존적 불안감을 해소해 준 것이 종교라면, 근대인들은 국민국가가 그 기능을 수행하였다고 되어 있다. 따라서 잘못된 추론이다.

다음의 상황을 보자.

> 다음과 같은 두 경우를 생각해 보자. 첫째 경우, 임신 중인 한 여성이 간단한 치료로 완치될 수 있지만 그냥 놔두면 태아가 위태롭게 되는 어떤 질병에 걸린다. 둘째 경우는 이와 비슷하지만 중요한 차이가 있다. 결혼 직후 한 아이만을 임신할 계획을 갖고 있는 한 여성이 어떤 질병에 걸렸다. 이 상태에서 치료를 미루고 임신을 한다면 태어날 아이는 기형아가 될 가능성이 높다. 만일 이 여성이 임신하려는 계획을 반 년 정도 미루고 치료를 받는다면 이 질병 역시 완치될 수 있다. 첫째 경우라면 우리는 통상적으로 임신 중인 여성은 치료를 받아야 한다고 생각한다. 왜냐하면 그 선택이 태아의 보다 나은 삶을 보장하기 때문이다. 하지만 둘째 경우는 이와 동일한 이유로 치료를 받아야 한다고 주장할 수 없다.
>
> – 2011년 5급 공개경쟁채용시험 제시문

위의 상황에서 갑과 을이 대화를 하고 있다. 대화의 내용은 다음과 같다.

갑 : 두 경우 모두 질병을 치료하는 시점이 임신부의 건강에는 아무런 영향을 주지 않는다는 것이 암묵적으로 전제되어 있군.

을 : 맞아. 그렇다면 질병을 언제 치료하는가의 문제는 임신된 아이든 계획대로 태어날 아이든 간에 아이의 삶을 보장하는 방식으로 결정해야겠군.

갑 : 그래. 그렇지만 반 년만을 미루어 아이를 갖는다 하더라도 원래 가지려 했던 아이가 달라졌다고는 볼 수 없어.

을 : 이 문제는 '계획대로라면 태어날 아이'의 관점에서 보아야 해. 이 관점에서 보자면, 건강하지 않더라도 태어나는 것이 태어나지 않는 것보다는 더 나아. 태어나지 않는다면 보장받을 삶도 없는 셈이니까.

갑 : 그럴까? 언제 출산을 하든, '첫째 아이'라는 점에서 동일하다고 해야 하지 않을까?

을 : 특정한 시점에 특정한 정자와 난자가 결합한다는 점을 생각해봐. 시점이 다르다면 같은 사람이라고 할 수 없지.

위와 같은 상황에서 갑과 을 두 사람이 낼 수 있는 의견이 무엇인지 따져 보자.

먼저 제시문은 '태아의 보다 나은 삶'을 보장하는 것을 판단 기준으로 삼고 있다. 첫째 경우는 임신 중이지만 치료를 하면 완치되고 그렇지 않으면 태아가 질병에 걸린다. 따라서 태아의 보다 나은 삶을 위해 당연히 치료를 받아야 한다. 둘째 경우는 현재 임신을 계획하고 있는데 질병에 걸린 것이다. 이는 첫째 경우와 같은 이유, 즉 '태아의 보다 나은 삶'을 보장한다는 이유로 치료를 받아야 한다고 주장할 수 없는 경우라는 것이다.

이 상황에 대해 갑과 을이 나눈 대화를 읽고 그들의 견해를 추출해 보자. '태아'의 기준을 계획대로라면 태어날 아이로 보든 첫째 아이로 보든, 첫째 경우에는 치료를 받으면 태아가 위태롭게 되지 않으며, 이 태아는 건강하게 출생할 것이므로 태아의 보다 나은 삶을 보장한다. 따라서 갑과 을 모두 여성이 치료를 받아야 한다고 주장할 것이다.

둘째 경우는 갑과 을의 견해가 다르다. 갑은 어떤 시점이 기준이 아니라 임신을 하는 여성이 실제로 처음 임신한 아이가 첫째 아이라고 생각한다. 둘째 경우 태아는 여성이 계획대로 임신한다면 기형아가 될 가능성이 높지만 임신을 미룬다면 정상적으로 출생할 것이므로, 임신을 미루는 경우가 더 나은 삶을 보장 받는다. 따라서 갑은 둘째 경우에 임신을 미루어야 한다고 주장할 것이다.

을은 둘째 경우 여성이 임신을 미루면 태아, 즉 계획대로라면 태어날 아이가 아예 태어나지 못한다고 본다. 그렇다면 비록 기형아가 되더라도 태어나지 않는 것보다는 더 나은 삶을 보장 받는 것이라고 생각한다. 따라서 을은 둘째 경우에 계획대로 임신을 해야 한다고 주장할 것이다.

(2) 오류 분석하기

추론을 논리적이고 타당하게 하려면 논리적 오류에 빠지지 않도록 해야 한다. 추론의 과정이 타당하지 않은 경우를 '논리적 오류'라고 칭한다. 우리는 주변에서 논리적으로 문제가 있는 진술들을 쉽게 접할 수 있다. 오류에 대한 종류나 오류의 분류는 논점과 기준에 따라 다양하다. 특정한 오류의 종류나 원칙을 이해하기보다는 실생활 속에서 자주 범하는 논리적 오류가 어떤 것이 있는지 찾아보고 오류에 빠지지 않도록 하는 것이 중요하다.

다음은 특정 기사에 대한 댓글들이 범하고 있는 오류들을 모아 정리한 것이다. 어떤 점에서 논리적 오류를 보이는 추론인지 살펴보자.

㉠ 보도 기사 표제어 : 살 빼려면 적어도 "밤 10시 이후 7시간 이상 자라."
댓글 : 전 7시간 넘게 낮잠 자는데 왜 살이 안 빠져요?

㉡ 보도기사 표제어 : 지난 주말 장성들 대거 골프....대통령 "다신 이런 일 없도록"
댓글 : 다음부터 주중에 쳐라.

㉢ 보도기사 : 일본 후쿠오카 현에 살고 있는 올해 112세의 주간지 유기치(中願寺雄吉) 씨가 세계 최고령 남성으로 기네스북에 올랐다. 주간지 씨는 의식이 분명하고 말하는 데에도 전혀 지장 없이 건강을 유지하고 있다. 그는 육류를 즐기는 편이며 당근과 우유는 거의 매일 마시고 있다.
댓글 : 현재 최장수인 사람은 잡식주의자이다. 잡식주의자가 최장수의 비결임이 틀림없다.

㉣ 보도기사 : 여성가족부가 지난 11월 예고한 '청소년 인터넷 게임 건전 이용 제도 대상 게임물 평가 계획안'을 보면, 경쟁심을 유발하는 특징을 가진 게임은 '불건전한 게임'으로 간주된다.
댓글 : 공기관이 멍텅구리네. 경쟁심이 얼마나 좋은 건데, 선의의 경쟁심 교육을 강화할 생각은 않고 ……

㉤ 보도기사 : 최OO 교사는 담임을 맡은 학급 학생의 할머니가 "손자 생일이니 반 친구들에게 나눠 달라."며 가져온 초코파이 13개와 귤 26개를 학생 13명에게 나눠줬다. 이에 대해 교장은 "학부형들이 주는 것을 받지 말라는 지시를 어겼다."며 "교장 말을 우습게 아느냐."고 험한 말을 했다. 수원시 교육청은 이를 '불법 기부금품'으로 보고 법률을 위반했다는 명목으로 해당 교사를 경고 조치했다.

댓글 : 할머니가 손자 생일에 그 정도 작은 성의를 보이는 것이 뭐 그리 대수랴 싶지만, 그마저 못하는 아이를 생각하면 공의(公義)를 위해 금하는 것이 좋으며, 교장이 감정적인 표현까지 한 것은 지나친 처사다.

– 2013년 입법 고등고시 제1차시험 제시문

㉠의 사례를 보자. 기사 제목 중 '밤 10시 이후'라는 부분을 보지 않고 '7시간 이상 자라'는 말만 보고 있다. 이처럼 맥락을 고려하지 않고 글이나 문장의 한 부분을 불필요하게 강조하여 사실을 왜곡되게 판단하는 '강조의 오류'를 범하고 있다.

㉡의 사례를 보자. 이 역시 맥락을 살피지 않고 '주말'에 골프를 친 것만을 문제로 삼아 그 부분만 보고 있다. '강조의 오류'를 범하고 있다.

㉢의 사례를 보자. 육류, 당근, 우유를 먹는 것은 잡식이다. 하지만 이 사례 하나를 보고 그 전체를 판단하는 '성급한 일반화의 오류'를 범하고 있다.

㉣의 사례를 보자. 여성가족부가 계획안에서 '선의의 경쟁심'을 부정한 것이 아닌데, 마치 그러한 것으로 왜곡하고 있다. 본질적인 논점과는 상관이 없거나 지엽적인 것에 주목하여 발생한 오류로 '논점 일탈의 오류'를 범하고 있다.

㉤의 사례를 보자. '불법 기부금품'과 관련된 문제가 핵심인데 가난한 형편의 아이들의 상황을 거론하면서 문제의 논점을 벗어났다. '논점 일탈의 오류'를 범하고 있다.

3) 추론하기를 바탕으로 한 쓰기 수행

(1) 이어질 내용 추론하기

이해를 바탕으로 추론이 이루어진다. 주어진 글의 정보를 제대로 파악하면 이를 바탕으로 다음에 이어질 내용이 무엇인지를 합리적으로 추론하는 것이 가능하다. 다음 글을 보자.

역사 속에서 유대인들은 엄청난 대가를 치르면서도, 그들의 동질성을 유지하고 정체성을 지켜온 것으로 유명하다. 따라서 유대인이 자신들의 언어를 소중하게 지켜왔으리라고 여기는 일은 자연스럽다. 그러나 이는 사실과 크게 다르다. 유대인들은 별다른 고민이나 갈등 없이 자신들의 언어를 여러 번 바꾸었다.

기원전 6세기경 팔레스타인에 살던 유대인들은 바빌로니아에 종속되었고 이어 페르시아의 지배를 받았다. 그 이후 유대인들은 전통적 언어인 히브리어 대신 바빌로니아 상인들의 국제어였고 페르시아 제국의 공용어였던 아람어를 점점 더 많이 사용하게 되었다. 기원전 2세기경 유대인들은 마침내 아람어를 일상어로 쓰기 시작했고 히브리어는 지식인 계층만 사용하는 언어가 되었다. 성서의 『느헤미야』는 기원전 3세기 전반에 편집되었다. 이는 히브리어가 살아있는 언어였을 때 만들어진 마지막 책이다. 대부분의 유대인들이 히브리어를 잊었으므로 그들을 위한 아람어 성서가 나왔다. 이 성서는 번역을 뜻하는 아람어 '탈굼'으로 불렸는데, 구전으로는 기원전 6세기 말엽부터 그리고 기록된 것은 기원 후 1세기부터 나오기 시작했다.

알렉산더 대왕의 정복 후 팔레스타인은 프톨레마이오스 왕조가 집권한 이집트에 종속되었다. 알렉산드리아를 중심으로 하는 이집트의 유대인들은 아람어를 버리고 그리스어를 쓰게 되었다. 자연히 히브리어도 아람어도 모르는 유대인들을 위해 그리스어로 번역된 성서가 필요해졌다. 그래서 기원전 3세기에서 2세기에 걸쳐 알렉산드리아의 학술원에서 번역판을 냈다. 이 성서가 바로 이후 기독교도들의 경전이 된 『칠십인역』이다.

로마 제국이 득세했을 때 유대인들은 로마에 대항했다가 참담한 피해를 입고 뿔뿔이 흩어졌다. 이제 유대인들은 아람어나 그리스어를 버리고 그들이 이민 가서 정착한 곳의 언어를 쓰거나 이디시어, 라디노어와 같은 혼성어를 공용어로 썼다. 히브리어는 유대교 학자들에 의해 명맥이 이어지는 학자들의 언어가 되었다.

그 동안에도 히브리어를 되살리려는 노력은 꾸준히 이어졌다. 그런 노력은 근세에 특히 활발하여 히브리어를 글로 쓰일 뿐 아니라 말해지기도 하는 언어로 만들려는 움직임까지 나왔다. 1948년에 이스라엘이 세워지면서 그런 노력은 성공했다. 세계 곳곳에서 모여들어 여러 언어를 쓰는 사람들이, 일부 지식층의 주도 하에 그리고 순전히 정치적인 이유만으로, 2천년 이상 오직 학자들의 언어에 불과했던 언어를 공용어로 채택했던 것이다. 히브리어의 부활은 (가) 사실을 잘 보여준다.

– 2012년 5급 공개경쟁채용시험 제시문

이 글은 오랜 기간 동안 독립 국가를 세우지 못하였던 유대인들이 어떻게 국가 수립과 동시에 과거의 자기 민족어였던 히브리어를 국어로 사용하게 되었는지를 말하고 있다. 얼핏 주어진 결과만 놓고 보면, 유대인들이 비록 나라는 없이 뿔뿔이 흩어져 사는 불우한 신세였지만 자국어의 소중함을 알고 히브리어를 잘 지켰다고 생각할 수 있다. 마치 우리가 일제 치하에서 일본어가 아닌 한국어를 지킨 것처럼 말이다. 하지만 이 글의 정보를 보면, 기원전부터 유대인들은 쉽게 자신의 언어를 버리고 다른 언어를 공용어로 사용하였던 것을 알 수 있다. 따라서 학자들의 언어에 불과했던 히브리어가 부활하게 된 것은 빈칸 (가)를 잘 보여주는 사례가 된다. 여기에서 우리는 다음과 같은 내용을 추론할 수 있다.

언어의 끈질긴 생명력을 드러내는 사건인 것처럼 보이지만, 역설적으로 사람들이 쉽게 언어를 버리고 채택한다는 사실

▶ 다음 글을 읽고 이어질 내용을 2~3단락 정도의 분량으로 작성하시오.

인류학자들에 따르면 교환이야말로 인간 존재의 특징을 나타내는 것이다. 인간이 존재하기 시작하면서부터 교환이 시작되고 여기서 인간이 다른 존재와 스스로 구별이 된다.

교환에는 세 가지 형태가 있다. 하나가 메시지의 교환이고, 또 하나가 결혼을 통한 인적 교환(근친혼의 금지)이며, 다른 하나가 재화와 서비스의 교환이다. 물론 결혼을 통한 인적 교환을 순전히 생물학적인 근거에서 재화의 교환 속에 포함시킬 수도 있을 것이다. 그러나 배우자는 인간이 욕망하는 대상이 되어왔던 보통 재화의 가치와는 다른 더 이상의 가치를 지닌다.

메시지의 교환 또한 그 자체로 일반 '재화'의 교환과는 같지가 않다. 재화의 교환은 한 사람과 다른 사람 사이에 직접적으로 이루어지거나 공동의 가치척도가 되는 화폐를 매개물로 삼는다. 거기에 비해 메시지는 정보의 유통으로서 그 가운데에는 사람에 따라 유용한 것도 있고, 유용하지 않은 것도 있다. 따라서 가치 측정을 가능하게 하는 절대적인 단위가 존재하지 않는다.

때로 교환이 '재화'를 생산한다. 교환이 우리에게 이미 잘 알려진 재화와 관련된 것일 경우 교환은 경제적인 본성을 지닌다. 그러나 우리는 가치가 아주 다른 것들도 서로 교환할 수 있다. 우정과 추억, 사랑의 표시들이 그러한 것들이다. 이러한 것들은 본래 순전히 정서적이고 상징적인 것으로서 상품가치를 지니고 있지 않으며, 어떤 사건과 존재를 회상하게 하는 하나의 방식이자 무엇을 지지하거나 대신하는 것들이다. 그리고 이런 것들은 그 자체로 가치를 가진 것이 아니고 의미에 의해 가치를 갖는다.

교환에 따라 이런 것들을 보유한다는 것, 그것은 하나의 가치를 내포하고 있는 물건으로서가 아니라 교환 그 자체가 가치를 발생시키는 상징으로서의 자기 성격을 지닌다. 재화를 교환한다는 것은 대상물이 하나의 일정한 사용가치를 가고 있다는 것을 뜻한다. 그것은 어느 한 사람에게 유용한 것일뿐더러 다른 사람에게도 유용한 것이어야 하는데, 그래야만 교환의 가능성이 생긴다.

사회 관행으로서의 축제일의 선물 교환은 유용성과는 별개의 것이다. 재화의 교환이기는 하지만 서로 주고받는 그 자체가 소중한 것이지 사용가치의 높고 낮음이 여기서는 중요한 문제가 되지 않는다. 따라서 일반적인 재화의 교환과는 다르다. 이는 재화 이상의 것으로서 상징적인 가치와 의미에 따라 교환이 되지, 얼마만큼 유용한가의 한 가지 기준에 따라서 교환되는 것이 아니다.

– 최병권 · 이정옥 편, 『세계의 교양을 읽는다』 1

(2) 논리적으로 재구성하기(다시 쓰기)

글을 쓰다 보면 생각이 바뀔 수도 있으며, 오류를 발견하여 수정해야 할 경우도 있다. 새로운 정보를 구하게 되면 글의 전체 구성을 수정하거나 다시 쓰게 되기도 한다.

다음은 〈개요〉에 따라 작성한 〈본론〉이다. 본론의 마지막 부분을 작성한 사례로 ㉠~㉢까지가 있다.

개 요

- 서론 : 윤리원칙은 역사에 따라 변모한다고 주장
- 본론 : 미래의 '생존 윤리원칙'을 예상한 후, 이것이 함축하는 도덕적 난관을 장기이식 사례를 통해 보여줌.
- 결론 : 생존 가치가 최고 가치가 아니라고 주장

본 론

현재 우리가 고수하고 있는 원칙들은 미래의 달라진 상황에 맞게 새로운 원칙들로 대체될 것이다. 미래 세계는 환경 위기, 자원 고갈, 인구 증가 등으로 인간의 생존이 가장 중요한 가치가 될 것이다. 미래 세계는 아마도 다음과 같은 '생존 윤리 원칙'을 채택할지 모른다.

첫째, 최대 다수의 최대 생존이 도덕의 기초이다. 둘째, 한 행위는 생존율의 증가에 도움이 될수록 '선하다'고 평가되며, 생존율을 감소시킬수록 '악하다'고 평가된다.

이런 원칙의 관점에서 장기이식의 경우를 생각해 보자. 현재에도 소생할 가능성이 없는 뇌사자에게서 장기를 제공받아 다른 환자에게 이식하여 그의 생명을 살리곤 한다. 미래 사회에는 장기이식 의료기술이 극도로 발전하여 장기만 있다면 금방 죽을 환자를 살릴 가능성이 매우 높아질 것이다. 미래에는 생존 윤리원칙에 부합하기만 한다면 온갖 장기 공급 제도를 허용할 것이다.

㉠ 하지만 장기 공급 제도라고 모두 허용해야 하는 것은 아니다. 다른 사람에게 장기를 제공할 목적으로 인간 배아를 배양하는 행위는 악하므로 생존 윤리원칙을 어긴 셈이다.

㉡ 생존 윤리원칙을 준수하는 모든 장기 공급 제도는 선하다. 제도가 생존 윤리원칙을 준수한다는 것은 그것이 인간 생존율을 높이는 데 도움이 된다는 것을 뜻하기 때문이다.

㉢ 전통적 윤리원칙을 고수하는 이들은 대부분 장기 공급 제도를 반대할 것이다. 우리는 윤리원칙의 역사성을 깨닫고 생존 가치가 윤리원칙을 결정하는 가장 중요한 요소임을 인정해야 한다.

㉣ 가령 뇌사자의 장기를 본인 동의 없이 적출하여 다른 환자에게 이식함으로써 생명을 연장할 수 있다면, 이 행위는 선하다. 따라서 우리는 뇌사자의 장기를 본인 동의 없이도 적출하는 행위를 허용해야 한다.

㉤ 예컨대 다음과 같이 생존 제비뽑기 제도를 승인해야 한다. 시민 중에서 장기 제공자를 제비뽑기로 고른 뒤, 그의 모든 장기를 적출하여 여러 환자에게 이식한다. 이 제도로 사회의 생존율이 비약적으로 높아질 것이다. 이것은 생존 윤리원칙에 따르면 선하지만, 우리의 도덕적 직관에 따르면 악하다.

– 2011년 5급 공개경쟁채용시험 문제

㉠~㉤ 각각의 진술이 전체 글의 개요와 관련하여 논리적으로 타당한지 살펴보자. 개요에서는 생존 가치가 상대적 윤리론의 입장에서 최고의 가치가 아니라고 주장하며, 이에 대한 근거로 미래의 생존 윤리원칙을 예상하고, 이에 대해 발생할 수 있는 도덕적 난관을 장기이식 사례를 통해 보여주고 있다. 이에 대한 본론의 내용을 정리하면 다음과 같다.

1단락 : **미래의 생존 윤리원칙 예상**

– 달라지는 상황에 맞게 새로운 생존 원칙이 채택될 것임.

2단락 : **생존 윤리원칙(평가 기준)**

– 최대 다수의 최대 생존의 원칙에 의한 평가

– 생존율에 따른 선과 악의 판단

3단락 : **장기이식의 사례 적용**

– 미래에는 의학기술의 발달로 인해 생존 윤리원칙에 부합하기만 한다면 장기공급 제도를 허용할 것임.

따라서 본론의 마지막 부분은 문제점 즉 도덕적 난관을 써야 한다.

먼저 ㉠, ㉡, ㉢의 진술은 2단락의 평가 기준의 '생존율에 따른 선악 판단'이 그대로 적용되기 때문에 도덕적 난관에 해당하지 않으며, 오히려 그러한 원칙에 부합하는 진술이다. 따라서 ㉠, ㉡, ㉢은 이 글의 마지막 부분에 들어가기에 부적절하다.

㉣의 경우를 보자. '본인의 동의' 없이도 가능하다는 진술은 3단락에서 말하는 생존 윤리원칙에 부합되기만 한다면 허용된다는 진술과 동일하므로 도덕적 난관, 즉 문제점이 되지 못한다. 따라서 ㉣ 역시 이 글의 마지막 부분에 들어가기에 부적절한 진술이다.

ⓜ의 경우를 보자. 2단락의 생존 윤리원칙에 부합되며, 3단락의 주장에도 부합되는 결과를 가져오지만, 도덕적 직관에 어긋나기 때문에 이에 따른 '난관'이 나타나므로 옳은 진술이다.

▶ 다음 개요에서 논리적으로 부적절한 부분을 수정하여 다시 작성해 보자.

개 요

• 화제 : 글쓰기 표절 문제

• 주제 : 글쓰기 표절이 사회적 문제가 되는 이유 규명과 표절 근절 대책 수립

• 서론 : 1. 현대 사회에서 필요로 하는 주요 능력인 글쓰기 능력
　　2. 각종 보고서, 학술 논문, 과제물 등에서 빈번히 발생하는 글쓰기 표절 문제

• 본론 : 1. 글쓰기 표절 문제의 역사적 사례와 그 흐름
　　(1) 고대 사회에서의 글쓰기 표절의 문제
　　(2) 중세 사회에서 유행한 성인의 글 베껴쓰기
　　(3) 현대 대학가에서 유행하는 논문 대필 사이트의 현황
　2. 글쓰기 표절 문제의 지역별 사례와 그 차이점
　　(1) 한국 주변의 동아시아 국가에서의 글쓰기 표절 사례와 근절 방안
　　(2) 유럽과 미국에서의 글쓰기 표절 사례와 근절 방안
　3. 글쓰기 표절의 발생 원인
　　(1) 지나친 성과 위주의 경쟁 사회 시스템
　　(2) 금전만능주의가 낳은 윤리적 해이
　4. 글쓰기 표절 근절을 위한 방안
　　(1) 표절에 대한 처벌 수위와 강도를 높이는 입법 추진
　　(2) 표절 예방 글쓰기 매뉴얼에 대한 교육 확대 실시

• 결론 : 글쓰기 표절을 근절하기 위한 노력 촉구

(3) 논증하는 글쓰기

글쓰기 유형으로 논증은 흔히 '주장하는 글'로 간주된다. 그런데 주장이 성립되기 위해서는 반드시 추론의 과정을 포함한다. 주장을 뒷받침하기, 혹은 근거에서 주장을 이끌어내는 것이 추론이다. 따라서 관점을 바꾸어서 말하면 추론의 과정을 글로 표현한 것이 논증 내지 논증하는 글쓰기라고 할 수 있다. 여기에서는 '주장'을 세우고, 그 주장을 정당화하기 위한 근거를 찾는 방식으로 간단한 논증하는 글쓰기의 과정을 살펴보자.

사형제에 대한 찬성과 반대 의견 중 하나를 선택해서 간단한 논증하는 글쓰기를 하기로 하였다. 우선 자신의 의견, 즉 주장을 결정한다.

주장 : 사형제를 반대한다.

주장을 정하고 나면 근거를 확보한다. 사형을 반대하는 이유나 근거는 여러 가지가 있을 수 있다. 이 중에서 우선 다음을 선정하였다.

근거 : 사형을 실시할 정당한 이유가 없다.

이 근거는 글을 읽는 사람들이 쉽게 납득하기 어려울 수 있다. 이 근거는 또 다른 근거들에 의해 보강되고 논리성을 확보해야 한다. 그러기 위해서 필요한 자료(근거)를 수집하였다.

근거 : 다른 형법과 달리 사형은 인간의 가장 중요한 기본권인 생명권을 박탈한다.
생명권은 어떠한 상황에서도 박탈해서는 안 되는 가치이다.
그럼에도 불구하고 사형이 필요하다면, 혹은 존재한다면 그 근거는 무엇인가? 그것은 사형이라는 강력한 형벌이 범죄 억제의 효과가 크기 때문이다.

여기까지 수집한 자료(근거)를 활용하여 사형을 반대하려면 사형이 범죄 억제 효과가 없거나 약하다는 것을 증명해야 한다.

근거 : 사형의 범죄 억제 효과가 약하다.
사형의 범죄 억제 효과가 없다.
사형의 범죄 억제의 효과가 있는지 알 수 없다.

위 근거가 확보되면 인간의 생명권을 박탈하는 사형이 실시될 정당한 이유나 근거가 없게 되며, 따라서 사형제는 폐지되어야 한다는 주장은 설득력을 갖게 될 것이다.

이상의 내용을 서론–본론–결론을 갖춘 완성된 글로 작성해 보자. 예를 들면 다음과 같다.

사형 찬반론이 늘 논란이 되는 것은 다른 형벌과 달리 사형은 개인의 생명권을 박탈한다는 점에 있어서 정당화의 문제가 첨예하게 부각되기 때문이다. 사형이 정당화되려면 사형이 범죄 억제에 있어 실효성이 있어야 한다. 사형의 범죄 억제 효과를 밝히는 데 있어 중요한 것은 경험적인 연구를 통해 해명되어야 하고 일반화의 오류를 피해야 하며 억제 효과가 다른 형벌보다 크다는 것이 증명되어야 한다.

사형의 범죄 억제 효과에 대한 경험론적 연구는 셀린T. Sellin이나 에를리히E. Ehrlich 등 많은 학자들에 의해서 이루어져 왔다. 그러나 이러한 연구들의 결과는 한결같지 않다. 또한 단기적으로 범죄 억제 효과가 증명되더라도 장기적인 효과는 알 수 없고 잠정적 사형수들의 흉포화 역시 무시할 수 없다. 그렇다면 이로부터 내릴 수 있는 결론은 "사형제도가 살인을 억제할 수 있다는 것을 납득할 만한 증거도, 억제 효과가 없다는 점을 설득력 있게 제시할만한 증거도 아직 없다."는 것이다.

사형의 범죄 억제 효과가 있는지 없는지 알 수 없다면 사형은 정당화될 수 없다. 생명권은 개인이 가지는 가장 근원적이고 소중한 권리이고 국가에 의해서 최우선적으로 보호받아야 하는 권리이다. 범죄를 억제할 것이라는 막연한 기대만으로 이 권리를 앗아 갈 수는 없다. 또한 범죄 억제에 있어서 사형을 대체할 수 있는 무기형과 같은 형벌들이 존재한다는 점에서 사형은 정당화될 수 없다.

▶ 사형제 찬성의 입장에서 논증하는 글을 써 보자.

3. 비판하기

개 요

㉠ 종합적 사고를 향상하기 위해 비판하기 능력을 기른다.

㉡ 글의 구성 요소와 전개 과정을 파악하고 '논증 비판'에 대해서 학습한다.

㉢ 학습한 내용을 토대로 '논증 강화 · 약화하기', '반론을 고려한 논증하는 글쓰기'를 수행한다.

1) '비판'에 대한 이해

(1) 비판 : 사고의 종합

이해를 통해 대상에 대한 1차적 의미를 수용하고 이를 바탕으로 사고를 확장한다. 나아가 추론을 통해 사고 과정을 논리화 · 심화한다. 이러한 일련의 과정을 통해 우리는 주어진 대상과 그것을 통해 얻은 정보를 통해 옳고 그른 것을 판별하고 새로운 주장을 펼칠 수 있게 된다. 이처럼 사고와 표현의 종합적 단계에 해당하는 이러한 활동을 우리는 '비판'이라고 부른다.

비판은 흔히 현상이나 사물의 옳고 그름을 판단하여 밝히거나 잘못된 점을 지적하는 행위를 의미한다. 비판이 잘못된 점을 지적하여 부정적으로 말하는 것이라는 인식이 강하게 퍼져 있기도 하지만, 실생활에서 비판은 훨씬 폭넓은 의미의 외연을 가진다. 단순히 잘못을 따지는 것을 넘어서서 시시비비를 가리는 것, 잘못이나 문제를 정확하게 지적하고 대안을 제시하는 것, 주어진 대상에 대해 한 차원 높게 분석하고 판단하는 것 등이 비판의 범주에 포함되기도 한다.

우리는 다양한 실생활 속에서 어떤 주장의 의미가 무엇인지 정확하게 파악하고 그 주장을 수용할지 거부할지 결정해야 할 경우를 자주 접한다. 이 경우 올바른 사고와 판단을 위해서 바로 비판적 사고가 필요하다. 사실 관계를 따지는 것은 백과사전과 다양한 정보 검색을 통해 가능하지만, 주장에 대해 판단할 때에는 보다 복잡한 사고 과정을 요한다. 여기에서는 논증을 중심으로 비판 능력을 기르는 데 필요한 것들을 학습하기로 한다.

'추론'은 주어진 사실이나 정보 등으로부터 새로운 것을 도출하는 사고와 그 과정을 의미한다. 그리고 이러한 추론이 하나의 완성된 글로 표현된 것이 '논증'이다. 즉 주장이 있는 글에는 반드시 논증의 과정이 포함되어 있다. 신문에서 읽는 사설이나 칼럼, 중고등학교 교과서에서 배운 논설문,

대상을 분석하여 자신의 의견을 제시하는 각종 논문 등이 그것이다. 비판은 흔히 이러한 논증을 대상으로 하여 옳고 그름을 판단하고, 주장의 성격을 파악하고, 주장을 펼치는 과정에서 문제점을 지적하거나 주장을 강화하는 일련의 활동을 가리킨다.

(2) 올바른 비판의 요건과 방법

❶ '비판'과 '비난'의 차이

'비판'은 하되 '비난'은 하지 말라고 한다. 비판과 비난의 차이는 무엇일까? 사전적 정의에 따르자면 전자는 "현상이나 사물의 옳고 그름을 판단하여 밝히거나 잘못된 점을 지적하는 것"이고, 후자는 "남의 잘못이나 결점을 책잡아서 나쁘게 말하는 것"이다. 양자의 차이는 이것만으로도 알 수 있지만 좀 더 살펴보면 비판의 중요한 기능을 확인할 수 있다.

비판이 정연한 논리와 합당한 근거가 동반된 이성적 행위라면, 비난은 그러한 것이 결여된 감정적 행위이다. '비판'은 나를 둘러싼 세계의 어떤 것에 대해 보다 정확하고, 정직하게 해석하고자 하는 인간의 지적 능력 가운데 하나이다. 그러므로 비판적 사고는 공부하는 사람에게 있어서는 필수적 요건이며, 세상살이를 현명하게 하고자 하는 사람이라면 누구나 갖추어야 할 능력인 것이다. 반면 비난은 상대방과의 의사소통을 원활하게 이루어지지 못하게 하여 관계의 단절이나 오해와 불만을 증폭하는 결과를 초래한다.

특히 이 비판 능력은 학문의 전당인 대학에서 수행하는 진리 탐구와 불가분의 관계에 있다. '오늘'의 진리는 '어제'의 진리에 잠복되어 있는 모순과 결핍을 발견할 때에야 비로소 가능한데, 바로 그 발견의 과정에 '비판적 사고'가 관여하기 때문이다. '자답'이란 말 앞에 '자문'이 선행하듯, 진리 탐구와 비판 능력 역시 마찬가지인데, 좋은 답변의 마련은 좋은 질문의 존재와 직결되어 있다.

❷ 비판의 자세

다른 사람의 글을 비판적으로 읽기 위해서는 어떤 자세가 필요한지 살펴보자.

㉠ 다른 사람의 의견 존중하기

㉡ 글쓴이와 나 사이에 심리적 위계 설정하지 않기

㉢ 비판은 정확하게 하기

● 다른 사람의 의견 존중하기

내가 읽은 글의 입장이 나의 견해와 많이 다르다 하더라도 우선 '무조건' 존중한다. 자신의 생각을 글로 표현하는 일은 누구에게나 힘겹고 고통스러운 일이기에 '무조건'이라는 다소 강조된 표현조차 필요하다. 비록 내가 쉽게 동의할 수 없는 내용이 있더라도 그 글로 인해 반론의 여지가 생각나고 이를 내 생각이 깊어지는 계기로 삼는다면, 그 글은 나에게 매우 고마운 것이 될 것이다. 이러한 자세가 전제되어야 비난이 아니라 올바른 비판을 할 수 있다.

● 글쓴이와 나 사이에 심리적 위계 설정하지 않기

출판된 책이나 공간(公刊)된 논문 등은 생각보다 힘이 커서 읽는 사람으로 하여금 그 안의 내용들을 무심코 믿게 만든다. 여기에 저자들 대부분이 전문적으로 글을 쓰는 사람일 가능성이 높아서 그들의 지적 권위는 일반적인 독자들을 주눅 들게 하기도 한다. 그러나 세상에 존재하는 대부분의 글들은 첨예하게 갈라지는 여러 견해의 선택지들 가운데 어느 하나를 선택한 것이어서 많든 적든 각각 그 나름의 흠결을 지닐 수밖에 없다. 생산적인 비판을 위해서는 물론 치열한 노력이 동반되어야 하겠으나, 최소한 비판적 읽기의 과정 중에는 저자와 내가 대등한 존재임을 의식하는 것 역시 필요하다.

● 비판은 정확하게 하기

혹자의 표현을 조금 바꾸자면 부정확한 칭찬은 조롱을 사되 부정확한 비판은 분노를 낳는다. 뿐만 아니라 부정확한 비판의 과정에서 쓰여진 자신의 글 역시 견고할 수 없다. 그렇다면 정확한 비판을 위해서는 무엇을 해야 하는가? 다소 허망하게 들릴 수 있지만, 결국 더 많이 찾고, 더 많이 읽으며, 더 많이 생각하는 것 외에는 방법이 없다. 아는 것이 많아질수록, 그리고 생각의 깊이가 깊어질수록 비판의 예기(銳氣) 역시 날가로워진다.

❸ 비판의 방법

어떤 글이라도 비판할 수 있다. 문학작품을 비평하는 경우도 있고, 과학적 원리의 잘잘못을 따질 수도 있다. 주장하는 바가 뚜렷한 논설이나 개인의 견해를 강하게 피력하는 칼럼 또한 비판할 수 있다. 비판하기의 방식에 대해서 살펴보자.

㉠ 글의 성격과 종류, 목표 등을 파악하기
㉡ 객관적 정보와 주관적 견해를 구분하여 파악하기
㉢ 객관적 정보가 정확하게 제시되었는지 파악하기
㉣ 주관적 견해가 타당하게 제시되었는지 파악하기

● 비판의 대상에 대한 정확한 이해

비판의 대상으로 주어진 글에 대해 공정한 이해가 우선되어야 한다. 그러기 위해서는 글이 어떤 성격을 가지고 있는지 먼저 올바르게 파악해야 한다. 정보전달을 위한 글인지, 설득을 위한 글인지, 문학 작품인지, 특정한 목표를 가지고 쓴 격식문인지를 알아야 한다. 글의 성격과 목표에 따라 글에 대한 평가의 지점이 달라지기 때문이다. 설득하는 글인데 정보전달만 강조되어 정작 핵심이라 할 수 있는 주장이 두드러지지 않는다면 이는 중요한 비판 지점이 될 것이다. 문학작품에서 의도적인 시적 표현이 있는데, 이것을 한글 맞춤법 규정이나 국어 문법을 기준으로 삼아 비판해서는 안 될 것이다.

● 객관적 정보와 주관적 견해에 대한 올바른 판단

일반적으로 비판을 하는 경우는 상대방의 주장이 있거나, 기존의 정보를 바탕으로 새로운 견해를 내세우는 경우이다. 객관적 정보와 주관적 견해를 정확하게 구분하여야 하며, 각각의 성격에 맞는지 그리고 그것이 글에서 얼마나 타당하게 쓰이고 있는지를 살펴야 한다. 비판의 대상은 많은 경우 논증으로 이루어진 글이 일반적이다. 논증은 추론의 과정을 글로 나타낸 것으로, 전제와 결론 혹은 주장과 근거로 구성된다. 비판을 제대로 하기 위해서는 우선 주장 혹은 결론과 근거 혹은 전제를 구별할 수 있어야 하고 논증의 과정이 타당한지 살펴야 한다.

2) 비판 능력 함양하기

(1) 논증 비판의 방식

근거를 들어 주장을 제시하는 글은 논증 과정을 포함한다. 논증의 사전적 의미는 옳고 그름에 대하여 근거를 들어 밝힌다는 것인데, 옳고 그름에 대한 글쓴이의 의견은 주장에 해당한다. 논증은 다양한 의미로 쓰인다. 묘사 · 서사 · 설명 · 논증과 같이 글의 진술 방식의 하나로 사용되기도 한다. 정보의 전달을 목표로 하는 글을 설명문이라고 하고, 논증의 방식으로 견해를 제시하는 글을 논증문이라고도 한다. 추론의 과정을 완성된 글로 표현한 것을 논증이라고도 하며, 맥락에 따라서는 주장을 펼치기 위해 필요한 논리적 과정을 의미하기도 한다. 정리하자면 논증은 전제에서 결론을 이끌어내기 혹은 근거를 통해 주장을 제기하기의 논리적 방식 혹은 그러한 방식으로서의 글쓰기를 지칭한다[이에 대해서는 2장 2절 3항 '추론하기를 바탕으로 한 쓰기 수행' 참조]. 논증 비판의 방식을 제시하면 다음과 같다.

㉠ 주장과 근거, 전제와 결론의 구조를 명확하게 이해하기
㉡ 주요 개념어 사용, 전제 혹은 근거의 타당성을 검증하기
㉢ 논증 과정의 타당성을 분석하기

❶ 주장과 근거, 전제와 결론의 구조를 명확하게 이해하기

논증은 크게 두 가지 구성요소로 이루어진다. '전제'와 '결론' 혹은 '주장'과 '근거'이다. '근거'를 '논거'라고도 한다. 가령 '모든 사람은 죽는다.'는 것이 옳다고 판단되어 그것에 기대어 '소크라테스는 죽는다.'를 이끌어 냈다면, 전자는 전제가 되고 후자는 결론이 된다. 만약 '철수는 죽을 것이다.'를 주장한다면, 그 근거로 지금껏 인간은 영생할 수 없다는 것이 사실이라 판단하여 근거로 삼고 있는 것이다. 비판하기 위해서는 우선적으로 비판 대상의 이러한 구조를 명확하게 파악하여야 한다. 다음 글을 보자.

> 시조사(史)의 초기 국면에서 자연을 노래한 강호시조와 더불어 양 축을 형성하고 있는 오륜시조는 그것이 지닌 다양한 시대적 함의에도 불구하고 별로 조명 받지 못하였다. 한 세기에 달하는 고전시가 연구사를 감안하면 오륜시조에 대한 연구 성과가 수십 편에 지나지 않는다는 사실은 다소 의외이기까지 하다. 짐작건대 오륜 개념에 내재한 봉건성, 작품 안에 담긴 고압적인 목소리, 작품과 작품 사이의 유사성 등이 빈약한 연구 성과의 원인으로 보인다.
>
> – 하윤섭, 『조선조 오륜시가의 역사적 전개 양상』

이 글에서 주장은 첫 번째 문장이다. 오륜시조는 시조사(史)를 구성하는 데 있어 상당히 중요함에도 불구하고 연구자들이 그다지 관심을 갖지 않았다는 것이다. 이러한 주장에 대해 두 번째 문장

과 세 번째 문장이 근거로 제시되고 있다. 첫 번째 근거는 한 세기 동안 오륜시조에 대한 연구 성과가 수십 편에 그치고 있다는 사실 논거이고, 두 번째 근거는 필자가 분석한 오륜시조의 여러 특성들(봉건성 · 고압적 목소리 · 유사성)로, 이는 소견 논거에 해당한다.

❷ 주요 개념어 사용, 전제 혹은 근거의 타당성을 검증하기

주장이나 결론은 반드시 다른 어떤 것에 기대어야 한다. 따라서 주장이나 결론을 이끌어내기 위해서 사용하는 다양한 정보나 자료를 제대로 분석해야 한다. 학술적 성격이 강하거나 복잡한 논리 구조를 가진 글일수록 우선적으로 주요 개념어가 적절히 사용되었는지를 살피고 전제나 근거가 주장과 관련하여 얼마나 타당한지를 검증해야 한다. 앞의 예시를 정리해보자.

〈주장〉 오륜시조는 연구가 활발하게 이루어지지 않았다.
〈근거1〉 100년 동안 수십 편의 연구 성과가 있다.
〈근거2〉 내용이 봉건적, 고압적이며 작품들이 유사하다.

먼저 이 글에서는 '오륜시조'가 주요 화제이며 중심어이다. 오륜시조는 "인간의 윤리 덕목을 강조한 일련의 시조 작품들"인데 이때 오륜시조가 다른 것을 지시한다면 이 논증은 그 자체로 성립되지 않는다. 오륜(五倫)은 흔히 '삼강오륜(三綱五倫)'으로 익숙하게 알려져 있듯 유교에서 사람이 지켜야 하는 다섯 가지의 윤리, 곧 '부자유친(父子有親)' · '군신유의(君臣有義)' · '부부유별(夫婦有別)' · '장유유서(長幼有序)' · '붕우유신(朋友有信)' 등을 가리킨다. 따라서 인간의 윤리적 덕목을 강조한 작품군(群)을 오륜시조라는 개념어로 지칭하는 것은 타당하며, 이와 관련된 근거들 역시 적합한 것으로 보인다.

〈근거1〉의 경우, 100년 동안 생산된 연구 성과가 수십 편에 지나지 않는다는 사실이 〈주장〉을 뒷받침할 수 있는가를 따져야 할 것이다. 윗글의 논증을 구체화하고 명료화하려면 비교 대상에 해당하는 강호시조가 같은 기간 동안 제출된 오륜시조의 연구 성과에 비해 압도적으로 많은 연구 성과가 나왔다거나, 다른 시조 연구 성과의 편수에 대비해 볼 때 수십 편의 연구 성과가 얼마나 적은 것인가를 밝혀야 할 것이다.

〈근거2〉는 객관적 사실을 근거로 제시한 것이 아니라, 글쓴이의 의견에 해당한다. 언급한 글의 구조에서는 근거로 쓰이고 있지만, 이후 이어질 글이나 다른 글에서는 하나의 주장이 될 수 있다.

오륜시가의 내용이나 형태적 유사성에 대해 이미 알려진 정보라고 간주할 만하다면 근거로 쓰일 수 있다. 만약 그렇지 않고 오륜시조 가운데 내용이 봉건적이지 않거나 고압적이지 않은 작품이 많이 있다면 이 진술은 근거로서 타당성이 떨어지게 된다.

❸ 논증 과정의 타당성을 분석하기

➲ 연역논증에 대한 분석

추론에서 배웠듯이 연역이나 귀납은 논리적 과정을 통해 그 논리성을 획득한다. 다음 예시를 보자.

예시1. 사람은 직립보행을 한다. 소크라테스는 사람이다. 소크라테스는 직립보행을 한다.	예시2. 사람은 직립보행을 한다. 캥거루는 직립보행을 한다. 캥거루는 사람이다.

예시1은 두 개의 전제로 하나의 결론을 이끌어내는 3단 논법이다. 여기에서 결론인 소크라테스는 직립보행을 한다는 것은 대전제 '사람은 직립보행을 한다.'와 소전제 '소크라테스는 사람이다.'에서 논리적으로 추론 가능하다. 그런데 예시2는 예시1과 유사한 형태로 보이지만 논리적 추론이 아니다.

논리학의 개념으로 설명하자면, 결론에서의 주어는 소개념, 술어는 대개념이라고 하며, 소개념을 포함한 전제를 소전제, 대개념을 포함한 전제를 대전제라고 한다. 예시1은 '소크라테스'는 소개념이며, '직립보행을 한다.'는 대개념이다. 첫 번째 문장은 '직립보행을 한다.'는 것을 포함한 대전제이고, 두 번째 문장은 '소크라테스'를 포함하고 있는 소전제이다. 그런데 예시2에서는 대전제와 소전제가 결론의 이러한 개념을 포함하고 있지 않다.

달리 말하자면, '사람은 직립보행을 한다.', '캥거루는 직립보행을 한다.'는 두 전제로부터 끌어올 수 있는 것은 '사람과 캥거루는 직립보행을 한다.'는 것뿐이다. 이 두 전제로부터 '캥거루가 사람이다.'라는 것은 논리적으로 도출될 수 없다.

위에서는 간단한 추론을 통해서 살펴보았는데, 전체 글을 대상으로 할 때도 마찬가지의 방법을 적용할 수 있다. 글에서 사용하고 있는 근거나 전제들을 바탕으로 논리의 과정이 얼마나 타당한지를 따질 수 있으며, 이러한 과정에서 오류가 발생한다면 이는 당연히 비판의 대상이 된다.

다음 중 논증의 결론이 전제로부터 필연적으로 도출되는 것을 찾아보자.

㉠ 우리 생존에 꼭 필요한 일이 아닌데도 생명체에게 고통을 가하는 것은 도덕적으로 잘못된 것이다. 우리가 갈비를 먹는 행위는 궁극적으로 동물의 생명을 빼앗는 일이고, 그 과정은 필연적으로 동물에게 고통을 수반한다. 따라서 만약 갈비를 먹는 것이 우리 생존에 꼭 필요해서가 아니라 단지 맛있기 때문이라면, 갈비를 먹는 행위는 도덕적으로 잘못된 것이다.

㉡ 좋지 않은 자세로 오랜 시간 동안 독서를 하면, 수근체가 근거리에 있는 활자에 초점을 맞추기 위해 강력하게 조절 작용을 하고 모양체근은 지속적으로 긴장한다. 따라서 딱딱한 학교 책상에서 공부해야 하는 많은 초·중등학교 학생은 모양체근이 긴장한다. 이로 인해 발생하는 일시적인 근시 현상인 가상근시를 경험한다.

㉢ 베트남전의 참전군인 김씨가 걸린 질병의 피해에 대해서 미국의 고엽제 제조회사는 김씨에게 손해배상을 해야 한다. 왜냐하면 고엽제 제조회사는 미국 내 고엽제 피해자들에게 손해배상을 했고, 베트남전에서 김씨가 작전 수행을 하던 지역에는 다량의 고엽제가 살포되었기 때문이다.

㉠ : 연역논증은 전제가 모두 참이면 결론도 반드시 참이다. 결론이 지니고 있는 정보 내지 사실은 이미 전제 안에 모두 포함되어 있다.

전제1 : 생존에 꼭 필요하지 않은데 생명체에 고통을 주는 것은 도덕적으로 잘못되었다.
전제2 : 갈비를 먹기 위해 동물의 생명을 빼앗는 것은 동물에게 고통을 주는 과정을 수반한다.
결론 : 만약 갈비를 먹는 것이 생존에 꼭 필요한 것이 아니라면, 갈비를 먹는 것은 도덕적으로 잘못이다.

여기에서 전제1과 전제2를 참으로 받아들인다면, 결론은 필연적으로 참으로 도출되는 연역논증이다.

㉡ : 전제와 결론으로 나누어서 정리하면 다음과 같다.

전제1 : 좋지 않은 자세로 오래 독서를 하면 수근체가 조절 작용을 하고 모양체근이 긴장한다.
결론1 : 딱딱한 책상에서 공부하는 학생은 모양체근이 긴장한다.
전제2 : 딱딱한 책상에서 공부하는 학생은 모양체근이 긴장한다.
결론2 : 이 학생은 모양체근의 긴장으로 발생하는 일시적인 근시 현상을 경험한다.

이 진술은 첫째 문장이 전제가 되어 둘째 문장이 결론으로 도출되고, 다시 이 둘째 문장이 전제가 되어 또 다른 결론을 도출하고 있는 짜임새로 되어 있다. 그런데 이 논증은 타당하지 않다. 전제1에서 결론1이 논리적으로 도출되지 않기 때문이다. 전제1에서는 좋지 않은 자세로 오랜 시간 독서를 한다고 되어 있는데, 결론1에서는 '딱딱한 책상에서 공부하는 것이 곧 좋지 않은 자세로 오랜 시간 독서를 한다.'와 동일한 의미가 되지 않는다. 따라서 이 논증이 타당하려면, 딱딱한 책상이 좋지 않은 자세를 유발한다는 전제가 필요하다. 또 전제2에서 결론2가 논리적으로 도출되기 위해서는 모양체근의 긴장이 가상근시를 유발한다는 전제도 있어야 한다.

㉢ : 앞의 문장이 결론이고, 뒷문장이 전제로 구성되어 있다.

전제1 : 고엽제 제조회사는 미국 내 고엽제 피해자들에게 배상을 했다.
전제2 : 베트남전에서 김씨가 작전 수행을 한 지역은 다량의 고엽제가 살포되었다.
결론 : 베트남전의 참전군인 김씨가 걸린 질병의 피해에 대해서 미국 고엽제 제조회사가 손해배상을 해야 한다.

이 진술에서는 전제에서 결론이 도출되지 않는다. 이 논증이 타당하려면, 김씨가 걸린 질병이 고엽제에 의한 것이라는 것이 밝혀져야 한다. 또한 베트남 참전 당시에 걸린 것이 밝혀져야 한다. 전제가 보강되어야 결론이 논리적으로 도출될 수 있다.

귀납논증의 분석

귀납은 연역에 비해 논리적으로 필연적이지 않다. 연역은 타당성을 따지지만 귀납은 적절성을 따진다. 귀납이 적절하기 위해서는 전제 혹은 근거가 조건을 갖추어야 한다. 샘플의 양이나 공정성 확보, 정보의 관련성 확보, 명백한 반증 허용 여부 등을 고려해야 한다.

㉠ 근거 사례의 양이 충분히 갖추어져야 한다.
㉡ 근거는 편향되지 않아야 공정성이 확보된다.
㉢ 근거는 문제의 관련성이 높거나 배경이 되는 정보이어야 한다.
㉣ 근거는 명백한 반증이 허용되어서는 안 된다.

㉠ 근거 사례의 양이 충분히 갖추어져야 한다. 1차적으로 너무 적은 양의 사례를 근거로 하면 성급한 일반화의 오류를 범하게 되거나, 결론의 설득력이 떨어질 수밖에 없다. 충분한 양의 표본을 대상으로 조사가 이루어져야 한다.

㉡ 공정성은 편향되지 않아야 확보될 수 있다. 근거의 사례가 되는 것은 객관성 내지 대표성을 가져야 한다. 충분한 양의 사례라 할지라도 그것들이 지엽적이고 전체를 대표할 수 없다면 이는 편향적이다. 따라서 그것들을 근거로 해서 도출한 결론은 논리성이 결여될 수밖에 없다.

㉢ 관련성이 높고 배경이 되는 정보의 확보가 중요하다. 가령 다음 예를 보자.

〈예시1〉 올해 출시된 노트북 A는 소비자들에게 호평을 받고 있다. 벌써 3,000명 넘게 그 제품을 구매하였다.

이 경우 신품 노트북이 출시된 경우 평균 구매량이 얼마인지를 정확하게 모를 경우 오히려 소비자에게 외면 받는 근거가 될 수 있다. 또한 3,000명이 구매하였다는 것 자체로 호평을 받고 있는지는 알 수 없다.

〈예시2〉 올해 출시된 노트북 A는 소비자들에게 호평을 받고 있다. 작년에는 신품 노트북 구매자 수가 1,000명이었는데, 올해는 그 세 배가 되는 3,000명이 구매하였다.

〈예시3〉 올해 출시된 노트북 A는 소비자들에게 호평을 받고 있다. 구매자 3,000명 중 2,800명이 매우 만족한다는 의견을 내 놓았다.

㉣ 주장의 근거로 제시하거나, 그 근거로부터 주장을 이끌어내기 위해서는 해당 근거가 명백한 반증이 되는 것이어서는 안 된다. 귀납은 연역과 같이 완전한 논리를 갖출 수는 없지만 명백한 반증을 허용하는 근거를 채택하면 타당한 추론이 성립되기 어렵다. 가령, 어떤 약의 안전성을 주장하기 위해 A제약회사의 임상 실험 보고서를 근거로 삼았는데, 해당 보고서의 실험이 잘못되어 채택할 수 없다는 명백한 반증 사례가 있다면 이 A의 보고서는 근거가 될 수 없는 것이다.

다음 예시를 보자. 한 어머니가 아들에게 한 진술이다.

> "너는 10대에는 운동경기에만 몰두하고 공부를 하지 않고, 20대에는 친구들과 어울려 노는 것만 좋아하니, 앞으로 취직은 어렵겠다. 네 아버지도 10대에는 축구, 20대에는 대학 동아리활동만 쫓아다니더니 지금도 변변한 직장을 못 구했잖냐."

위 진술은 귀납추론에 해당하는 유비추론의 방식을 사용하고 있다. 아들의 10대와 20대의 삶의 모습이 아버지의 10대와 20대의 삶의 모습과 유사하기 때문에, 아들의 미래 모습은 아버지의 삶의 모습과도 유사할 것이라는 주장이다. 귀납추론은 연역추론만큼 엄밀하게 논리적일 수는 없다. 위 진술은 일견 타당한 면이 있다. 만약 아들의 삶의 모습이 아버지와 더 비슷한 것을 찾아낸다면 어머니의 주장인 아들이 취직을 못할 것이라는 결론은 강화될 수 있다. 반면 아버지가 취직을 제대로 못한 이유가 젊었을 때의 삶의 행태와 관련이 없는 이유이거나, 아버지와 뚜렷이 구별되는 아들의 삶의 행태가 있다면 이 논증은 논리적으로 약화될 수밖에 없다.

3) 비판하기를 바탕으로 한 글쓰기 수행

(1) 논증 강화와 약화

글쓴이의 견해나 주장에 대해 반박할 수도 있고 지지할 수도 있다. 이는 다른 말로 논증을 약화시킬 수도 있고 강화할 수도 있는 것이다. 상대방과 반대되는 의견을 갖고 있을 경우 상대의 논지를 약화함으로써 나의 논지를 강화시킬 수도 있다. 다음 글을 보자.

> 1966년 도굴꾼들이 경주 불국사의 석가탑 내 보물을 훔치기 위해 석가탑을 훼손하였다. 이 일로 인해 석가탑 보수 작업을 하게 되었다. 그런데 석가탑을 보수하기 위해 탑을 해체하는 중에 뜻밖에도 2층 탑신부에 봉안되어 있던 금동제 사리외함(舍利外函)을 얻게 되었다. 여기에서 다른 여러 부장품과 함께 종이 두루마리로 된 불경이 발견되었다. 이때 발견된 다라니경은 한국뿐만 아니라 전 세계의 이목을 끌었다. 이 놀라운 발견 이전에는 770년에 목판 인쇄된 일본의 불경이 세계사에서 최고(最古)의 현존 인쇄본으로 여겨졌다. 이른바 '백만탑다라니경'이다. 그런데 한국에서 발견된 이 경전을 조사한 결과 일본의 것보다 앞서 인쇄된 것으로 밝혀진 것이다. 다시 말해 석가탑에서 발견된 '무구정광대다라니경(無垢淨光大陀羅尼經)'이 현전하는 세계 최고(最古)의 목판 인쇄물인 것이다.
>
> 무구정광대다라니경의 제작 시기에 대해서는 전 세계가 관심을 갖게 되었다. 불국사가 751년에 완공된 것으로 알려져 있으므로 석가탑의 축조는 이와 같은 시기이거나 그 이전일 것임에 틀림없다. 따라서 무구정광대다라니경은 늦어도 751년에 완성되었다는 것을 알 수 있다. 따라서 이 다라니경의 제작 시기는 일본의 '백만탑다라니경'보다 적어도 20년 빠르다. 한때 일본학자들이 정확한 제작 연도를 알 수 없다고 하여 '현전 최고의 인쇄물'의 지위를 한국에 빼앗기지 않으려고 우겼으나 인정되지 않았다.
>
> 무구정광대다라니경의 제작 연도 확정에 결정적인 도움을 준 것은 경전에 쓰인 글자 중에 특이한 것이 포함되어 있었기 때문이다. 바로 측천무후(則天武后)가 최초로 만들어 사용한 특이한 한자가 이 경전에 나타난다. 당나라 여황제인 측천무후는 690년에 제위에 올랐고 705년 11월에 죽었다. 측천무후가 만든 한자들은 그녀가 죽은 뒤에는 거의 쓰이지 않았다. 무구정광대다라니경에는 측천무후의 한자 4종이 총 10차례 발견되었다. 그러므로 신라에서도 측천무후가 죽은 뒤에는 이 한자들을 사용하지 않았을 것이라고 추정할 수 있다. 이러한 증거들을 통해 무구정광대다라니경은 적어도 705년경에 인쇄되었다고 추정할 수 있다.
>
> 그런데 무구정광대다라니경에 쓰인 이 특이한 한자들 때문에 중국 학자들은 <u>"다라니경이 신라에서 인쇄된 것이 아니라 중국의 인쇄물이다."</u>라고 주장하였다. 중국 학자들은 신라가 그 당시 중국과 독립적이었기 때문에 신라인들이 측천무후 치세 동안 사용된 특이한 한자들을 사용하지 않았을 것이라고 주장하였다. 자신들이 세계의 중심이고 한반도의 여러 고대국가들을 자신의 속국으로 여기고자 하는 입장과 달리 신라를 중국과 대등한 독립국으로 여긴 것은 '세계 최고'라는 지위를 한국이 아닌 중국이 차지하고 싶었던 속셈이었다.
>
> –2017년 5급 민간경력자일괄채용시험 제시문

이 글은 무구정광대다라니경이 발견된 경위를 소개하고, 이 경전의 제작 시기를 추정하고 있다. 그런데 이 글의 마지막 부분에서 중국 학자들이 세계 최고의 인쇄물인 무구정광대다라니경을 신라의 것이 아니라 중국의 산물이라는 주장을 언급하고 있다. 그렇다면 윗글의 밑줄 친 중국 학자들의 주장을 반박하기 위해 어떻게 논증을 펼칠 수 있을지 생각해 보자.

우선 무구정광대다라니경과 관련하여 새롭게 찾은 자료들은 다음과 같다.

〈자료1〉『삼국사기』에 신라가 695년에 측천무후의 역법(曆法)을 도입하였다는 기록

〈자료2〉 서역에서 온 다라니경을 처음으로 한역(漢譯)한 사람은 측천무후 시대의 국사(國師)였던 법장이라는 사실

〈자료3〉 무구정광대다라니경의 종이 재질을 분석한 결과 한반도 지역에서 나온 닥나무 재료임이 밝혀짐.

〈자료4〉 중국에서는 자국의 황제 이름에 해당하는 글자는 사용할 수 없는 이른바 피휘(避諱)를 해야 하는데 측천무후의 이름인 조(照)자가 무구정광대다라니경에 들어 있는 사실

〈자료5〉 1024년 석가탑을 중수하면서 남긴 중수기문에서 무구정광대다라니경을 안치하였다는 내용을 발견함.

〈자료6〉 당나라 측천무후가 만들었던 무주제자(武周制字)가 사용된 사례가 고려 시대 기록물에서 발견됨.

〈자료1〉을 활용하여 중국 학자의 주장을 반박할 수 있다. 신라가 측천무후 시대 문물을 수용하였다는 사실은 중국 학자들이 당시 당나라의 독특한 문화를 신라에서 수용하지 않았을 것이라는 주장에 대한 반례로 제시할 수 있다.

〈자료2〉는 서역의 언어로 된 원전 다라니경을 한자로 번역한 사람이 측천무후 시대의 당나라 국사라는 점은 특별히 중국의 주장을 약화할 수도 강화할 수도 없다. 당시 서역의 언어로 된 자료들이 한역이 되어 한국이나 일본에 전파된 것은 일반적인 사실이다.

〈자료3〉을 활용하여 중국 학자의 논지를 약화할 수 있다. 중국 학자들은 중국에서 인쇄된 중국 자료를 가져다가 신라에 보관하였다는 주장인데, 인쇄된 종이의 재질 자체가 한국의 것이라면 이러한 주장은 성립되지 않는다.

〈자료4〉를 활용하여 중국 학자의 주장을 반박할 수 있다. 실제 전근대 시대에는 중국뿐 아니라 한국에서도 황제나 왕의 이름에 해당하는 글자는 쓸 수가 없었다. 만약 측천무후의 이름에 해당하는 한자가 쓰인 인쇄물이 있다면 그것은 중국의 인쇄물이라 할 수 없는 결정적 근거가 될 것이다.

〈자료5〉는 중국 학자들의 주장과는 관련이 없는 자료이다. 751년에 완공된 불국사가 이후 몇 번 중수 과정을 거치게 된다. 1024년에 보수하면서 석가탑에 안치했던 경전이 최초의 경전일지 아니면 원래 있던 것을 다시 제자리에 넣었을지 위 자료만으로는 확인할 수 없다. 중국 학자들의 주장은 석가탑에서 나온 8세기에 제작된 다라니경이 중국의 산물이라는 것이다.

〈자료6〉을 활용하여 중국 학자의 주장을 반박할 수 있다. 중국 학자들은 무주제자를 신라에서 사용하지 않았을 것이라고 하였지만 고려 때에도 사용한 사례를 들어 한국의 기록물에 무주제자가 등장한다고 반박할 수 있기 때문이다.

▶ 다음 글의 견해에 대해 지지하거나 반박하는 근거를 제시하시오.

공짜 점심이 지방선거의 주요 쟁점이 될 것 같다. 한쪽은 모든 아이들에게 무료로 점심을 주자는 것이고, 다른 쪽은 왜 점심값을 낼 수 있는 집 아이들에게도 무료로 점심을 주느냐는 것이다. 전자는 돈을 못 내는 아이가 주눅이 들 것이니 다 같이 무료로 하자는 것이고, 다른 쪽은 그 돈을 오히려 다른 데 사용하는 것이 옳다는 것이다. 한쪽은 포괄적 복지를, 다른 쪽은 선별적 복지를 주장한다. 이와는 별개로 무료로 점심을 준다니 얼마나 편하냐는 단순한 실리주의자들도 있다. 이 문제는 단순하게 지방선거 차원만의 얘기가 아니다. 우리가 어떤 사회를 만들어 갈 것인가에 대한 근본적인 선택과 관련된 사안이라고 나는 생각한다.

무료 급식은 사회주의적 발상이라고 단도직입적으로 말하고 싶다. 공동체를 이루어 살면서 개인이 해야 할 일과 국가가 해야 할 일은 구별되어 있다. 치안과 국방을 맡고, 다리와 댐을 만들고, 학교를 세우는 일 등 개인으로서 할 수 없는 일들은 국가가 세금을 거두어 대신 해 준다. 그러나 국가가 그 한계를 넘어 개인의 생활까지도 책임지겠다고 나온다면 그 부담은 늘어날 수밖에 없다. 말이 좋아 포괄적 복지이지 돈이 하늘에서 떨어지지 않는다.

다른 한편 무료 급식은 배급 장면을 연상케 한다. 좀 심하게 비유하자면 우리 아이들이 공짜 점심을 먹기 위해 식판을 들고 줄을 서 있는 것과, 식량 배급을 타기 위해 줄을 서 있는 북한 주민이 그 내용 면에서는 다르지 않을 수 있다는 얘기다. 내 아이의 점심을 내가 책임지는 것은 거창하게 말하자면 그것이 바로 개인의 독립이며 자존이기 때문이다. 내가 할 일은 내가 하는 것이지 국가가 대신 해 주는 것이 아니다. 물론 여러 이유로 아이의 점심을 책임질 수 없는 가정도 있다. 생활보호 대상자도 있다. 그들은 별도의 배려를 해 주어야 한다. 무료 급식을 받는다고 차별을 받아도 안 될 것이다. 티가 안 나게 운영하는 방법은 얼마든지 있다.

– 문창극, 「공짜 점심은 싫다」, 『중앙일보』

(2) 반론을 고려한 논증하는 글쓰기

논증이 존재하고 필요한 이유는 세상의 무수한 현상과 사물, 인간의 행위와 그로 인한 결과 등에 대해 옳고 그름, 좋고 나쁨을 결코 쉽게 판단할 수 없기 때문이다. 특정한 상황 속에서 반드시 필요하고 좋다는 판단을 하고 내세운 주장이라 하더라도 그것이 항상 정당화될 수는 없다. 따라서 주장에는 항상 반론이 존재하며, 주장을 정당화하기 위해서는 예상되는 반론을 고려하고 그에 대한 대비를 해야 한다.

주장과 반론, 반론에 대한 재반론의 형태로 논증하는 글쓰기의 사례를 살펴보자. 다음은 '한글날 공휴일 재지정'을 주제로 논증을 펼치고자 한다. 이 과정에서 반론을 고려하여 글쓰기 과정을 구성해 보자.

❶ 논제 해결에 맞는 논증 형식으로 개요 작성하기

- 주장 : 한글날 문화국경일 지정, 한글 파괴 및 소외 현상 심각
- 반론 : 국경일 지정 반대, 국가적 생산성 하락
- 재반론 : 국경일 지정, 한글 가치 재인식 계기 마련

❷ 개요를 문장으로 작성하기

- 주장 : 한글날을 국경일로 지정해야 한다.
- 근거 : 인터넷의 한글 파괴 현상, 일상 속에서 쓰이는 외국어, 외국어로 된 간판과 상표명이 많아 한글의 소외 현상이 심하다.

- 반론 : 국경일로 지정할 필요는 없다.
- 근거 : 하루를 쉬게 되면 국가적 생산성에 차질을 초래한다. 국경일은 곧 공휴일이라는 인식 때문에 노는 날로 생각하기 쉽다.

- 재반론 : 국경일로 지정하여 한글의 소중함을 생각하는 계기로 만들어야 한다.
- 근거 : 찌아찌아 부족의 한글 채택, 한글을 배우려는 외국인들의 증가 등 한글의 위상이 높아지고 있다. 단순히 노는 날이 아니라 한글의 위상에 맞는 행사와 기념을 하는 국경일이 되어야 한다.

❸ 논증 조건을 고려한 글쓰기 사례(한글날 공휴일 재지정에 대한 논증하는 글쓰기)

인터넷상에서 한글 파괴 현상은 어제 오늘의 일이 아니다. 게다가 일상생활에서도 좋은 우리말을 두고 외국어를 사용하는 경우가 많고, 대부분의 상표명이나 거리의 간판들이 외국어로 되어 있다. 이는 우리 고유 문자가 지니는 가치와 소중함을 모르기 때문이다. 그러므로 한글날을 국경일로 재지정하여 우리 글의 소중함을 생각하는 기회를 마련해야 한다.

물론 공휴일로 되면 그저 하루 쉬는 날쯤으로 인식될 수도 있고, 국가적 생산성 향상에 도움이 되지 않을 수 있다.

하지만 문자가 없었던 찌아찌아족이 자신의 말을 표현하는 수단으로 한글을 채택했고, 세계적으로도 한글에 대한 관심과 수요가 증가하여 한글 관련 학과들이 생겨나고 있다. 한글의 우수성과 그 가치를 세계가 인정한 사례다. 그런데 한글을 모국어로 쓰는 우리나라에서 한글을 등한시하는 것은 안타까운 일이다. 한글날을 국경일로 지정하고 한글의 위상에 맞는 그리고 한글의 위상을 제고하는 다양한 행사를 개최해야 한다. 이를 통해 한글의 소중함을 깨닫는 계기로 삼아야 한다.

– NIE 한국위원회, 『대학생 글쓰기 가이드』

❹ 퇴고하기

• 주장과 근거, 반론과 근거, 재반론과 근거 등의 관계를 고려하여 논증의 형식을 갖추었는지를 검토한다.

▶ 다음 화제에 대해 반론을 고려하여 자신의 주장과 근거를 아래 표에 개요식으로 작성하시오.

<table>
<tr><td colspan="2">화제</td><td>원자력 발전소 건설 여부</td></tr>
<tr><td rowspan="2">주장</td><td>주장</td><td></td></tr>
<tr><td>근거</td><td></td></tr>
<tr><td rowspan="2">반론</td><td>반론
(주장)</td><td></td></tr>
<tr><td>근거</td><td></td></tr>
<tr><td rowspan="2">재반론</td><td>재반론
(주장)</td><td></td></tr>
<tr><td>근거</td><td></td></tr>
</table>

▶ 위 개요에 따라 서론-본론-결론의 형태로 완성된 글을 쓰시오.

Ⅲ. 표현의 기초

1. 어문 규정

개 요

㉠ 정확한 문장 쓰기의 기초가 되는 어문 규정을 학습한다.

㉡ 글쓰기에서 많이 틀리는 오용 사례를 중심으로 한글 맞춤법과 표준어를 익힌다.

㉢ 글쓰기에서 많이 틀리는 띄어쓰기를 중심으로 올바른 띄어쓰기를 익힌다.

2007년 온라인 리크루팅 업체 잡코리아(WWW.jobkorea.co.kr)가 국내 기업 인사 담당자 330명을 상대로 설문 조사를 한 결과, 국어 능력이 좋은 신입사원이 업무 능력도 뛰어난 것으로 나타났다. 설문 조사에 참여한 인사 담당자의 75.2%(248명)가 '국어 능력이 뛰어난 사원이 대체적으로 일을 잘한다'고 응답했고, '매우 그렇다'는 응답도 8.5%로 나왔다. 이처럼 글쓰기 능력은 사회생활을 하는 데 있어서 꼭 갖추어야 할 중요한 능력이다.

학생들의 글쓰기에서 가장 많이 발생하는 오류는 한글 맞춤법을 비롯한 어문 규정을 지키지 않는 것이다. 어문 규정은 말을 하거나 글을 쓸 때 기준이 되는 규칙으로 '한글 맞춤법', '표준어 규정', '외래어 표기법', '국어의 로마자 표기법'이 있다. 글쓰기 능력은 이러한 어문 규정을 준수하는 것에서 출발한다. 아무리 훌륭한 내용을 작성하여도 문장이 비문이거나 어문 규정에 어긋난 단어가 많으면 내용이 제대로 전달되지 않는다. 이러한 단어나 문장 오류는 곧 글의 신뢰성을 떨어뜨리게 된다. 이런 문제를 해결하기 위해서는 글을 쓸 때 꼼꼼히 확인하여 어문 규정에 맞게 정확히 쓰는 습관을 들여야 한다. 먼저 아래의 연습문제를 통해 자신의 실력이 어느 정도인지 확인해 보자.

1. 다음 중 표기가 **잘못된** 것은?

① 실패율 ② 선율 ③ 합격율 ④ 백분율

2. 다음 중 표기가 **잘못된** 것은?

① 촛점 ② 숫자 ③ 꼭짓점 ④ 배춧국

3. 다음 중 표기가 **잘못된** 것은?

① 깨끗이 ② 가만히 ③ 솔직히 ④ 깊숙히

4. 다음 중 밑줄 친 단어가 바르게 사용된 문장은?

① 오늘이 몇 월 몇 일이냐? ② 부도가 나서 집안이 풍비박산이 났다.

③ 산 넘어 남쪽에는 누가 살고 있을까. ④ 엿가락을 더 길게 늘리는 사람이 이긴다.

5. 다음 중 밑줄 친 단어가 바르게 사용된 문장은?

① 입에 있는 음식물을 뱉어라. ② 국내에서 내노라하는 가수들이 다 왔다.

③ 지나친 술과 담배를 삼가합시다. ④ 조금만 관심을 갖으셔서 반드시 성공합시다.

6. 다음 중 밑줄 친 단어가 바르게 사용된 문장은?

① 이번 일이 잘되야 할 텐데. ② 그 일이 잘 수습돼서 다행이다.

③ 나는 커서 의사가 돼고 싶다. ④ 아버지는 훌륭한 사람이 돼라고 말씀하셨다.

7. 다음 중 수컷을 이르는 접두사 표기가 바르게 된 것은?

① 숫양 ② 숫놈 ③ 숫소 ④ 숫돼지

8. 다음 중 밑줄 친 부분의 띄어쓰기가 잘못된 것은?

① 앞서 지적한 바와 같이 ② 불의에 굴복할 바에는 감옥에 가겠다.

③ 얼굴이 예쁜 데다가 마음씨도 곱다. ④ 설악산 단풍을 본 바 과연 절경이데요.

9. 다음 중 밑줄 친 부분의 띄어쓰기가 맞는 것은?

① 일이 있어서 숙제를 못했다. ② 한달간 전국일주 여행을 하고 돌아왔다.

③ 총금액이 얼마 되지 않습니다. ④ 현대사회의 제문제에 대한 토론을 하였다.

10. 다음 중 밑줄 친 부분의 띄어쓰기가 맞는 것은?

① 서울에는 볼게 참 많아. ② 그 일은 제가 할 게요.

③ 잘 도착했는지 궁금하다. ④ 그 사람은 떠난지 오래 되었어요.

1) 한글 맞춤법과 표준어

한글 맞춤법은 우리말을 한글로 적는 방식을 정한 규정이다. 우리말을 적는 통일된 방식이 없어 사람마다 적는 방식이 제각각이라면 우리의 문자 생활은 큰 혼란에 빠질 것이다. 언어는 사회 구성원들이 서로의 생각을 전달하고 함께 살아가기 위한 가장 기본적인 의사소통 수단이다. '한글 맞춤법'은 다른 사람과의 의사소통을 원활히 하고 올바른 언어생활을 할 수 있는 가장 기본적인 약속이다.

글을 쓰는 목적은 자신이 아는 것이나 생각하는 것, 느끼는 감정 등을 다른 사람에게 전달하기 위해서이다. 그런데 전달 수단인 표기법을 소홀히 하여 내용 전달이 잘 안된다면 글을 열심히 쓰는 노력이 헛일이 되고 만다. 지난 몇 년간 우리 학교 첨삭지도 자료에 의하면, 학생들의 글에서 가장 많이 나타난 한글 맞춤법 오류는 '로서'와 '로써'를 제대로 구별하지 못하는 것이었다. 그 외에도 '합격률' 등의 두음법칙 표기, 사이시옷 표기, '몇 일/며칠', '되다/돼다'의 올바른 표기, '든지/던지'의 구별 등 다양하게 나타나고 있다. 학생들의 글에서 많이 나타나는 한글 맞춤법 오류를 중심으로 바른 표기법을 살펴보자.

(1) 한글 맞춤법의 원리

제1항 한글 맞춤법은 표준어를 소리대로 적되, 어법에 맞도록 함을 원칙으로 한다.

위 조항에 따르면 우리말을 한글로 적는 방법에는 크게 두 가지 원칙이 있다. 하나는 '소리대로 적는 것'이고 다른 하나는 '어법에 맞도록' 하는 것이다. '표준어를 소리대로 적는 것'은 자연스러운 일이다. 이 원칙에 따라 [돌], [눈물], [꿈]으로 소리 나는 말을 '돌', '눈물', '꿈'으로 적는다. 그렇다면 '어법에 맞도록' 한다는 것은 무슨 뜻일까? 다음 예를 보자.

㉠ 꼬치, 꼳또, 꼰만
㉡ 꽃이, 꽃도, 꽃만

㉠이 소리대로 적은 것이라면, ㉡은 명사 '꽃'을 고정하여 적은 것이다. ㉠과 같이 소리대로 적는다면, 그 뜻이 쉽게 파악되지 않고 따라서 독서의 능률이 크게 저하될 것이다. 우리는 ㉡의 표기가 ㉠보다는 '꽃'이라는 뜻을 파악하기 쉽다는 것을 알 수 있다. ㉡과 같은 표기를 우리는 어법에 맞게 적는다고 한다. 결국 어법에 맞도록 한다는 것은 뜻을 파악하기 쉽도록 하기 위하여 각 형태소의 본 모양을 밝히어 적는다는 말이다. 형태소는 단어의 기초 단위가 되는 요소인 실질 형태소와 접사나 어미, 조사처럼 실질 형태소에 결합하여 보조적 의미를 덧붙이거나 문법적 관계를 표시하는 요소인 형식 형태소로 나뉜다. 맞춤법에서는 각 형태소가 지닌 뜻이 분명히 드러나도록 하기 위하여, 그 본 모양을 밝히어 적는 것을 또 하나의 원칙으로 삼은 것이다.

(2) 두음 법칙

❶ '졸업 연도'인가, '졸업 년도'인가?

우리말에는 첫머리에 'ㄹ'이 오지 못하거나, 특정한 환경에서 'ㄴ'이 발음되지 않는 경우가 있다. 이를 '두음 법칙'이라 한다. 가령, 단어의 첫머리에 'ㄹ'이 오는 경우, '락원'이 '낙원'으로, '로인'이 '노인'으로 바뀌는 것처럼 '라, 래, 로, 뢰, 루, 르' 등이 '나, 내, 노, 뇌, 누, 느' 등으로 바뀐다. 또한, '량심'이 '양심'으로, '력사'가 '역사'로 바뀌는 것처럼 '랴, 려, 례, 료, 류, 리'가 '야, 여, 예, 요, 유, 이'로 바뀐다. 첫머리에 'ㄴ'이 오는 경우도 '녀성'이 '여성', '뉴대'가 '유대'로 바뀌는 것처럼 '녀, 뇨, 뉴, 니'가 '여, 요, 유, 이'로 바뀐다. 발음이 이렇게 나기 때문에 표기도 그와 같이 하도록 한글 맞춤법에서는 규정하고 있다.

그런데 이러한 두음 법칙은 단어의 첫머리에만 적용되고 제2음절 이하에서는 적용되지 않는다. 곧 '남녀'의 '녀'처럼 단어의 첫머리가 아닌 경우는 본래 소리대로 적는다. 그러나 합성어나 접두사처럼 쓰이는 한자어 형태소가 결합하는 경우에는 단어의 첫머리가 아니어도 두음 법칙에 따라 적는다. 또한 두음 법칙은 원칙적으로 한자어에만 적용되며, '녀석' 같은 고유어에는 두음 법칙이 적용되지 않는다. 또한 '금 한 냥', '몇 년', '십 리', '그럴 리가 없다' 등과 같이 의존 명사는 두음 법칙을 적용하지 않고 본음을 인정한다.

'연도'와 '년도'도 이들이 자립 명사로 쓰였는지 의존 명사로 쓰였는지에 따라 달라진다. '연도별 생산량'이나 '졸업 연도'처럼 단어의 첫머리에 올 때는 두음 법칙의 적용을 받아 '연도'가 된다. 이에 비해 '년도'는 '2018년도 예산안'처럼 해를 뜻하는 말 뒤에서는 의존 명사로 쓰이고 있다. 의존 명사는 두음 법칙을 적용하지 않는다는 원칙에 따라 본음을 써서 '연도'가 아니라 '년도'가 된다.

❷ '취업률', '취업율'?, '노동량', '노동양'?

'렬/률'은 모음과 ㄴ받침 뒤에서는 '열/율'이 되고 그 외의 받침 뒤에서는 '렬/률'이 된다. 'ㄴ' 받침 뒤에서 '열/율'로 쓰는 이유는 발음 때문이다. 단어 첫머리가 아니면 본음대로 [렬], [률]로 발음되는 것이 일반적인데, 모음과 ㄴ받침 뒤에서는 [열]과 [율]로 발음되고 있어 이러한 현실을 표기에 반영한 것이다.

모음 뒤	비율(比率), 실패율(失敗率), 감소율(減少率), 증가율(增加率)
	치열(熾烈), 우열(優劣), 계열(系列), 대열(隊列)
ㄴ 받침 뒤	선율(旋律), 전율(戰慄), 백분율(百分率), 배분율(配分率), 흡연율(吸煙率)
	선열(先烈), 균열(龜裂), 분열(分裂), 반열(班列)
그 외	법률(法律), 능률(能率), 출석률(出席率), 합격률(合格率), 성공률(成功率)
	격렬(激烈), 극렬(極烈), 열렬(熱烈), 결렬(決裂), 졸렬(拙劣), 행렬(行列), 정렬(整列), 병렬(竝列)

'量'은 단독으로 쓰이면 '양'으로 표기한다. 그러나 다른 단어 뒤에 쓰이면 '양'으로 쓰기도 하고 '량'으로 쓰기도 한다. '양/량'의 표기는 앞에 오는 단어가 한자어냐 아니냐로 구분된다. '량/양(量)'은 한자어 다음에는 두음 법칙이 적용되지 않고, 고유어나 외래어 다음에는 두음 법칙이 적용되기 때문이다. 따라서 '칼슘'이나 '일' 뒤에는 '양'이 오고, '작업' 뒤에는 '량'이 온다.

한자어 뒤	노동량, 작업량, 생산량, 수출량, 증가량, 감소량
고유어 뒤	구름양, 기름양
외래어 뒤	칼슘양, 알칼리양, 이온양

(3) 사이시옷

책을 보다 보면 '절댓값, 대푯값'과 같이 사이시옷이 들어간 표기를 가끔 볼 수 있다. 많은 사람들은 이들 단어를 어색하게 느낀다. 그러나 현행 한글 맞춤법 규정에 의하면 사이시옷이 들어가는 '절댓값, 대푯값'이 맞는 표기이다. 두 명사가 결합하여 새로운 단어를 만들 때 그 사이에 '시옷'이 들어가는 경우가 있는데, 이를 '사이시옷'이라고 한다. 두 명사 사이에 사이시옷이 들어가려면 아래의 두 가지 조건이 맞아야 한다.

> ㉠ 결합하는 두 단어가 모두 고유어이거나 고유어와 한자어의 합성어여야 한다.
> ㉡ 앞 단어가 모음으로 끝나야 한다.

이러한 조건이 만족하는 상황에서 다음의 음운 현상이 나타나면 'ㅅ'을 받쳐 적는다.

➡ 뒷말의 첫소리가 예사소리에서 된소리로 변하는 것

예) 나뭇가지, 귓밥, 나룻배, 햇볕, 귓병, 아랫방, 전셋집, 장밋빛, 칫솔 ……

➡ 뒷말의 첫소리 'ㄴ, ㅁ' 앞에서 'ㄴ' 소리가 덧나는 것

예) 콧날, 콧노래, 아랫니, 잇몸, 아랫마을, 수돗물, 곗날, 양칫물 ……

➡ 뒷말이 모음으로 시작할 때 'ㄴㄴ' 소리가 덧나는 것

예) 뒷일, 베갯잇, 깻잎, 나뭇잎, 가욋일, 예삿일, 훗일 ……

※ 예외 : 곳간(庫間), 셋방(貰房), 숫자(數字), 찻간(車間), 툇간(退間), 횟수(回數)

(4) 합성어와 파생어

❶ '며칠'인가, '몇 일'인가

"오늘이 몇 월 ○○이냐?"라고 할 때 ○○ 안에 들어갈 수 있는 말은 '며칠'과 '몇 일' 중 어느 것이 맞을까? 그리고 "○○ 후에 다시 봅시다."라고 할 때는 어느 것이 맞을까?

두 경우 모두 '며칠'이 맞다. '며칠'은 '그달의 몇째 되는 날'과 '몇 날(동안)'의 두 가지 의미가 있다. 어떤 사람들은 위의 두 경우를 구분하여 앞에는 '몇 일', 뒤에는 '며칠'로 적기도 하는데 이는 잘못이다. 두 경우 모두 '며칠'로 적어야 한다.

'며칠'을 '몇 일'로 잘못 적는 이유는 '며칠'이 '뒤에 오는 말과 관련된, 그리 많지 않은 얼마만큼의 수를 막연하게 이르는 말'인 관형사 '몇'과 '날'을 뜻하는 명사 '일(日)'이 결합된 것으로 생각하기 때문이다. 그러나 '며칠'은 '몇'과 '일(日)'이 결합한 말이 아니다. 만약 '몇+일'로 분석되는 구조라면 [며칠]로 발음될 수가 없다.

만약 '며칠'이 '몇+일'의 구성이라면 '몇 월'이 [며췰]이 아니라 [며뒬]로 소리 나는 것처럼 [며칠]이 아니라 [며딜]로 발음되어야 한다. 그렇지만 [며칠]로 소리가 난다는 것은 '며칠'이 관형사 '몇'에 명사 '일(日)'이 결합한 구성이 아니라는 것을 말해 준다. 〈한글 맞춤법〉 제27항 [붙임 2]에서는 "어원이 분명하지 아니한 것은 원형을 밝히어 적지 아니한다."라고 규정하고 '며칠'을 그 예로 들고 있다. [며칠]로 소리가 나는 이 단어는 그 원형을 밝히어 적지 않고 소리 나는 대로 '며칠'로 적는 것이다.

❷ '깨끗이'인가, '깨끗히'인가

부사의 끝음절이 분명히 '이'로만 나는 것은 '이'로 적고, '히'로만 나거나 '이'나 '히'로 나는 것은 '히'로 적는다.

'이'로 적는 경우

㉠ '이'로만 나는 것 : 가뜩이, 고즈넉이, 그윽이, 깊숙이, 끔찍이, 길쭉이, 멀찍이, 나직이, 느직이, 두둑이 ……

㉡ ㅅ 받침 뒤 : 깍듯이, 깨끗이, 느긋이, 둥긋이, 따뜻이, 반듯이, 버젓이, 산뜻이 ……

㉢ 형용사 뒤 : 같이, 굳이, 많이, 적이, 헛되이 ……

㉣ 부사 뒤 : 곰곰이, 더욱이, 오뚝이, 일찍이 ……

㉤ 첩어 명사 뒤 : 간간이, 겹겹이, 번번이, 일일이, 집집이, 틈틈이 ……

'ㅎ'로 적는 경우

㉠ '히'로만 나는 것 : 극히, 급히, 딱히, 속히, 익히, 작히, 족히, 특히, 엄격히, 간곡히, 까마득히, 머쓱히, 막막히, 똑똑히 ……

㉡ '이, 히'로 나는 것 : 솔직히, 가만히, 간편히, 나른히, 무단히, 각별히, 소홀히, 쓸쓸히, 정결히, 과감히, 꼼꼼히, 심히, 열심히, 급급히, 답답히, 섭섭히, 공평히, 당당히, 분명히, 상당히, 조용히, 간소히, 고요히, 도저히 ……

(5) 탈락과 준말

❶ '치르다'인가, '치루다'인가

학생들은 종종 '시험을 치뤘다', '행사를 잘 치뤄라'처럼 발음하거나 표기하곤 한다. 이 말은 '시험을 치렀다', '행사를 잘 치렀다'라고 써야 옳다. '무슨 일을 겪어 내다'라는 의미의 단어는 '치루다'가 아니라 '치르다'이기 때문이다.

만일 '치루다'라면 '치루다'의 어간 '치루–'에 '–었다'가 결합하여 '치뤘다'가 될 수 있다. 하지만 기본형이 '치루다'가 아니라 '치르다'이기 때문에 '치뤘다'가 될 수 없다. '치르다'의 어간 '치르–'에 어미 '–었다'가 결합하면 어간의 모음 'ㅡ'가 탈락하여 '치렀다'가 된다.

이와 비슷한 낱말로 '담그다'를 '담구다'로, '잠그다'를 '잠구다'로 잘못 발음하거나 표기하는 경우도 있다. '김치를 담갔다'를 '담궜다'로 잘못 쓰거나, '외출 시 문을 잘 잠가라.'를 '잠궈라'로 잘못 발음하거나 표기하기도 한다.

이 외에도 많이 틀리는 것 중에 '들르다'를 들 수 있다. "퇴근하는 길에 친구 가게에 잠깐 들렀다."라고 말할 것을 '들렸다'라고 말하는 경우가 종종 있다. 이때에 '들르다'와 '들리다'는 아주 다른 낱말이다. '들르다'는 '지나는 길에 잠깐 들어가 머무르다'를 뜻하는 낱말이고, '들리다'는 '듣다' 또는 '들다'의 피동사로 쓰는 낱말이다. '지나가는데 큰 소리가 들렸다.'의 경우에는 '들렸다'이지만 '잠깐 머무르다'의 의미이면 '들렀다'로 써야 한다.

이러한 현상은 일반 언중들이 말을 할 때에 틀리게 발음하는 습관이 굳어져서 이들을 틀리게 발음하거나 표기하게 된 것이다. 그러므로 바른 언어생활을 하기 위해서는 표기뿐만 아니라 발음도 정확하게 할 필요가 있다.

❷ '디뎠다'인가, '딛었다'인가

'딛다'는 '디디다'의 준말이다. '디디다'는 '디디고, 디디지, 디디니' 등과 같이 자음으로 시작하는 어미와 연결될 수도 있고, '디디어(디뎌), 디디었다(디뎠다)'와 같이 모음으로 시작하는 어미와도 결합할 수 있다. 그런데 준말인 '딛다'는 '딛고, 딛지, 딛게'처럼 자음으로 시작하는 어미는 연결이 될 수 있지만 '*딛어', '*딛었다', '*딛으며', '*딛어서'처럼 모음으로 시작하는 어미는 연결이 될 수 없다. '가지다/갖다', '머무르다/머물다', '서투르다/서툴다', '서두르다/서둘다' 등도 마찬가지이다. 준말인 '갖다, 머물다, 서툴다, 서둘다' 등은 모음으로 시작하는 어미와 결합할 때 활용하지 못한다.

❸ '되다'와 '돼다'는 어떻게 다를까

'내가 그렇게 되라고 빌었니?'나 '철수가 취직이 안 돼서 걱정이다.'라는 문장에서 '되-'와 '돼-'가 쓰이고 있다. 그런데 많은 사람들이 '되다'와 '돼다'를 혼동하고 있다. 이는 '되'와 '돼'의 발음이 구분되지 않아서 적을 때 헷갈리는 것이다. 사실 '되다'와 '돼다'는 두 가지 형태의 말이 아니라 '되다'에 '-어, -어서, -어라' 등이 결합되어 '되어, 되어서, 되어라'과 같이 활용한 것이 줄 경우에 '돼, 돼서, 돼라'의 '돼-' 형태가 나오는 것이다.

'돼-'는 한글 맞춤법 제35항 [붙임 2] "'ㅚ' 뒤에 '-어, -었-'이 어울려 'ㅙ, ㅙㅆ'으로 될 적에는 준 대로 적는다."라는 규정에 따라 '되어-'가 줄어진 대로 쓴 것이다. 부사형 어미 '-어'나, '-어'가 선행하는 '-어서, -어야' 같은 연결 어미 혹은 과거 표시의 선어말 어미 '-었-'이 결합한 '되어, 되어서, 되어야, 되었다'를 '돼, 돼서, 돼야, 됐다'와 같이 적는 것도 모두 이 규정에 근거한 것이다.

그런데 '할머니께서는 장차 훌륭한 사람이 되라고 말씀하셨다', '나라의 동량이 되라'에서와 같이 명령의 의미를 가지는 '-(으)라'가 어간에 직접 결합하는 일이 있기도 하다. 이 '-(으)라'는 구어에서 청자를 앞에 두고 말할 때는 쓰지 않고, 문어체나 간접 인용문(남의 말을 간접적으로 인용하는 문장)에서만 사용되는 것이다. 이때 '되어라'로 대치될 수 없으므로 '돼라'라고 쓸 수 없고 '되라'로 써야 한다.

따라서 '되라'인지 '돼라'인지 구분하기 어려울 때에는 그 말을 '되어라'로 대치할 수 있는가 살펴보면 된다. 만약 '되어라'로 대치될 수 있으면 '돼라'로 써야 한다.

(6) 조사와 어미

❶ '-(으)로서'인가, '-(으)로써'인가

학생들의 글에서 가장 많이 틀리는 것이 '로서'와 '로써'의 구별이다. '로서'와 '로써'는 비슷하지만 다른 의미를 갖고 있다. 먼저 '로서'는 '지위나 신분 또는 자격을 나타내는 격 조사'이다. '그것은 교사로서 할 일이 아니다.' '너는 학생으로서 본분을 다해라.' '그는 친구로서는 좋으나, 남편감으로서는 부족한 점이 많다.' 등과 같이 쓰인다.

이에 비해 '로써'는 '어떤 물건의 재료나 원료를 나타내는 격 조사'나 '어떤 일의 수단이나 도구를 나타내는 격 조사'이다. '콩으로써 메주를 쑤다.' '쌀로써 떡을 만든다'는 앞의 의미이고, '눈물로써 호소하다' '칼로써 무를 베다'는 뒤의 의미이다.

두 단어의 의미가 명확하게 구분됨에도 불구하고 혼동되는 이유는 발음이 비슷하기 때문이다. 흔히 '로서'를 [로써]로 발음하다 보니 '로써'와 발음이 같아져서 표기를 혼동하여 쓰게 된 것이다. 이 둘을 쉽게 구분하는 방법은 다른 말로 대체해 보는 것이다. '로써'를 '~을 이용하여, ~을 사용하여'로 바꾸어 쓸 수 있는지 여부로 '로서'와 '로써'를 쉽게 구분할 수 있다. 가령 앞의 문장은 '눈물을 이용하여 호소하다' '칼을 사용하여 무를 베다' 등과 같이 바꾸어 쓸 수 있다. 하지만 "학생으로서 본분을 다해라"를 '학생을 이용하여(사용하여) 본분을 다해라'로 바꾸어 쓸 수는 없다.

❷ '하므로'와 '함으로'

'하므로'와 '함으로'는 어떻게 다를까? '하므로'는 '~하기 때문에'의 뜻이고, '함으로'는 '~하는 것으로'의 뜻으로 서로 의미가 다르다. 그러데 이 두 말을 소리가 같아서 표기를 할 때 헷갈리는 경우가 종종 있다. 두 말의 차이는 다음과 같은 예에서 잘 드러난다.

> ㉠ 그는 열심히 공부하므로 시험에 합격할 것이다.
> ㉡ 그는 열심히 공부함으로 부모님의 은혜에 보답하고자 한다.

㉠은 '열심히 공부하기 때문에 시험에 합격할 것이다'는 뜻이고, ㉡은 '열심히 공부하는 것으로써 부모님의 은혜에 보답한다'는 뜻으로 문장에서의 의미가 서로 다른 것을 볼 수 있다.

'하므로'는 동사 어간 '하-'에 까닭이나 근거를 나타내는 연결어미 '-므로'가 붙은 형태이다. 그러므로 '하므로'가 오면 앞과 뒤가 인과 관계로 이어져 앞에 있는 절이 뒤에 있는 절의 '이유나 근거, 원인'이 됨을 알 수 있다. 반면 '함으로'는 '하다'의 명사형 '함'에 조사 '으로'가 붙은 형태이다. 조사 '으로'는 어떤 일의 수단이나 도구를 나타내는 부사격 조사로 '~을 가지고', '~을 이용하여'의 뜻이 있다. 곧 앞에 있는 절이 뒤에 있는 절의 '수단, 도구, 재료'가 됨을 알 수 있다.

정리하자면, 이 두 말을 구분하기 위해서는 앞과 뒤에 있는 절의 의미를 파악하여, 문장의 앞에 있는 절이 뒤에 있는 절의 '이유, 근거, 원인'이 되는 것은 '하므로'를 써야 하고, '수단, 도구, 재료'가 되는 것은 '함으로'를 써야 한다. 또한 우리는 '-써'를 붙여서 '함으로써' 또는 '하므로써'로 쓰기도 하는데, 이때 '써'는 '하므로'에는 붙을 수 없고 '함으로'에만 붙을 수 있다.

❸ '안녕히 계십시오'인가, '안녕히 계십시요'인가

국어의 특성상 조사는 상황에 따라 생략해도 말이 되지만, 용언에 결합하는 어미는 어느 하나라도 생략하면 의미가 달라지거나 문장이 성립하지 않는다. 그런데 '요'는 해요체의 보조사이고, '-오'는 하오체의 어미이므로, '요'는 생략해도 문장이 성립하지만 어미 '-오'를 생략하면 문장이 성립하지 않는다. 이 둘을 구별하는 손쉬운 방법은 바로 이 차이를 구별의 기준으로 삼는 것이다. 즉, 그 '요/오'를 생략해서 문장이 성립하면 보조사 '요'가 쓰인 것이고 성립하지 않으면 어미 '-오'가 쓰인 것으로 이해하면 된다. 아래 예문의 ㉠에서 '-오'를 생략하면 문장이 모두 비문이 되지만 ㉡에서는 '요'를 생략하더라도 해요체에서 해체로 존대의 등급은 낮아지지만 문장 자체는 성립할 수 있음을 알 수 있다.

㉠ 안녕히 {계십시오/계십시요}.

㉠' *안녕히 계십시.

㉡ 철수는 밥을 잘 먹어요.

㉡' 철수는 밥을 잘 먹어.

❹ '이에요'인가, '예요'인가

'이에요'와 '이어요'는 복수 표준어로서 '이다'에 '-에요', '-어요'가 붙은 말이다. '이에요/이어요'의 '이'는 서술격 조사이므로 체언 뒤에만 붙는데, 받침이 없는 체언에 붙을 때는 '예요/여요'로 줄어든다. 한편 '아니다'는 용언이므로 '이에요/이어요'가 연결될 수 없고 어미인 '-에요/-어요'가 연결되므로 '아니에요(아녜요)/아니어요(아녀요)'와 같이 쓸 수 있다. '아니다'에 '이에요'와 '이어요'가 붙은 '*아니예요', '*아니여요'는 잘못이다.

명사	받침 있는 명사	책상 + 이에요 → 책상이에요 책상 + 이어요 → 책상이어요
	받침 없는 명사	의자 + 이에요 → 의자예요 의자 + 이어요 → 의자여요
형용사	아니다	아니 + -에요 → 아니에요(아녜요) 아니 + -어요 → 아니어요(아녀요)

❺ '-대'와 '-데'

종결 어미 '-대' 역시 -데'로 잘못 표기되는 경우가 많이 나타난다. '-데'는 화자가 직접 경험한 사실을 나중에 보고하듯이 말할 때 쓰이는 말로 '-더라'와 같은 의미를 전달하는 데 비해, '-대'는 직접 경험한 사실이 아니라 남이 말한 내용을 간접적으로 전달할 때 쓰인다.

'-대'는 '다(고) 해'의 준말로, 화자가 문장 속의 주어를 포함한 다른 사람으로부터 들은 이야기를 청자에게 간접적으로 전달하는 의미를 갖고 있다.

㉠ 오늘 비가 온대(온다고 해).
㉡ 철수는 집에 있겠대(있겠다고 해).

'-데'는 '하게' 할 자리에 쓰이어 경험한 지난 일을 돌이켜 말할 때 쓰는, 곧 회상을 나타내는 종결 어미이다.

㉠ 그가 그런 말을 하데.(그가 그런 말을 하더라.)
㉡ 어젯밤에 정말 시끄럽데.(어젯밤에 정말 시끄럽더라.)

(7) 표준어 규정

'표준어 규정'은 공식어로서의 표준어를 제정한 규정이다. 국민들이 언어생활을 올바르게 하기 위해서는 반드시 모든 사람들이 약속한 공용어가 있어야 한다. 이러한 공용어를 '표준어'라 하고, 표준어의 원칙은 다음과 같이 정하고 있다.

> "표준어는 교양 있는 사람들이 두루 쓰는 현대 서울말로 정함을 원칙으로 한다."

표준어를 정한 까닭은 국민들의 언어생활을 돕기 위해서이다. 말은 시대나 지역, 계층에 따라 다를 수 있으니, 이를 그대로 두면 언중의 의사소통에 장애가 초래될 수도 있다. 그래서 '현대'라는 시대, '서울말'이라는 지역, '교양 있는 사람들이 쓰는'이라는 계층으로 한정하여 표준어를 정한 것이다. 표준어는 국민 누구나가 공통적으로 쓸 수 있게 마련한 공용어(公用語)이므로, 공적(公的) 활동을 하는 이들이 표준어를 익혀 올바르게 사용하는 것은 너무나 당연한 기본 소양이다.

❶ '셋째'인가, '세째'인가

예전에는 '셋째'와 '세째'의 의미를 구분하여 사용하였다. '셋째'는 '하나째, 둘째, 셋째, 넷째'와 같이 수량을 나타내는 경우에 쓰였고, '세째'는 '첫째, 두째, 세째, 네째'와 같이 차례를 나타내는 경우에 사용하였다. 그러나 그 쓰임과 의미를 구별하기 어렵다고 보아 '두째, 세째, 네째' 등을 '둘째, 셋째, 넷째'와 통합하였다. 따라서 지금은 '두째, 세째, 네째'로 쓰는 것은 잘못이고, '둘째, 셋째, 넷째'와 같이 쓰는 것이 맞다.

❷ '수소'인가, '숫소'인가

수컷을 이르는 접두사는 '수-'로 동일하였다. 따라서 '수꿩, 수나사, 수놈, 수소, 수은행나무' 등과 같이 쓰이게 된다. 그런데 '수-'의 옛 형태는 '수ㅎ-'였는데, 이 'ㅎ'으로 인하여 뒤따르는 'ㄱ, ㄷ, ㅂ' 소리가 거센소리로 변한 단어가 있다. 접두사 다음에 거센소리가 나는 단어는 '수캉아지, 수캐, 수컷, 수키와, 수탉, 수탕나귀, 수톨쩌귀, 수퇘지, 수평아리'의 9개이다. 또한 접두사 '숫-'이 결합하는 단어는 '숫양, 숫염소, 숫쥐'의 3개이다.

❸ '점장이'인가, '점쟁이'인가

'학교'를 '핵교'로 발음하고, '호랑이'를 '호랭이'로 발음하는 것은 'ㅣ 모음 역행동화'라고 한다. 이러한 음운 현상은 전국적으로 일반화되어 있으나 이러한 음운 현상을 보이는 단어들을 살펴보면 대부분 주의해서 발음하면 피할 수 있는 것들이다. 또한 이들 발음은 대체로 비교양인 계층의 사람들이 주로 쓰고 있다. 그러므로 이들 '핵교', '호랭이' 등을 표준어로 삼기는 어렵다.

그런데 이들 'ㅣ' 모음 역행동화의 결과가 표준어로 인정된 경우도 있다. '-내기', '냄비', '동댕이치다' 등이 그것이다. '-내기'는 원래 '태어나다'라는 의미의 '-나기'였다. 그런데 '서울나기', '시골나기' 등은 그대로 쓰일 수 있으나, '신출나기, 풋나기'는 쓰임이 어색하다. 그러므로 일률적으로 '-내기'를 표준어로 정하였다. 그리고 '냄비'는 일본어 '나베[鍋]'에서 온 말이어서 '남비'를 표준어로 삼았으나, 현재는 언중들이 그 어원을 의식하지 않고, 소리도 [냄비]로 변하여 '냄비'를 표준어로 정하였다.

이와 같은 현상 중에는 '-장이'와 '-쟁이'도 있다. '-장이'도 많은 사람들이 '-쟁이'로 발음하게 되어 '-쟁이'를 표준어로 인정해야 하는지에 대한 논란이 있었다. 논란 끝에 '-장이'가 원래 '匠人'을 뜻하는 말에서 기원하였으므로 '匠人'이란 뜻이 살아 있는 말은 '-장이'로, 그 외는 '-쟁이'로 하기로 정하였다.

따라서 '미장이', '유기장이', '대장장이', '땜장이', '옹기장이' 등은 기술자, 즉 전문적인 기술을 가진 사람이기 때문에 '-장이'를 붙이고, '개구쟁이', '심술쟁이', '겁쟁이', '멋쟁이', '월급쟁이', '글쟁이', '굴뚝쟁이' 등은 성질, 습관, 행동 또는 직업을 나타내는 단어이므로 '-쟁이'를 붙이도록 하였다. 물론 '글쟁이', '굴뚝쟁이'의 경우는 직업을 나타내는 의미가 들어있긴 하지만 전문적인 기술을 가진 사람과 무관하므로 그냥 '-쟁이'를 붙여 쓰도록 하였다.

그렇다면 점을 치는 사람은 '점장이'인가, '점쟁이'인가? 점을 치는 사람은 특수한 분야의 전문 기술을 가진 기술자라기보다는 점치는 일을 직업으로 하는 사람이므로 '점쟁이'가 맞다. 점을 치는 일도 전문적인 기술이 필요하다고 할 수도 있지만 이는 '장인(匠人)'의 의미와는 거리가 멀어서 '-쟁이'를 쓰는 것이다.

❹ '위쪽'인가, '윗쪽'인가

표준어 규정에서는 '웃-' 및 '윗-'은 명사 '위'에 맞추어 '윗-'으로 통일한다고 규정하고 있다. 따라서 '윗니, 윗목, 윗몸, 윗마을, 윗집' 등과 같이 쓸 수 있다. 다만 '윗'은 된소리나 거센소리 앞에서는 '위쪽, 위층, 위팔' 등과 같이 '위-'로 적는다.

한편 위-아래의 대립이 없는 단어는 '웃-'으로 발음되는 형태를 표준어로 삼도록 하였다. 예를 들어 '웃어른'의 경우 '아래어른'은 없기 때문에 '웃어른'이 된다. '웃돈'도 '아랫돈'이 없기 때문에 '윗돈'이 아니라 '웃돈'이 된다.

(8) 외래어 표기법

'외래어 표기법'은 외래어를 한글로 적는 법을 제정한 규정이다. 본래 외래어란 외국에서 들어와 우리말에 정착한 단어를 가리키는 용어이지만, 외래어 표기법에 나타나 있는 외래어는 외국에서 들어온 말을 모두 가리키고 있다. 외래어는 다른 나라 말에서 들어온 것이므로 우리말과는 다른 점이 많다. 그런 말을 일정한 규칙 없이 제각각 적도록 놓아둔다면 언어생활이 혼란해질 것이다. 외래어 표기법은 이러한 혼란을 방지하기 위하여 외래어의 표준어를 정해 주기 위한 규칙이다.

❶ '인턴쉽'인가, '인턴십'인가

'internship'을 우리말로 적을 때 'ship'을 '쉽'으로 써야 할지, '십'으로 써야 할지 혼란스럽다. 외래어 표기법 규정에 따르면 어말의 [ʃ]는 '시'로 적고, 자음 앞의 [ʃ]는 '슈'로, 모음 앞의 [ʃ]는 뒤따르는 모음에 따라 '샤', '섀', '셔', '셰', '쇼', '슈', '시'로 적는다. 'internship'은 발음이 [intɜːrnʃip]이므로 '인턴십'으로 쓰는 것이 옳다. 'internship' 외에도 '-ship'으로 끝나는 'leadership', 'membership' 등도 '리더십', '멤버십'과 같이 '십'으로 쓴다.

❷ '워크샵'인가, '워크숍'인가

'workshop'을 외래어 표기법에 따라 바르게 적으면 '워크샵'이 아니라 '워크숍'이 맞다. 'workshop'의 발음은 [wɜːrkʃɑːp/wɜːrkʃɔːp]인데, 이를 우리말로 표기하면 '워크샵'과 '워크숍'이 모두 될 수 있다. '워크샵'은 미국식 발음을 반영하는 표기이고, '워크숍'은 영국식 발음을 반영하는 표기인데, 이러한 경우 외래어 표기법에서는 영국식 영어를 따르도록 하고 있다. 따라서 'shop'의 영국식 발음 [ʃɔːp]에 따라 '숍'으로 적는다. 비슷한 예로 'stop'도 '스탑'이 아닌 '스톱'이라고 하는 것이 외래어 표기법에 맞다.

❸ '콘텐츠'인가, '컨텐츠'인가

'contents'는 [kɔːntents]로 발음되기 때문에 '콘텐츠'로 적는다. 외래어 표기법에서 [ɔ]와 [o]는 구분하지 않고 '오'로 적는다. 'complex[kɔmpleks]', 'concept[kɔnsept]' 등도 발음이 [ɔ]이기 때문에 '콤플렉스', '콘셉트' 등으로 적어야 한다. 그런데 철자가 'con-'이라고 해서 모두 '콘'으로 적는 것은 아니다. 'condition', 'control' 등은 발음이 [kən-]으로 나기 때문에 '컨디션', '컨트롤'과 같이 '컨'으로 적어야 한다.

❹ '비전'인가, '비젼'인가

'vision'은 외래어 표기법에서 '비전'으로 표기한다. 외래어 표기에서는 'ㅈ'이나 'ㅊ' 뒤에는 단모음 표기만 가능하다. 곧 '자, 저, 조, 주, 차, 처, 초, 추' 등이 허용될 뿐, '쟈, 져, 죠, 쥬, 챠, 쳐, 쵸, 츄' 등의 이중 모음 표기는 허용되지 않는다. 이는 국어에서 'ㅈ, ㅊ' 같은 구개 자음 뒤에서는 이중 모음과 단모음이 구분되지 않는 특징을 보이기 때문이다. 예컨대, '저울'을 [저울]로 발음하든 [져울]로 발음하든 그 의미가 혼동될 여지가 없으므로 외래어를 적을 때는 발음상 구분되지 않는 '져' 등의 표기를 쓰지 않도록 한 것이다. 비슷한 예로 'chocolate, juice, television' 등도 '초콜릿, 주스, 텔레비전'으로 적는다.

❺ '팜플렛'인가, '팸플릿'인가

'설명이나 광고, 선전 따위를 위하여 얄팍하게 맨 작은 책자'를 일컫는 'Pamphlet'의 발음은 [pæmflit]으로, 영어의 외래어 표기법에 따라 '팸플릿'으로 적는다. '팸플릿'은 '소책자', '작은 책자'로 바꿔 쓸 수 있다.

❻ '메시지'인가, '메세지'인가

'message'는 일상생활에서 '메시지, 메시지, 매시지, 매세지' 등으로 다양하게 표기된다. 그런데 'message'의 발음 [mesidʒ]를 외래어 표기법에 따라 적으면 '메시지'가 된다.

▶ 다음 중 맞춤법과 표준어가 바른 것을 고르세요.

1. 출석률/출석율, 흡연률/흡연율
2. 학습란/학습난, 어린이란/어린이난, 스포츠란/스포츠난
3. {반드시/반듯이} 내일까지 끝내겠습니다.
4. 예, {아니오/아니요}로 답하시오.
5. 미소를 {띠다/띄다}. 붉은색을 {띠다/띄다}. 사명을 {띠다/띄다}. 눈에 {띠다/띄다}. 물에 {띠운/띄운}.
6. 등교길/등굣길, 수도물/수돗물, 대가/댓가, 아래층/아랫층, 인사말/인삿말
7. 아름다와/아름다워, 가까와/가까워
8. 며칠/몇 일
9. 뭣이에요/뭣이예요, 뭐에요/뭐예요
10. 어서 오세요/어서 오십시오/어서 오십시요
11. {곱배기/곱빼기}는 혼자 먹기에는 많다.
12. 된장찌개는 {뚝배기/뚝빼기}에 끓여야 더 맛있다.
13. 문을 {잠갔다/잠궜다}. 김치를 {담갔다/담궜다}.
14. 방문하신 손님을 {섭섭지/섭섭치} 않게 대접했다.
15. 마음을 {조리며/졸이며} {하느라고/하노라고} 한 것이 이 모양이다.
16. {가만이/가만히} 있으니 {번번히/번번이} 이런 일을 당하게 된다.
17. 심부름꾼이 {오던 말던/오든 말든} 그 일은 될 법하다.
18. 아버지는 항상 훌륭한 사람이 {되라고/돼라고} 말씀하셨다.
19. 내일은 학교에 일찍 {갈려고/가려고} 한다.
20. 다시는 {안/않} 늦을 거야.
21. {도저이/도저히} 10시까지는 못 가겠어요.
22. 그는 {서툴었다/서툴렀다}.
23. {오랫만에/오랜만에} 만났다.
24. 소문이 {금세/금새} 퍼졌다.
25. 멋장이/멋쟁이, 미장이/미쟁이
26. 깡충깡충/깡총깡총, 쌍둥이/쌍동이

27. 사글세/삭월세, 허위대/허우대

28. 천장/천정, 상추/상치, 털어먹다/떨어먹다

29. 소고기/쇠고기, 우렁쉥이/멍게, 가엾다/가엽다

30. 넝쿨/덩굴/덩쿨, 옥수수/강냉이

2) 띄어쓰기

(1) 띄어쓰기의 원리

띄어쓰기의 기본 원리는 〈한글 맞춤법〉 제1장 총칙 제2항에 규정되어 있다.

제2항 문장의 각 단어는 띄어 씀을 원칙으로 한다.

띄어쓰기의 원칙은 단어이면 띄고 그렇지 않으면 붙여 쓰는 것이다. 단어란 '국어', '많이', '먹는다' 등과 같이 독립적으로 쓰이는 말의 단위를 말한다. 그러므로 글은 단어를 단위로 하여 띄어 쓰는 것이 가장 합리적인 방식이라 할 수 있다. 단, '철수가 책을 읽는다.'라는 문장에서 '철수가'의 '가'나 '책을'의 '을'과 같은 조사는 단어이기는 하지만 앞말에 붙여 쓴다.

단어를 띄어 쓰면 시각적인 효과를 높여 독서의 효율을 높일 수 있고, 문장의 의미 파악도 쉬워진다. 띄어쓰기를 하지 않으면 문장의 의미를 제대로 해석하기 어려운 경우가 있다. 예컨대, '아기가방에들어간다.'처럼 띄어쓰기를 하지 않으면 '아기가 방에 들어가는 것인지', '아기 가방에 들어가는 것인지' 그 뜻이 명료하게 드러나지 않는다.

(2) 쓰임에 따라 달라지는 띄어쓰기

❶ 조사와 의존 명사

조사는 그 앞말에 붙여 쓴다. 조사는 독립성이 없어 다른 단어 뒤에 종속적인 관계로 존재하기 때문이다. 한편, 조사가 둘 이상 겹쳐지거나 조사가 어미 뒤에 붙는 경우에도 붙여 쓴다. 그런데 의존 명사는 의미적 독립성은 없으나 다른 단어 뒤에 의존하여 명사적 기능을 담당하므로, 하나의 단어로 다루어진다. 의존 명사는 명사와 의미와 기능이 유사하므로 앞말과 띄어 쓴다.

뿐

㉠ 체언 뒤에 붙어서 한정의 뜻을 나타내는 경우 : 조사(→ 붙여 씀)

예 남자뿐이다. 셋뿐이다.

㉡ 용언의 관형사형 '-을' 뒤에서 '따름'이란 뜻을 나타내는 경우 : 의존 명사(→ 띄어 씀)

예 웃을 뿐이다. 쳐다봤을 뿐이다.

대로

㉠ 체언 뒤에 붙어서 '그와 같이'란 뜻을 나타내는 경우 : 조사(→ 붙여 씀)

예 법대로, 약속대로

㉡ 용언의 관형사형 뒤에서 '그와 같이'란 뜻을 나타내는 경우 : 의존 명사(→ 띄어 씀)

예 아는 대로 말한다. 약속한 대로 이행한다.

만큼

㉠ 체언 뒤에 붙어서 '그런 정도로'라는 뜻을 나타내는 경우 : 조사(→ 붙여 씀)

예 여자도 남자만큼 일한다.

㉡ 용언의 관형사형 뒤에서 '그런 정도로'라는 뜻을 나타내는 경우 : 의존 명사(→ 띄어 씀)

예 볼 만큼 보았다. 애쓴 만큼 얻는다.

만

㉠ 체언에 붙어서 한정 또는 비교의 뜻을 나타내는 경우 : 조사(→ 붙여 씀)

예 하나만 알고, 둘은 모른다.

㉡ 경과한 시간을 나타내는 경우 : 의존 명사(→ 띄어 씀)

예 떠난 지 사흘 만에 돌아왔다. 온 지 1년 만에 떠나갔다.

㉢ 용언의 관형사형 뒤에서 '앞말이 뜻하는 동작이나 행동에 타당한 이유가 있음'을 나타내는 경우 : 의존 명사(→ 띄어 씀)

예 그가 화를 낼 만도 하다. 이 음식은 정말 먹을 만하다.

❷ 조사와 그 외 품사(명사, 부사)

➲ 밖에

㉠ '그것 말고는', '그것 이외에는'의 뜻을 나타내는 경우 : 조사(→ 붙여 씀)

㉬ 공부밖에 모르는 학생이다. 하나밖에 남지 않았다. 나를 알아주는 사람은 너밖에 없다.

㉡ 바깥. 일정한 한도나 범위에 들지 않는 부분 : 명사+에(→ 띄어 씀)

㉬ 밖에 나가서 놀아라. 내 능력 밖의 일이다.

➲ 같이

㉠ 앞말이 보이는 전형적인 어떤 특징처럼'의 뜻을 나타내는 경우 : 조사(→ 붙여 씀)

㉬ 방바닥이 얼음장같이 차다.

㉡ '둘 이상의 사람이나 사물이 함께', '어떤 상황이나 행동 따위와 다름이 없이'의 뜻을 나타내는 경우 : 부사(→ 띄어 씀)

㉬ 친구와 같이 사업을 하다. 예상한 바와 같이 주가가 크게 떨어졌다.

(참조) '같은'의 띄어쓰기 : 형용사 '같다'의 활용형이므로 띄어 쓴다.

㉬ 우리 선생님 같은 분은 세상에 또 없을 거야.

❸ 의존 명사와 접미사

➲ 들

㉠ 하나의 단어에 결합하여 복수를 나타내는 경우 : 접미사(→ 붙여 씀)

㉬ 남자들, 학생들

㉡ 두 개 이상의 사물을 열거하는 구조에서 '그런 따위'란 뜻을 나타내는 경우 : 의존 명사(→ 띄어 씀)

㉬ 쌀, 보리, 콩, 조, 기장 들을 오곡(五穀)이라 한다.

➲ 간

㉠ '동안', '장소'의 뜻을 나타내는 경우 : 접미사(→ 붙여 씀)

㉬ 이틀간, 한 달간, 대장간, 외양간

㉡ '한 대상에서 다른 대상까지의 사이', '관계'의 뜻을 나타내는 경우 : 의존명사(→ 띄어 씀)

예 서울과 부산 간 야간열차. 부모와 자식 간에도 예의를 지켜야 한다.

(예외) 형제간, 고부간, 부자간

❹ 의존 명사와 어미

데

㉠ 뒤 절에서 어떤 일을 설명하거나 묻거나 시키거나 제안하기 위하여 그 대상과 상관되는 상황을 미리 말할 때에 쓰는 경우 : 어미(-ㄴ데, → 붙여 씀)

예 날씨가 추운데 외투를 입고 나가거라. 저분이 그럴 분이 아니신데 큰 실수를 하셨다.

㉡ '곳', '일', '경우'의 뜻을 나타내는 경우 : 의존 명사(→ 띄어 씀)

예 예전에 가 본 데가 어디쯤인지 모르겠다. 그 책을 다 읽는 데 삼 일이 걸렸다.

바

㉠ 뒤 절에서 어떤 사실을 말하기 위하여 그 사실이 있게 된 것과 관련된 과거의 어떤 상황을 미리 제시하는 데 쓰는 경우 : 어미(-ㄴ바, → 붙여 씀)

예 서류를 검토한바 몇 가지 미비한 사항이 발견되었다.

㉡ 앞에서 말한 내용 그 자체나 일 따위를 나타내는 경우 : 의존 명사(→ 띄어 씀)

예 평소에 느낀 바를 말해라. 각자 맡은 바 책임을 다하라.

지

㉠ 막연한 의문이 있는 채로 뒤 절의 사실이나 판단과 관련시키는 경우 : 어미(-ㄴ지, → 붙여 씀)

예 집이 큰지 작은지 모르겠다.

㉡ 용언의 관형사형 뒤에서 경과한 시간을 나타내는 경우 : 의존 명사(→ 띄어 씀)

예 그가 떠난 지 보름이 지났다. 은행에 간 지 한 시간 만에 돌아왔다.

❺ 관형사와 접두사

➋ 본

㉠ 어떤 대상이 말하는 이와 직접 관련되어 있음을 나타내는 경우 : 관형사(→ 띄어 씀)

예) 본 협회, 본 법정, 본 변호인, 본 연구원, 본 사건

㉡ '바탕이 되는', '애초부터'의 뜻을 나타내는 경우 : 접두사(→ 붙여 씀)

예) 본계약, 본줄기, 본회의, 본뜻, 본고장, 본서방

➋ 귀

㉠ 상대편이나 그 소속체를 높이는 뜻을 나타내는 경우 : 관형사(→ 띄어 씀)

예) 귀 신문사의 무궁한 발전을 기원합니다.

㉡ '존귀한'이나 '희귀한' 또는 '값비싼'의 뜻을 더하는 경우 : 접두사(→ 붙여 씀)

예) 귀공자, 귀금속, 귀부인

➋ 맨

㉠ 더 할 수 없을 정도나 경지에 있음을 나타내는 경우 : 관형사(→ 띄어 씀)

예) 맨 처음, 맨 꼭대기, 맨 먼저, 그녀는 맨 구석 자리에 조심스럽게 앉아 있었다.

㉡ '다른 것이 없는'의 뜻을 나타내는 경우 : 접두사(→ 붙여 씀)

예) 맨눈, 맨다리, 맨땅, 맨발, 맨주먹

➋ 총

㉠ 모두 합하여 몇임을 나타내는 경우 : 관형사(→ 띄어 씀)

예) 오늘 출동한 비행기는 총 3백 대이다. 예산 규모는 총 5천만 원에 달하고 있었다.

㉡ '전체를 아우르는' 또는 '전체를 합한'의 뜻을 나타내는 경우 : 접두사(→ 붙여 씀)

예) 총감독, 총결산, 총공격, 총인원

➋ 제

㉠ '그 숫자에 해당되는 차례'의 뜻을 더하는 접두사(→ 붙여 씀)

예) 제일, 제이, 제삼

❻ 명사와 접미사

➲ 상

㉠ 품질이나 등급을 나눌 때, 비교적 뛰어나고 좋은 부분 : 명사(→ 띄어 씀)

예 등급이 상으로 매겨졌다.

㉡ '그것과 관계된 입장'이나 '추상적인 공간에서의 한 위치'의 뜻을 더하는 경우, 물체의 위나 위쪽을 이르는 말 : 접미사(→ 붙여 씀)

예 관계상, 미관상, 사실상, 외관상, 절차상 / 인터넷상, 전설상, 통신상 / 지구상의 생물, 지도상의 한 점, 직선상의 거리, 도로상에 차가 많이 있다.

➲ 하

㉠ 품질이나 등급을 둘 또는 셋으로 나눌 때의 맨 끝 : 명사(→ 띄어 씀)

예 등급 판정에서 하를 받았다.

㉡ '그것과 관련된 조건이나 환경'의 뜻을 더하는 경우, 아래 또는 아래쪽이나 밑 : 접미사(→ 붙여 씀)

예 식민지하, 원칙하, 지도하, 지배하 / 교각하 추락 주의, 선반하 적치 금지

(3) 단위를 나타내는 말

① 한 개	② 차 한 대	③ 금 서 돈	④ 소 한 마리
⑤ 옷 한 벌	⑥ 열 살	⑦ 조기 한 손	⑧ 연필 한 자루
⑨ 집 한 채	⑩ 신 두 켤레	⑪ 북어 한 쾌(=스무 마리)	

단위를 나타내는 의존 명사는 그 앞의 수관형사와 띄어 쓴다. 위에서 '개, 대, 돈, 마리, 벌, 살, 손, 자루, 죽, 채, 켤레, 쾌' 등은 단위를 나타내는 의존 명사여서 앞말과 띄어 썼다. 한편, 다음 경우는 붙여 쓸 수 있다.

❶ 순서를 나타내는 경우

제일 과 → 제일과　　제삼 장 → 제삼장

삼 학년 → 삼학년　　육십칠 번 → 육십칠번

274 번지 → 274번지　　제1 어학실습실 → 제1어학실습실

❷ 연월일, 시각 등을 나타내는 경우

오 월 이십 일 → 오월 이십일

여덟 시 오십구 분 → 여덟시 오십구분

❸ 아라비아 숫자 뒤에 붙는 경우

35원, 70관, 42마일, 26그램, 3년 6개월, 20일간

(4) 수 : 수를 적을 적에는 '만(萬)' 단위로 띄어 쓴다.

① 십이억 삼천사백오십육만 칠천팔백구십팔

② 12억 3456만 7898

(5) 보조 용언

보조 용언은 문장에서 단독으로 사용되지 못하고 항상 본용언에 기대어 사용된다. 보조 용언은 그 용언의 본래 의미를 상실하고 화자의 심리적 태도, 상 등과 같은 추상적이고 문법적인 의미를 나타낸다. 본용언과 보조 용언은 띄어 씀을 원칙으로 하되, 경우에 따라 붙여 쓸 수 있다.

예-1. 그 밥을 다 먹어 버렸다.　　그 밥을 다 먹어버렸다.

불이 꺼져 간다.　　불이 꺼져간다.

예-2. 비가 올 듯하다.　　비가 올듯하다.

잘 아는 척하다.　　잘 아는척하다.

하지만 다음과 같은 경우는 붙여 쓰는 것이 허용되지 않는다.

❶ '–아/어' 외의 연결어미가 결합된 경우

㉠ 가고 있다	가고있다(×)
하게 되다	하게되다(×)

❷ 의존 명사 뒤에 조사가 붙는 경우

㉠ 아는 체를 한다	아는체를한다(×)
비가 올 듯도 하다	올듯도하다(×)
믿을 만은 하다	믿을만은하다(×)

❸ 앞 단어가 합성 동사인 경우

㉠ 밀어내 버렸다	밀어내버렸다(×)
잡아매 둔다	잡아매둔다(×)
매달아 놓는다	매달아놓는다(×)

▶ 다음 중 띄어쓰기가 맞는 것을 고르세요.

1. 저녁에 술 {한잔/한 잔}합시다.
2. {친구같이/친구 같이} 지내는 사이입니다.
3. 열심히 할 {수밖에/수 밖에} 없어요.
4. {"할게."하고/"할게." 하고} 하지 않는다.
5. 비가 더 와야 {할텐데/할 텐데}.
6. 행사 {참여시/참여 시} 준비할 물건
7. {마음대로/마음 대로} 하세요. {본대로/본 대로} 이야기해라.
8. 몸에 {좋을뿐만/좋을 뿐만} 아니라 값도 싸다.
9. {사흘만/사흘 만} 시간을 주세요. {사흘만/사흘 만}에 전화가 왔다.

10. 다음은 {신청하는데/신청하는 데} 필요한 서류입니다.

11. 공부는 열심히 {하는데/하는 데} 성적은 별로다.

12. {검토한바/검토한 바} 문제가 있어서 알려 드립니다.

13. {조사한바/조사한 바}를 상사에게 알렸다.

14. 열심히 {하는지/하는 지}는 잘 모르겠다.

15. 집을 {떠난지/떠난 지} 세 시간 만에 회사에 도착했다.

16. {버릴걸/버릴 걸} 왜 샀니?

17. 미안한데 먼저 {먹을게/먹을 게}.

18. 내일부터 {한달간/한 달간/한 달 간} 휴가입니다.

19. {한일간/한일 간} 축구 경기

20. 오늘 {제3차/제3 차/제 3차/제 3 차} 회의를 진행합니다.

21. 학생은 모두 {40여명/40 여명/40여 명/40 여 명} 정도입니다.

22. 일억삼천사백만원/일억 삼천사백만 원/일억 삼천 사백만 원

23. {각학교/각 학교}에서는 안전사고에 유의해 주시기 바랍니다.

24. {각처/각 처}에서 몰려든 수재 의연금

25. 나무가 {늙어간다/늙어 간다}.

26. 이곳 음식은 {먹을만하다/먹을 만하다/먹을 만 하다}.

27. 게 눈 {감추듯 하다/감추 듯하다/감추듯하다}.

28. 일이 많아 요새 좀 {힘들어한다/힘들어 한다}.

29. {김씨/김 씨}, 이쪽으로 와 보세요.

30. 충북 대학교 인문 대학 국어 국문학과/충북대학교 인문대학 국어국문학과

[참고] 표준국어대사전 활용

사람들은 국어사전을 흔히 모르는 말의 뜻이나 쓰임을 찾는 데 이용한다. 그런데 우리말은 그 뜻을 대부분 알고 있고, 굳이 사전을 찾아보지 않아도 문맥상으로 알거나 대충은 뜻을 가늠할 수 있다. 그래서 굳이 사전을 찾아가며 그 단어에 어떤 뜻이 있는지 알려고 할 필요성이 크지 않다. 그런데 앞에서 보았듯이 정확한 단어의 사용이나 특히 띄어쓰기를 정확히 하기 위해서는 사전을 찾지 않고는 불가능하다.

국립국어원에서는 2008년 새로운 말의 쓰임을 보완하여 표준국어대사전을 개정하였고 이를 국립국어원 누리집(www.korean.go.kr)에서 제공하고 있다. 개정 표준국어대사전은 단순히 단어만을 검색할 수 있었던 이전의 사전과는 달리 다양한 검색이 가능하여 사전의 정보를 훨씬 쉽고 다채롭게 찾을 수 있는 사전이다.

흔히 국어사전은 모르는 말의 뜻이나 쓰임을 찾을 때만 이용하는 것으로 알고 있는데 국어사전은 그 이상의 수많은 정보를 담고 있는 '우리말의 보고'이다. 특히 인터넷으로 제공하고 있는 개정 표준국어대사전은 이러한 숨겨진 보물을 쉽게 찾아서 활용할 수 있도록 꾸며져 있어서 이용법만 잘 안다면 상상하는 것 이상으로 많은 정보를 찾아볼 수 있다.

❶ 그 작곡가 이름이 차⋯⋯ 무슨 스키였더라?

라디오에서 익숙한 음악이 흘러나올 때 친구에게 잘난 척하며 한마디 한다. "아 나 이 곡 알아. 이 곡이 그 유명한 차⋯⋯ 아, 그 작곡가 이름이 뭐였지? 차 무슨 스키였는데⋯⋯." 이런 경우라면 당황하지 말고 국립국어원 누리집에 접속하여 표준국어대사전을 찾아보자. 표준국어대사전 검색창에 '차*스키'라고 적어 넣고 '찾기'를 누르면 고민 끝! 화면에는 그토록 혀끝에서 맴돌던 '차이콥스키'가 떠 있는 것을 확인할 수 있다. 이처럼 단어를 정확히 알지 못해도 '*'와 '?' 기호를 이용하면 표준국어대사전에서는 원하는 정보를 쉽게 찾을 수 있다.

'*' 기호는 단어의 일부만 알 때 사용할 수 있다. 검색창에 아는 부분만 적고 모르는 부분에는 이 기호를 넣어 주면, 아는 부분을 포함한 모든 단어를 찾아 준다. 예를 들어 사전에 등재된 다양한 '소나무' 이름이 알고 싶다면 '*소나무'라고 적고 '찾기'를 누르면 된다. 화면에 15가지의 소나무 이름이 가지런히 떠 있는 것을 확인할 수 있다. '?' 기호는 글자 수를 알고 있을 때 이용하면 더 정확한 정보를 찾을 수 있다. 예를 들어 아라비안나이트에 나오는 왕비의 이름을 '셰ㅇㅇㅇ드'로만 알고 있다면, 검색창에 '셰???드'를 적어 주면 된다. 검색된 '셰에라자드'와 '셰이크핸드' 중 원하는 표제어가 어떤 것인지는 바로 알 수 있을 것이다.

❷ 리, 리, 리 자로 끝나는 말은?

어렸을 때 누구나 한 번쯤 어휘력을 키우기 위해 불렀던 노래로 "리, 리, 리 자로 끝나는 말은?"이라는 노래가 있다. 여기에 맞는 말을 찾으려고 머리를 쥐어짜거나 종이로 된 국어사전을 이리저리 뒤적이던 기억이 있을 것이다. 십자말풀이 문제를 풀 때는 어떤가? '네'로 시작하고 '리'로 끝나는 세 글자 단어는? '네거리, 네다리, 네뚜리'가 있다는 것을 알 수 있을까? 이럴 때에도 '*' 기호를 사용하여 표준국어대사전에서 '*리'를 검색하면 원하는 말을 쉽게 찾을 수 있다.

❸ 원하는 단어 목록도 클릭 몇 번이면 검색 완료!

출판사에 근무하는 ㄱ씨. 얼마 전부터 우리말 동사 중 '–거리다'와 '–대다'로 끝나는 말의 목록을 구하느라 애를 쓰고 있다. 종이 사전을 뒤적이며 목록을 작성하고 있지만 끝은 보이지 않고 나오는 것은 한숨뿐이다. ㄱ씨가 표준국어대사전의 '자세히 찾기' 기능을 알고 있었다면 한숨 대신에 휘파람을 날렸을 텐데……. 표준국어대사전에는 좀 더 세밀한 자료를 찾기 위해 사전을 사용하는 사람들을 위해 '자세히 찾기'가 마련되어 있다. '자세히 찾기'를 이용하면 품사별로 자료를 뽑을 수도 있고 특정 전문어만 골라서 뽑을 수도 있다. 동사 중 '–거리다'로 끝나는 말의 목록이 필요하다면 '자세히 찾기'로 들어가서 '표제어–끝 문자–거리다'를 설정한 후 품사에서 '동사'를 지정하면 된다. '찾기'를 누르고 몇 초만 기다리면 3,866건의 '–거리다'로 끝나는 동사 목록이 검색된다. 이 기능을 이용하면 표제어나 원어 등에 특정 글자가 들어간 전문어의 목록도 쉽게 얻을 수 있다. 예를 들어 교육 분야 전문어 중에서 '학'을 포함하고 '과'로 끝나는 말을 찾고 싶다면 아래와 같이 검색하면 된다.

표준국어대사전에서 제공하는 찾기 기능은 이것이 다가 아니다. 표제어, 원어, 뜻풀이 등 정보별로 원하는 조건을 두는 복잡한 검색도 가능하다. 예를 들어 이십사절기에 속하는 단어만을 찾으려면 '자세히 찾기'의 뜻풀이 검색 기능을 활용하면 된다.

우리말에 대한 많은 정보가 들어 있고 다양한 찾기가 가능한 표준국어대사전! 이러한 사전을 뜻풀이 확인용으로만 사용한다면 이는 다양한 기능을 지닌 고급 휴대 전화를 구입하고도 통화용으로만 사용하는 것과 크게 다르지 않을 것이다. 이제 숨어 있던 표준국어대사전의 다양한 기능을 백 퍼센트 활용하여 사전 활용의 달인이 되어 보자. 사전 활용도가 높아질수록 우리말에 대한 지식도 차곡차곡 쌓여 갈 것이다.

– 국립국어원 보도자료, 「표준국어대사전 이렇게 활용하세요」, 2009. 11. 2.

2. 어휘 · 문장 · 단락

개 요

㉠ 어휘 · 문장 · 단락에 대해 이해한다.

㉡ 글쓰기에서 많이 틀리는 어휘 사용을 중심으로 바른 어휘 사용에 대해 학습한다.

㉢ 글쓰기에 나타나는 오류를 중심으로 문장 바로 쓰기를 학습한다.

㉣ 단락의 개념과 구성요소, 단락의 요건 등을 학습한다.

1) 어휘

(1) 형태가 비슷해서 혼동되는 경우

❶ '늘이다'와 '늘리다'

어린 시절 옷을 살 때 한 치수 큰 것을 사서 단을 접어서 입다가, 키가 크게 되면 단을 내어서 입었던 경험이 있을 것이다. 이렇게 바짓단을 내어 길이를 길게 하는 경우 '늘이다'와 '늘리다' 중 어느 것을 써야 할까?

'늘이다'와 '늘리다'는 둘 다 '늘다'와 관련 있는 말이어서 의미가 혼동되는 경우가 많다. 두 단어의 의미를 구분하기 위해서는 사전을 찾아보는 것이 필요하다. 『표준국어대사전』을 보면 '늘이다'는 '본디보다 더 길게 하다'라는 뜻이 있다. 예를 들어 '고무줄을 늘이다'나 '엿가락을 늘이다' 등과 같이 쓰이는 것이다. '늘이다'에는 이 외에도 '머리를 땋아 늘이다'와 같이 '아래로 길게 처지게 하다'라는 뜻도 있다. 반면 '늘리다'는 '늘다'의 사동사로 '물체의 넓이, 부피 따위를 본디보다 커지게 하다'라는 뜻으로 쓰인다. 예를 들어 '규모를 늘리다. 학생 수를 늘리다. 세력을 늘리다. 실력을 늘리다. 살림을 늘리다.' 등과 같이 쓸 수 있다. 일반적으로 길이가 있는 물체를 '본디보다 길게 하다'라는 의미일 때는 '늘이다'를 쓰고, 수나 양의 경우에는 '늘리다'를 쓴다.

❷ '맞추다'와 '맞히다'

가끔 방송의 퀴즈 프로그램에서 진행자가 "이번 문제를 맞추신 분들에게는 상품을 드립니다."와 같은 말을 하는 것을 볼 수 있다. 그러나 이 말은 잘못된 것이다. 이때는 '맞추신'이 아니라 '맞히신'이라고 해야 한다.

'맞추다'나 '맞히다' 모두 '맞다'에서 파생된 말이지만 서로 다른 뜻으로 분화되어 쓰이고 있다. 먼저 '맞추다'는 '어떤 기준이나 정도에 어긋나지 아니하게 하다, 다른 것과 비교하다, 서로 어긋남이 없이 조화를 이루다, 서로 떨어져 있는 부분을 제자리에 맞게 대어 붙이다'의 뜻으로 쓰인다. 예를 들어, '시간에 맞추어 전화를 하다. 친구와 답을 맞추어 보다. 다른 부서와 보조를 맞추다. 문짝을 문틀에 맞추다.' 등과 같이 쓰인다. 그러나 '맞히다'는 '문제에 대한 답이 틀리지 아니하다, 적중하다'의 뜻으로 '정답을 맞히다. 과녁을 맞히다.'와 같이 사용된다. 그러므로 처음에 나온 문장은 "이번 문제를 맞히신 분들에게는 상품을 드립니다."라고 써야 맞다.

한편, 예전에는 '맞추다'와 '마추다'를 구별하여 사용하였다. 예를 들어 '발을 맞추다, 입을 맞추다' 등과 같이 '어떤 기준이나 정도에 어긋나지 아니하게 하다'의 의미로는 '맞추다'를 쓰고, '옷을 맞추다'와 같이 '주문하다'의 의미에는 '마추다'로 구별하였다. 그러나 1988년에 맞춤법을 개정하면서 두 가지로 구별하여 적던 것을 하나로 합하여 두 의미 모두 '맞추다'를 쓰도록 하였다. 따라서 이전의 표기법을 따른 '*안성마춤, *마춤 양복'도 '안성맞춤, 맞춤 양복'으로 써야 한다.

❸ '바치다'와 '받치다', '받히다'

'바치다'와 '받치다' 그리고 '받히다'는 일상에서 많이 쓰는 단어인데 발음이 비슷하여 헷갈리는 경우가 있다. 먼저 '바치다'는 '신이나 웃어른께 드리다, 마음과 몸을 내놓다, 세금 따위를 내다' 등의 뜻으로, '임금님께 예물을 바치다. 나라를 위해 목숨을 바치다. 세금을 바치다' 등과 같이 쓸 수 있다. 다음으로 '받치다'는 '받다'에 강세를 나타내는 접미사 '-치-'가 결합한 단어로, '밑이나 옆에 다른 물체를 대다, 옷의 색깔이나 모양이 조화를 이루도록 함께 하다, 어떤 일을 잘할 수 있도록 뒷받침해 주다, 우산이나 양산을 펴 들다' 등의 뜻을 나타낸다. '그릇을 받쳐 들다. 셔츠에 받쳐 입다. 우산을 받치고 간다.' 등과 같이 쓰일 수 있다. 마지막으로 '받히다'는 '받다(觸)'에 피동 접미사 '-히-'가 결합된 피동사이다. 피동사는 다른 힘에 의해 행하여지는 동작을 나타내는 동사로, '자기 힘이 아니라 다른 대상에 의해 부딪히다'라는 뜻이다. '소뿔에 받히다. 길을 가다가 차에 받히다.' 등과 같이 쓰일 수 있다.

❹ '부딪치다'와 '부딪히다'

'부딪치다'와 '부딪히다'는 모두 '부딪다'에서 파생된 단어이다. 먼저 '부딪치다'는 '무엇과 무엇이 힘 있게 마주 닿거나 마주 대다, 또는 닿거나 대게 하다'의 뜻을 지닌 '부딪다'를 강조하는 뜻으로 쓰인다. 예를 들어 '모퉁이를 돌다가 팔이 다른 사람에게 부딪쳤다. 한눈을 팔다가 전봇대에 머리를 부딪쳤다.'와 같이 쓸 수 있다. '부딪히다'는 '부딪다'에 피동을 뜻하는 접미사 '-히-'가 어울린 단어이다. 그러므로 '부딪히다'는 주체의 힘에 의해 부딪는 행위가 일어난 것이 아니라 다른 힘에 의해 부딪는 행위를 당한 것이 된다. 예를 들어 '배가 빙산에 부딪혀 가라앉았다. 지나가는 행인에게 부딪혀 뒤로 넘어졌다.'와 같이 쓸 수 있다.

결국 '부딪치다'와 '부딪히다'는 주어의 행동이 능동인지 피동인지에 따라 달리 쓰인다. 즉 주어가 능동적으로 누군가와 부딪는 행위를 한 경우라면 '부딪치다'를 쓰고, 반대로 주어의 힘이 아니라 다른 사람의 힘에 의해 부딪는 행위를 당한 경우라면 '부딪히다'를 써야 한다.

❺ '있다가'와 '이따가'

우리는 바쁘게 일을 하고 있을 때, 전화가 오면 잠시 후에 다시 전화를 하겠다거나, 아니면 잠시 후에 다시 걸어 달라고 하는 경우가 있다. 이때 '조금 지난 뒤에'를 의미하는 단어가 '이따가'인지 '있다가'인지 헷갈릴 때가 많다. 왜냐하면 이 두 단어는 표기는 다르지만 소리는 같기 때문이다. '이따가'와 '있다가'는 서로 의미가 다르기 때문에 구분해서 써야 한다.

'이따가'는 '조금 지난 뒤에'란 뜻을 나타내는 부사이다. '이따가 갈게. 이따가 만나자. 이따가 따로 이야기하자' 등과 같이 사용된다. '이따가'는 부사이기 때문에 꾸밈을 받는 서술어가 뒤에 온다.

한편 '있다가'는 어간 '있-'에 어미 '-다가'가 붙은 형태다. '있-'은 '어느 곳에서 떠나거나 벗어나지 아니하고 머물다'나 '어떤 상태를 계속 유지하다'라는 뜻을 가진 '있다'의 어간이고, '-다가'는 '어떤 동작이나 상태 따위가 중단되고 다른 동작이나 상태로 바뀜을 나타내는 연결 어미'이다. 그러므로 '있다가'는 '(~에) 머무르다가', '(~에) 존재하다가', '어떤 상태를 계속 유지하다가' 등과 같이 서술의 의미를 지닌다. 곧 '며칠을 서울에 있다가 왔다'나 '집에 있다가 가라'와 같이 쓰일 수 있다.

원래 '이따가'도 어원적으로는 '있다가'에서 기원하였다. 하지만 현행 한글 맞춤법에서는 '이따가'가 원래 어간의 본뜻인 '존재하다'의 의미에서 멀어진 것으로 판단하여, 소리 나는 대로 적도록 하고 있다. 정리하자면, '잠시 후에', '조금 뒤에'의 뜻이면 '이따가'를 쓰고, '~에 머무르다가', '~에 존재하다가'의 뜻이면 '있다가'를 쓰면 된다.

⑥ '실제'와 '실재'는 어떻게 다른가

'실제(實際)'는 '사실의 경우나 형편'이라는 의미로, 어떤 '사실'에 초점을 둔 말로 쓰거나, 본인이 보거나 듣거나 하는 경험을 통하여 무엇인가를 직접 하거나 느끼는 것을 말한다. 예를 들어 '실제 모습, 실제 상황, 실제 생활, 그는 실제 나이보다 젊게 보인다.'와 같이 쓰인다. 반면 '실재(實在)'는 사실로서 현실에서 존재함의 의미를 지닌 것으로 '존재'에 초점이 있다. 예를 들어 '실재 인물'과 같이 쓰인다.

⑦ '곤욕'과 '곤혹'

'곤욕'과 '곤혹'은 발음도 비슷하고 의미도 서로 연관성이 있어서 혼동하기 일쑤이다. 우선 두 단어의 의미 차이를 살펴보면, '곤욕(困辱)'은 '심한 모욕. 또는 참기 힘든 일'의 뜻으로 '곤욕을 치르다, 곤욕을 겪다, 그는 언제나 곤욕을 당하기 마련이다' 등과 같이 쓰인다. 이에 비해 '곤혹(困惑)'은 '곤란한 일을 당하여 어찌할 바를 모름'의 뜻이다. '예기치 못한 질문에 곤혹을 느끼다' 등과 같이 쓰인다. 다시 말하면 '곤욕'은 남에게서 얻어듣는 욕이고, '곤혹'은 곤란한 일을 당하여 스스로 느끼는 당황스럽고 난처한 감정이다.

⑧ '유래'와 '유례'

'유래'와 '유례'도 발음이 비슷하여 혼동되는 단어이다. 먼저 '유래(由來)'는 '사물이나 일이 생겨남. 또는 그 사물이나 일이 생겨난 바'의 뜻으로 '한식의 유래, 유래가 깊다, 유래를 찾기 힘들다, 이 민속 행사의 유래는 신라 때로 거슬러 올라간다' 등과 같이 쓰인다. 다음으로 '유례(類例)'는 주로 없거나 적다는 뜻의 서술어와 함께 쓰여 '같거나 비슷한 예' 또는 '이전부터 있었던 사례' 등의 뜻이다. '세계에서 유례를 찾기 힘든 것이다. 역사상 유례가 없는 이변' 등과 같이 쓰인다.

⑨ '한참'과 '한창'

'한참'과 '한창'도 발음과 형태가 비슷하여 혼동되는 단어이다. 먼저 '한참'은 '시간이 상당히 지나는 동안'의 뜻으로, '한참 동안 기다리다', '담장을 따라 한참을 걸어가니 기와집이 나왔다' 등과 같이 쓰인다. 이에 비해 '한창'은 '어떤 일이 가장 활기 있고 왕성하게 일어나는 때. 또는 어떤 상태가 가장 무르익은 때'의 뜻으로, '요즘 앞산에는 진달래가 한창이다', '대학가엔 축제가 한창이다' 등과 같이 쓰인다.

(2) 단어를 잘못 사용한 경우

❶ '다르다'와 '틀리다'

우리는 흔히 '선생님 제 생각은 틀립니다', '저 애들은 쌍둥인데 성격이 너무 틀려' 등과 같은 표현을 쓴다. 그러나 이러한 표현은 잘못된 것이다. '틀리다'는 자신의 생각이 '맞지 않다' 또는 '옳지 않다'라는 의미를 가지고 있다. 위의 문장은 '선생님 제 생각은 다릅니다', '저 애들은 쌍둥인데 성격이 너무 달라'로 써야 한다. 이처럼 '다르다'를 써야 할 자리에 '틀리다'를 쓰는 경우가 많다. 대부분의 사람들이 이와 같이 잘못 사용하고 있다.

'틀리다'는 '답이 틀리다', '계산이 틀리다'와 같이 '셈이나 사실 따위가 그르게 되거나 어긋나다'의 의미를 가지고 있다. 반면 '다르다'는 '너와 나는 다르다', '쌍둥이도 성격이 서로 다르다'와 같이 '비교가 되는 두 대상이 서로 같지 아니하다'의 의미다. 곧 '다르다'는 '같지 않다'는 말이고, '틀리다'는 '맞지 않다'는 말이다.

'다르다'와 '틀리다'가 서로 다른 의미를 가진 단어임에도 불구하고 왜 많은 사람들이 혼동해서 쓰는 것일까? 자신과 다르면 틀린 것으로 보아 부정하려는 심리 작용이 언어에 반영되었기 때문이 아닌가 한다. 다른 것을 틀린 것으로 생각하면 독선에 빠질 수 있으므로 주의를 해야 한다. 이와 같이 '다르다'와 '틀리다'는 그 의미가 서로 다른 말이므로 틀리게 써서는 안 된다.

❷ 이 자리를 '빌어'인가, '빌려'인가

각종 시상식에서 상을 받는 사람이 소감을 말하면서 "이 자리를 빌어 감사의 말씀을 드립니다."라고 하는 것을 자주 볼 수 있다. 이때 '빌어'는 틀린 표현이고 '빌려'가 맞다.

예전에는 '빌다'와 '빌리다'의 의미를 구분하여 사용하였다. 즉 남의 물건을 돌려주기로 하고 쓸 때나 남의 도움을 입을 때 '빌다'를 쓰고, 내가 돌려받기로 하고 남에게 물건을 사용하게 하는 것은 '빌리다'를 써서 '빌어 오다', '빌려 주다'로 사용했었다. 하지만 표준어 규정에서는 이런 경우에 모두 '빌리다'를 쓰도록 정했다. 그래서 지금은 '빌려 오다, 빌려 주다'와 같이 '빌리다'로 쓰는 것이다.

'빌다'는 '바라는 바를 이루게 하여 달라고 신이나 사람 따위에 간청하다'(소녀는 하늘에 소원을 빌었다), '잘못을 용서하여 달라고 호소하다'(선생님께 용서를 빌었다)의 의미와 '남의 물건을 공짜로 달라고 호소하여 얻다'(이웃에게 양식을 빌다, 사람들에게 밥을 빌러 다니다)의 뜻이 있다. 그에 비해 '빌리다'는 '남의 물건이나 돈 따위를 나중에 돌려주거나 대가를 갚기로 하고 얼마 동안 쓰다'

(돈을 빌리다, 봄에 빌려 갔던 쌀을 가을에 갚다), '일정한 형식이나 이론, 또는 남의 말이나 글 따위를 취하여 따르다'(성인의 말씀을 빌려 설교하다), '어떤 일을 하기 위해 기회를 이용하다'(이 자리를 빌려 감사의 말씀을 드립니다) 등의 의미가 있다.

일반적으로 '빌다'는 '祝'(바라다)과 '乞'(거저 얻다)의 뜻으로 쓰이고, '빌리다'는 '借'(빌려 오다)와 '貸'(빌려 주다)의 뜻으로 쓰인다. 따라서 남의 물건을 돌려주기로 하고 쓰는 것은 '빌리다'이지만, 남의 물건을 거저 달라고 사정하는 것은 '빌다'인 것이다.

❸ '탓'과 '덕분'

단어의 사전적 의미는 비슷해도 함축적 의미가 달라서 잘못 쓰이는 경우가 있다. 예를 들어 '많은 사람들이 도와준 탓에 일을 잘 마칠 수 있었다.'라는 문장이 있다. 이때 '탓'은 '주로 부정적인 현상이 생겨난 까닭이나 원인'을 뜻한다. 그러므로 예문과 같이 긍정적인 문맥에 사용하면 잘못된 것이다. '탓'과 사전적 의미가 비슷하면서 긍정적인 문맥에 사용되는 것은 '덕분'이다. '덕분'은 '베풀어준 은혜나 도움'이라는 뜻으로 '제가 잘된 것은 모두 형님 덕분입니다', '그동안 걱정해 준 덕분에 잘 지냈습니다'와 같이 긍정적인 문장에 사용된다.

한편 '때문'은 '어떤 일의 원인이나 까닭'의 뜻으로 '그는 빚 때문에 고생을 했다', '너 때문에 내가 얼마나 힘들었는지 아니?' '내가 기쁜 것은 네가 오기 때문이다'와 같이 긍정적인 문맥이나 부정적인 문맥에서 모두 쓸 수 있다.

❹ '바람'과 '바램'

'나의 바램은 빨리 취직을 하는 것이다'와 같이 '어떤 일이 이루어지기를 기다리는 간절한 마음'을 '바램'으로 쓰는 경우가 있으나, 이 말은 '생각한 대로 이루어지기를 원한다'는 뜻의 '바라다'에서 온 말이므로 '바람'으로 적어야 한다. '바램'은 '바래다'에서 온 말로, '바라다'와 '바래다'는 의미가 서로 다른 말이다. '바래다'는 '(1) 볕이나 습기를 받아 색이 변하다 (2) 볕에 쬐거나 약물을 써서 빛깔을 희게 하다'라는 뜻의 말이다. 그러므로 '바라다'에서 파생된 명사는 '바람'이라고 써야 한다.

❺ 접수하다

졸업이 가까워지면 취업을 하기 위하여 여러 회사에 원서를 제출하게 된다. 그런데 '여러 회사에 입사지원서를 접수하였다'처럼 원서를 제출하는 것을 '접수하다'라고 하는 경우가 많다. 그런데 '접수하다'는 '신청이나 신고 따위를 구두(口頭)나 문서로 받다.'라는 의미이다. 따라서 앞의 문장은 여러 회사에서 원서를 받았다는 의미가 된다. 곧 원서를 내는 측과 받는 측이 뒤바뀌는 결과가 된다. 따라서 앞의 문장은 '여러 회사에 입사지원서를 제출하였다'라고 해야 바른 문장이 된다. 이처럼 '접수하다'는 '제출하다'의 뜻이 아니라 '받다'의 뜻이므로, '접수'의 주체가 누구인가를 확인한 다음 의미상 문제가 없도록 하여 사용해야 한다.

❻ 피로 회복

사람들이 무심코 사용하는 단어 가운데 반대의 뜻으로 잘못 쓰이는 말이 있다. 그중 '피로 회복'이 대표적인 경우이다. 사람들이 피로를 풀기 위해 먹는 약을 '피로 회복제'라고 할 정도로 '피로 회복'이라는 단어가 널리 쓰이고 있다. 그러나 이 단어는 의미를 잘못 사용하고 있다. '회복(回復)'은 '원래의 상태로 돌이키거나 원래의 상태를 되찾음'이라는 뜻이다. 곧 '명예 회복', '경기 회복', '주권 회복', '원기 회복' 등과 같이 쓰인다.

그런데 예를 들어, '건강을 회복하다'라는 문장에서 '건강'이 '회복하다'의 목적어가 되는 것처럼, '회복' 앞에 오는 단어는 '회복'의 목적, 곧 '돌이키고자 하는 원래의 상태'를 뜻하게 된다. 그러므로 '명예 회복', '주권 회복' 등은 '명예로운 상태를 되찾다', '주권이 있는 상태를 되찾다' 등의 뜻으로 쓰이는 것이다.

'피로 회복'이라고 쓰면 '피로한 상태로 되돌린다'라는 뜻이 된다. '피로 회복'이 사용되는 예문들은 피로한 상태를 해소한다는 의미이지 피로한 상태로 되돌린다는 뜻으로 쓰이지는 않는다. 그러므로 정확한 의미를 전달하려면 '피로 해소'나 '원기 회복'과 같은 말로 고쳐 써야 옳다.

▶ 다음 문장에서 부적절한 단어를 찾아 바르게 고치시오.

1. 아들이 아버지와 얼굴이 틀리다.
2. 이곳은 일체 출입을 금합니다.
3. 이 작품은 올해 영화제에서 10개 부분을 석권했다.
4. 그는 여자를 소개받아 요즘 한참 연애 중이다.
5. 그 회사는 어음을 결재하지 못해 부도 처리가 됐다
6. 우리 경제가 아주 결단나게 생겼어.
7. 버스 전용 차선제가 있어서 출근 시간에 늦지 않았다.
8. 평소에 자기 개발을 계속한 사람은 좋은 기회를 잡을 수 있다.
9. 이 회사에서는 많은 여성들을 기용하고 있다.
10. 철수는 마음이 초조하여 안절부절하였다.
11. 이제 부모 속 좀 작작 썩혀라.
12. 그는 아직도 이상을 지양하는 이상주의자이다.
13. 그 남자는 미모가 남달리 빼어났다.
14. 내일 학교에서 잔치를 벌릴 예정입니다.
15. 화약과 나침반은 중국에서 처음 발견하여 유럽으로 전해졌다.
16. 안전 의식을 개혁해야 한다.
17. 해결하기 어려운 난제가 산적해 있다.
18. 참석자의 과반수 이상이 그 안건에 찬성하였다
19. 가계 적자는 당분간 더 심해질 가능성이 많다.
20. 텔레비전이 우리 생활에 미치는 영향은 막강하다.

2) 문장

글쓰기의 가장 작은 단위는 문장이다. 문장은 다시 여러 개의 단어로 나눌 수 있지만 단어만 가지고는 글쓴이의 생각을 담아낼 수 없다. 단어가 모여서 문장이 되어야만 내 생각을 표현할 수 있다. 아무리 좋은 생각을 가지고 있어도 그것을 문장으로 표현하지 못하면 쓸모가 없게 된다. 따라서 글쓰기를 잘하기 위해서는 먼저 문장을 제대로 써야 한다.

어떻게 하면 좋은 문장을 쓸 수 있는가? 좋은 문장은 자신의 생각을 잘 나타낼 수 있어야 하며 또한 그것이 읽는 사람에게 잘 전달되어야 한다. 그러기 위해서는 문법적으로 오류가 없어야 한다.

(1) 부적절한 호응

❶ 주어와 서술어의 호응

주어와 서술어의 부적절한 호응은 학생들의 글에서 빈번하게 발견된다. 주어와 서술어가 호응하지 않는 경우는 크게 두 가지 경우가 있다. 하나는 주어와 서술어 중 어느 하나가 누락된 경우이고, 다른 하나는 주어와 서술어가 의미적으로 연결되지 않는 경우이다.

> ㉠ 이런 사건의 공통점은 평소 평범해 보이는 학생들이 저질렀다.
> ㉡ 내 꿈은 외교관이 되어 세계무대에서 우리나라를 위해 일하려고 한다.
> ㉢ 우리나라는 오래전부터 서로를 도와 가며 정답게 살아왔습니다.

㉠은 서술어가 누락되어 비문이 된 문장이다. 문장 ㉠의 주어는 '공통점은'과 '학생들이'이고, 서술어는 '저질렀다'이다. 이처럼 문장에서 주어와 서술어의 개수가 다를 때 호응이 안 되는 문제가 자주 발생한다. 위 예문처럼 주어는 두 개인데 서술어가 하나밖에 없는 경우에는 이 서술어가 주어 두 개에 모두 호응되어야 한다. 그런데 서술어 '저질렀다'는 '학생들이'와는 호응을 하지만 '공통점은'이라는 주어와는 호응하지 못한다. 그러므로 주어 '공통점은'에 연결된 서술어가 없다. 호응이 되는 문장이 되려면 '저질렀다'를 '저질렀다는 점이다'로 수정해야 한다.

㉡에서는 '내 꿈은'이 주어이고, '일하려고 한다'가 서술어로 서로 연결되지 않는다. 올바른 문장을 만들려면 서술어를 '일하는 것이다'로 수정해야 한다. ㉢에서도 주어는 '우리나라는'이고, '살아왔습니다'가 서술어인데 '우리나라'는 살아온 것의 주어가 될 수 없다. 그러므로 살아온 것의 주어가 될 수 있는 '우리 민족은'으로 수정되어야 한다. 호응하는 성분끼리는 가급적 가까이 있어야 문장의 의미가 정확하다. 하지만 주어와 서술어는 각각 문장의 앞과 뒤에서 실현되는 경우가 많기 때문에 중간에 들어간 다른 성분들에 이끌려 서로 호응이 잘 이루어지지 않는 경우가 빈번하게 발생한다. 이러한 문제를 해결하기 위해서는 문장의 주어와 서술어만을 따로 연결해 보아 그 의미 관계가 제대로 이루어지는지 확인해 보아야 한다.

❷ 목적어와 서술어의 호응

목적어와 서술어의 호응을 살펴볼 때에는 서술어가 목적어를 요구하고 있는 것인지를 판단해야 하며, 여러 개의 목적어가 나타나는 경우 짝이 되는 서술어와의 의미 관계가 명확한지 살펴볼 필요가 있다.

> ㉠ 인간은 한편으로는 자연에 순응하면서, 다른 한편으로는 이용하며 살아왔다.
> ㉡ 올해 안에 계획을 달성할 수 있도록 노력해야 한다.
> ㉢ 강아지가 그 같은 몸짓과 표정을 하는 것을 보면 상태를 알 수 있다.

㉠에서 '이용하다'는 타동사로 목적어를 필요로 한다. 문장 앞부분에 '자연에'가 나오지만 이것은 '순응하다'를 꾸며주는 부사어로 '이용하다'를 꾸미지는 못한다. 따라서 '이용하다'의 목적어 '자연을'을 넣어 주어야 완전한 문장이 된다. ㉡에서는 '계획을'이 목적어이고, '달성하다'가 서술어인데, 계획은 '이행'하는 것이고, 목표는 '달성'하는 것이다. 따라서 '계획을 이행할 수 있도록'이나 '목표를 달성할 수 있도록'으로 고쳐야 한다. ㉢은 '몸짓'과 '표정'이 목적어이고 '하는'이 이에 대응하는 서술어이다. 이처럼 목적어가 두 개이고 서술어가 하나일 때는 목적어 두 개가 모두 서술어와 호응해야 한다. 그런데 '몸짓을 하다'는 호응을 하지만 '표정을 하다'는 호응하지 않는다. 따라서 '표정을'이라는 목적어에 호응되는 서술어 '짓다'를 넣어주어야 올바른 문장이 된다.

❸ 수식어와 피수식어의 호응

국어 문장성분 중에 다른 성분을 수식해 주는 기능을 하는 성분은 관형어와 부사어가 있다. 관형어는 체언을 수식하고, 부사어는 용언을 수식한다. 수식어와 피수식어가 호응되지 않아 비문이 되는 경우는 대체로 수식어와 피수식어가 의미적으로 호응하지 못하는 경우가 많다.

> ㉠ 경기 중에 집중력이 흐트러지면 위험한 기회를 맞을 수 있다.
> ㉡ 나는 결코 이 일을 할 것이다.
> ㉢ 너는 절대로 우리 집에 와야 한다.
> ㉣ 너는 모름지기 오늘 안으로 이 일을 끝낸다.

㉠은 관형어 수식의 예문인데, 이 문장에 '기회'는 '어떤 일을 하는 데 적절한 시기나 경우'라는 의미로, '위험한'이라는 관형어와 의미상 호응하지 않는다. 문맥상 '위기'나 '위험한 순간'으로 고쳐야 한다. ㉡~㉣은 부사어 수식의 예문이다. 국어 문장에서 사용되는 부사어 중에는 특정한 서술어와 결합하는 부사어가 있다. ㉡의 '결코'나 ㉢의 '절대로'는 부정문에서만 사용되기 때문에 서술어로는 '아니다'나 '안 된다' 등이 와야 한다. ㉣의 '모름지기'는 '반드시'의 의미로 서술어로 '–해야 한다'가 와야 한다.

일반적으로 수식어는 바로 뒤에 오는 문장성분을 꾸미는 것으로 인식한다. 따라서 수식어는 수식되는 말 바로 앞에 놓아야 의미를 분명하게 전달할 수 있고 오해의 소지를 없앨 수 있다.

㉠ 실종된 소비자의 권리를 찾아야 한다.
㉡ 아름다운 그녀의 옷
㉢ 철수는 울면서 떠나는 순이를 배웅했다.

㉠에서 '실종된'이 꾸미는 것은 '소비자'가 아니라 '권리'이다. 그런데 수식어와 피수식어 사이에 다른 단어가 들어감에 따라 바로 뒤에 있는 성분인 '소비자'를 꾸미는 것으로 오해될 수 있다. 따라서 '소비자의 실종된 권리'로 위치를 수정해야 바른 문장이 된다. ㉡은 수식어 '아름다운'이 '그녀'를 꾸밀 수도 있고, '그녀의 옷'을 꾸밀 수도 있다. 만일 후자의 경우라면 '그녀의 아름다운 옷'으로 고쳐야 의미가 분명해진다. ㉢은 우는 사람이 철수일 수도 있고, 순이일 수도 있다. 이러한 문장은 쉼표(,)를 넣어 주어 의미를 명확하게 해 주어야 한다. 만일 전자의 의미라면 '철수는 울면서, 떠나는 순이를 배웅했다.'로 수정할 수 있고, 후자의 의미라면 '철수는, 울면서 떠나는 순이를 배웅했다.'로 수정할 수 있다.

(2) 부적절한 시제

시제는 어떤 사건이나 사실이 일어난 시간의 앞뒤를 표시하는 문법 범주로, 과거 · 현재 · 미래가 있으며, 발화시를 기준으로 한 절대 시제와 사건시를 기준으로 한 상대 시제가 있다. 문장의 상황을 볼 때 현재형이 와야 하는 곳에 과거형이 온다거나 그 반대의 경우처럼 문장의 상황과 맞지 않는 시제가 쓰이는 경우가 흔히 발생한다.

㉠ 오늘날에는 이 제품을 쓰지 않은 곳이 거의 없다.
㉡ 과제물을 힘들게 끝내고 나니 새벽 2시가 넘는다.
㉢ 옛날의 영웅들은 어려운 상황을 어떻게 해결할 수 있을지 생각하여 봅시다.

관형사형 어미 '-은'은 과거 시제를 나타내는 어미이고, '-는'은 현재 시제를 나타내는 어미이다. 그런데 ㉠은 현재 일어나는 상황이므로 '-은'이 아니라 '-는'이 쓰여야 시제가 맞다. ㉡에서 완료의 의미를 나타내기 때문에 현재 시제가 아니라 과거 시제인 '넘었다'가 와야 한다. ㉢의 '-ㄹ지'는 '추측에 대한 막연한 의문을 나타내는 연결 어미이다. 그런데 문맥의 내용은 과거 상황이므로 '-ㄹ지'가 아니라 '-었는지'가 맞는 표현이다.

이 밖에도 동일한 사건에 대해 진술할 때에는 시제의 일관성이 지켜져야 하며, 일반적인 진술을 할 때에는 현재 시제를 사용하는 것이 더 자연스럽다.

(3) 부적절한 피동/사동

❶ 부적절한 피동

주체의 행위가 다른 사람이나 사물에 의해 이루어지는 것을 '피동'이라 한다. 피동문에는 '피동사'에 의한 피동문과 '-어지다'에 의한 피동문, 그리고 '되다, 받다, 당하다' 등에 의한 피동문이 있다. 피동 표현은 글쓴이의 뜻이 분명하게 드러나지 않고 자신감이 없어 보이기 때문에 피하는 편이 좋다. 문맥에 따라서 어쩔 수 없이 피동 표현을 써야 하는 경우도 있지만 가능하면 주장이 잘 드러나게 능동 표현을 쓰는 것이 좋다. 학생들의 글에서 불필요한 피동 표현이 많이 발견되는데, 특히 논증적인 글을 쓸 때에는 능동형으로 써야 논지를 강화할 수 있다. 이와 함께 학생들의 글에서는 이중 피동에 관한 오류가 많이 발견된다. 피동 표현만으로도 충분함에도 이중 피동을 쓰는 것은 우리말의 언어 체계와 맞지 않는 것이다.

㉠ 시장 경제 상황을 볼 때 이번 투자는 신중한 판단이 요구된다.
㉡ 한일 간 외교 관계는 새롭게 수립되어야 한다.
㉢ 여러 사람이 노력하고 있으므로 잘 해결될 것으로 보여집니다.
㉣ 아직 민주주의의 기틀이 확립되어진 시기는 아니었다.

㉠은 '판단이 요구된다'라는 피동 표현보다 '신중하게 판단해야 한다'처럼 능동 표현을 쓰는 것이 자연스럽다. ㉡도 '수립되어야 한다'보다 '수립해야 한다'로 수정하는 것이 훨씬 자신감 있는 표현이다. ㉢ · ㉣는 이중 피동의 예문이다. ㉢에서 '보다'의 피동형은 '보이다'인데, 여기에 다시 피동 표현인 '-어지다'를 붙여 '보여지다'라고 표현한 것이다. ㉣도 '확립된'으로만 해도 피동 표현이 충분한데도 여기에 다시 '-어지다'를 붙여 표현한 것이다. 요즘 들어서 이중 피동 표현이 많이 늘어나고 있다. '-어지다'나 '-게 되다'가 붙는 피동 표현이 늘어나다 보니 이미 피동형인데도 부족한 느낌이 들어서 여기에 다시 '-어지다'나 '-게 되다'를 붙여 이중 피동을 만드는 것이다. 이처럼 우리말 표현에 맞지 않는 이중 피동 표현을 사용하는 습관은 고쳐야 한다.

❷ 부적절한 사동

주체가 제3의 대상에게 어떠한 행동을 하게 하는 것을 '사동'이라고 한다. 사동문은 '사동사'에 의한 사동문과 '시키다' 및 '-게 하다'에 의한 사동문이 있다. 학생들의 글에서는 이러한 '-시키다' 사동문의 오류가 많이 발견된다.

㉠ 여기가 학생들을 교육시켰던 곳입니다.
㉡ 실력을 향상시키기 위하여 우리 스스로 노력해야 합니다.
㉢ 외곽에 신도시가 들어서면서 점차 생활권을 확대시켰다.

글에서 발견되는 사동 표현의 오류는 과도한 사동 표현 사용에 관한 것이 대부분이다. 사동의 의미가 없는 문장에서 사동 표현을 사용한다든가 또는 이미 사동의 의미가 서술어로 사용되었는데 다시 접미사 '-시키다'를 결합하여 이중 사동을 만드는 경우를 들 수 있다. ㉠은 사동의 의미가 없는 문장인데도 접미사 '-시키다'를 결합하여 사동문으로 작성된 것이다. ㉡에서는 '향상하다'에 이미 '나아지게 하다'라는 사동의 의미가 있는데도 다시 접미사 '-시키다'를 결합하여 이중 사동문을 만든 경우이고, ㉢도 '확대하다'에 '크게 하다'라는 의미가 있는데도 사동의 뜻을 더하는 접미사를 덧붙여 이중 사동문을 만든 경우이다. 이들 예문은 각각 '향상하기 위하여'와 '확대하였다'로 수정하여야 한다.

(4) 부적절한 조사

학생들의 글에서 조사 사용의 오류가 가장 많은 것은 맞춤법에서 설명한 '로서'와 '로써'의 구별이다. 그 외에도 '은/는'의 사용, '에게'와 '에'의 구별, 인용격 조사 '라고'와 '고'의 구별 등이 자주 나타난다.

> ㉠-1. 아주 옛날 깊은 산골에 마음씨 착한 나무꾼은 살았습니다.
>
> 2. 가을은 오는 소리가 들린다.
>
> 3. 네 주장은 옳았음을 우리는 나중에 깨달았다.
>
> ㉡ 이번 사태의 책임은 정부에게 있다.
>
> ㉢-1. 그중 하나가 나서서 "내가 바로 홍길동이다."고 소리쳤다.
>
> 2. 할아버지는 나만 보면 커서 뭐가 되겠느냐라고 묻곤 하셨다.
>
> ㉣-1. 환경 문제를 대처할 방안을 강구해야 한다.
>
> 2. 진학 문제는 담임 선생님에게 상의하도록 해라.

㉠은 보조사 '은/는'의 쓰임에 대한 예문이다. '은/는'은 주격 조사가 쓰일 수 있는 자리에 와서 주격 조사처럼 쓰이고 있다. 그러나 주격 조사와는 의미상 약간의 차이가 있어서 조사를 잘못 쓰는 경우가 발생한다. '은/는'은 주제 표시 기능을 하는데, 이때 쓰임의 제약이 있다. ㉠-1은 새로운 이야기가 시작될 때의 문장인데, 새로 등장하는 인물인 '나무꾼'에 보조사 '은'이 결합되어 비문이 되었다. 이는 새로 등장하는 인물은 주제의 대상이 될 수 없기 때문이다. 이 경우에는 '은' 대신에 주격 조사 '이'를 사용해야 한다. ㉠-2와 ㉠-3은 각각 보조사 '은'이 내포문의 주어 자리에 쓰여서 비문이 되었다. 보조사 '은/는'은 주제 표시 기능을 하면서 내포문의 주어와는 결합할 수 없기 때문이다. 이 경우도 보조사 '은'은 주격 조사 '이'로 교체해야 한다.

'은/는' 외에도 '에게'와 '에'를 혼동하는 경우도 흔히 발생한다. '에게'는 유정물과 결합하여 사용되고, '에'는 무정물과 결합하여 사용된다. 따라서 ㉡은 '정부에게'를 '정부에'로 고쳐야 한다. ㉢은 인용격 조사를 잘못 쓴 경우이다. 큰따옴표가 사용된 직접 인용의 경우에는 직접 인용을 나타내는 조사 '라고'가 결합하고, 간접 인용에는 '고'가 결합한다. 따라서 위 예문 ㉢-1은 '라고'로 고쳐야 하며, ㉢-2는 '되겠느냐고'로 고쳐야 한다. ㉣은 서술어와 조사의 호응이 안 되는 예문이다. ㉣-1의 '대처하다'는 자동사로 목적어를 필요로 하지 않는다. '대처하다' 앞에는 말하고자 하는 대상을 나타내는 격 조사 '에'가 와야 한다. ㉣-2의 '상의하다'는 상대로 하는 대상임을 나타내는 격 조사 '와/과'가 와야 한다.

(5) 접속 구성의 오류

글을 쓰다 보면 자신이 전달하고자 하는 내용을 충분히 표현하기 위하여 단어를 나열하거나 문장을 접속하는 경우가 흔히 발생한다. 이때 단어나 문장은 반드시 동일한 성격이나 구조를 지녀야 한다.

> ㉠ 세계적으로 물가가 높은 곳으로 뉴욕, 서울, 일본이 손꼽히고 있다.
>
> ㉡ 정부는 복지 증진과 인권을 보장해야 한다.
>
> ㉢ 왕성한 창작 의욕과 작업 영역을 과시하고 있다.
>
> ㉣ 그 문제는 개혁을 위해 감당해야 하며 진행 과정에서 바로잡힐 수 있다.

단어를 나열할 때는 같은 성격을 유지해야 한다. 국가끼리 나열하든가 아니면 도시끼리 나열해야 하는데 ㉠은 이 둘이 섞여서 유기적인 접속이 되지 못한다. '뉴욕, 서울, 도쿄'로 고쳐야 자연스러운 문장이 된다.

단어뿐만 아니라 문장의 경우도 마찬가지이다. 접속하는 두 구성의 앞 성분과 뒤 성분이 서로 대등해야 한다. 만일 앞 성분이 구 구성이면 뒤 성분도 구 구성이어야 하고, 앞 성분이 절 구성이면 뒤 성분도 절 구성이어야 한다. 구성뿐만 아니라 시제나 능동, 피동도 동일한 성분이 결합해야 한다. ㉡에서 '복지 증진'은 구 구성이고, '인권을 보장해야'는 절 구성이다. 둘의 형식이 달라서 접속할 수 없다. 앞부분을 '복지를 증진하고'로 고치든가, 뒷부분을 '인권 보장을 위해 노력해야'로 수정해야 한다.

㉢에서는 '왕성한'이 '창작 의욕'을 수식하고 있는데, '작업 영역'을 수식하는 성분이 없다. 이 문장이 성립하기 위해서는 '왕성한'이 '작업 영역'도 수식하여야 하는데 '왕성한 작업 영역'은 의미상 호응하지 않는다. 따라서 '작업 영역'을 수식하는 성분을 넣어 '넓은 작업 영역'으로 고쳐야 자연스러운 문장이 된다. ㉣의 '감당해야 하며'는 능동 표현이고, '바로잡힐 수 있다'는 피동 표현이어서 오류가 발생하였다. 문맥상 뒷부분을 '바로잡을 수 있다'로 고쳐야 자연스러운 문장이 된다.

▶ 다음 문장을 자연스럽게 고치시오.

1. 공사가 언제 시작되고, 언제 개통될지 모른다.
2. 심리학은 인간의 의식과 행동을 연구한다.
3. 현재의 경기는 점차 회복될 전망입니다.
4. 저 선수의 장점은 주력이 빠르고 시야가 넓은 것이 가장 큰 장점입니다.
5. 운동장에는 새로 입학한 신입생이 가득 찼다.
6. 지붕이 튼튼하고, 비가 새지 않게 고쳐야 한다.
7. 언행은 절대로 일치해야 한다.
8. 회원 각자의 현재의 자기 상황에 최선을 다하는 것은 매우 중요한 일이다.
9. 나의 그녀에 대한 평가와 인식은 옳았다.
10. 판매원은 웃으면서 들어오는 손님을 맞았다.
11. 수익금은 불우한 이웃을 위해 쓰여집니다.
12. 주문이 늘어나서 공장을 쉬지 않고 가동시키고 있다.
13. 인간은 자연을 지배하기도 하고 때로는 순응하기도 한다.
14. 원시시대부터 인간은 발전을 거듭해 온 것은 우리가 인정해야하는 사실이다.
15. 우리는 학생으로써 본분을 다해야 한다.
16. 정부는 이 문제를 일본에게 강력히 항의하였다.
17. 나는 방과 집안, 그리고 부엌 설거지까지도 도맡아서 해야 했다.
18. 건강을 위해 주중에는 헬스를, 주말에는 산에 오른다.
19. 이 타이어는 소음과 제동력을 높이기 위해 특수한 기법으로 개발된 생산품입니다.
20. 대학은 모든 시대와 나라에서 형성된 가장 심오한 진리 탐구와 치밀한 과학적 정신을 배양 형성하는 도장입니다.
21. 바야흐로 버스가 출발하였다.
22. 서류 접수는 15일까지 마감합니다.
23. 다음 보기 중에서 알맞는 것을 고르시오.
24. 가능한 빨리 제출해 주시기 바랍니다.
25. 정부에서는 이번 사건을 어떻게 처리할런지 궁금하다.

3) 단락

(1) 단락의 개념

사람이 자신의 생각을 표현하는 최소의 단위는 문장이다. 문장이 제대로 작성되어야만 어떤 내용을 제대로 표현할 수 있다. 우리는 지금까지 정확한 문장을 쓰기 위해 필요한 여러 내용들을 알아보았다. 먼저 어문 규정에 맞는 표기를 하여야 하고, 어휘를 적확하게 사용하여야 하며, 문장을 바르게 써야 한다. 이러한 것들은 좋은 글을 쓰기 위해 기본적으로 갖추어야 할 것들이다.

한 편의 글은 하나의 문장으로 구성되는 경우는 거의 없고 대부분 여러 개의 문장이 모여서 이루어진다. 그런데 문장들이 단순히 모여 있다고 해서 한 편의 글이 완성되지는 않는다. 좋은 글은 글쓴이의 생각이나 느낌이 잘 드러나 독자에게 효과적으로 전달되는 글이다. 독자에게 전달이 잘되게 하기 위해서는 서로 관련이 있는 내용들을 모아서 하나의 사고 단위로 구분해 주어야 한다. 이처럼 문장들이 모여서 이루어진 하나의 사고 단위를 단락(paragraph)이라고 한다.

그렇다면 단락 구분을 왜 하는 것일까? 그것은 글의 중심 내용을 쉽게 파악하기 위해서이다. 다음 예문을 읽어 보자.

①_단락 구분 전

이 세상의 모든 병원체가 세균이라고 믿었던 19세기 말, 네덜란드 과학자 베이에르닉은 여과되는 병원균의 존재를 발견하였다. 세균은 그 자체의 부피가 커 여과지에 여과되지 않는다. 하지만 여과되는 병원균의 존재를 확인하고 이를 '여과되는 병원균'이라고 보고하였다. 바로 바이러스의 한 종류인 담배모자이크 바이러스를 발견한 것이었다. 바이러스란 생명과학대사전에 따르면 "가장 작은 미생물로 생세포에 기생하여 증식하는 여과성 병원체"라고 정의되어 있다. 바이러스는 가장 작은 미생물이지만 지구상의 모든 생물체에서 발견 되고, 병원체로서 질병을 유발한다는 점에서 매우 무서운 존재로 인식되어 있다. 바이러스의 특징을 이해하고 백신 개발과 치료제를 통해 질병을 물리치기 위한 연구는 계속 되고 있고, 반대로 바이러스를 이용하여 암과 같은 질병을 치료할 수도 있다는 결과가 속속히 나타나고 있다. 우선 바이러스의 특징과 생활사를 통해서 바이러스를 알아보도록 하자. 먼저 바이러스의 특유의 메커니즘을 분석해야 그에 따른 해결책과 실효성이 제시될 수 있을 것이다. 바이러스의 구조를 살펴보면 핵산과 단백질의 결합체라고 말할 수 있다. 핵산은 DNA 또는 RNA 분자이며, 캡시드라고 불리는 바이러스 구조단백질로 핵산을 감싸고 있는 형태이다. 1930년대 현미경의 발달로 바이러스 외부의 지질 막의 존재 여부에 따라 바이러스를 분류할 수 있었다. 하지만 현재는 분자생물학의 발달로 바이러스 유전체가 모두 규명되어 유전체의 종류에 따라 7가지 그룹으로 분류되고 있다. 바이러스의 생활사는 3가지 단계로 구분된다. 우리가 학교에 등교하여 학교 수업을 듣고 집으로 돌아가듯이 바이러스 또한 숙주 내로 진입하여 자신의 유전자를 발현 및 복제하고 다시 세포 밖으로 방출하는 3가지 일련의 단계를 거친다. 진입 단계에서 바이러스는 숙주세포의 수용체와 결합하여 들어간다. 이때 숙주세포와 바이러스 간의 세포 친화성으로 인해 이 바이러스가 숙주세포에 감염을 하는지 안 하는지를 결정한다. 즉 바이러스가 인간에게만 있는 수용체와 결합을 한다면 인간에게만 감염이 되는 바이러스인 것이다. 유전자 발현 및 복제 단계에서는 바이러스의 분류별로 각각 다른 특징을 보이고 있다. DNA 바이러스 대부분 핵 안에서 유전체 복제가 이루어지는 것과는 달리 RNA 바이러스 대부분 세포질에서 게놈 복제가 이루어진다. 세 번째로 방출 단계에서는 복제된 유전체와 발현된 캡시드 단백질이 조립되어 세포 밖으로 나가게 된다.

②_단락 구분 후

이 세상의 모든 병원체가 세균이라고 믿었던 19세기 말, 네덜란드 과학자 베이에르닉은 여과되는 병원균의 존재를 발견하였다. 세균은 그 자체의 부피가 커 여과지에 여과되지 않는다. 하지만 여과되는 병원균의 존재를 확인하고 이를 '여과되는 병원균'이라고 보고하였다. 바로 바이러스의 한 종류인 담배모자이크 바이러스를 발견한 것이었다.

바이러스란 생명과학대사전에 따르면 "가장 작은 미생물로 생세포에 기생하여 증식하는 여과성 병원체"라고 정의되어 있다. 바이러스는 가장 작은 미생물이지만 지구상의 모든 생물체에서 발견 되고, 병원체로서 질병을 유발한다는 점에서 매우 무서운 존재로 인식되어 있다. 바이러스의 특징을 이해하고 백신 개발과 치료제를 통해 질병을 물리치기 위한 연구는 계속 되고 있고, 반대로 바이러스를 이용하여 암과 같은 질병을 치료할 수도 있다는 결과가 속속히 나타나고 있다.

우선 바이러스의 특징과 생활사를 통해서 바이러스를 알아보도록 하자. 먼저 바이러스의 특유의 메커니즘을 분석해야 그에 따른 해결책과 실효성이 제시될 수 있을 것이다. 바이러스의 구조를 살펴보면 핵산과 단백질의 결합체라고 말할 수 있다. 핵산은 DNA 또는 RNA 분자이며, 캡시드라고 불리는 바이러스 구조단백질로 핵산을 감싸고 있는 형태이다. 1930년대 현미경의 발달로 바이러스 외부의 지질 막의 존재 여부에 따라 바이러스를 분류할 수 있었다. 하지만 현재는 분자생물학의 발달로 바이러스 유전체가 모두 규명되어 유전체의 종류에 따라 7가지 그룹으로 분류되고 있다.

바이러스의 생활사는 3가지 단계로 구분된다. 우리가 학교에 등교하여 학교 수업을 듣고 집으로 돌아가듯이 바이러스 또한 숙주 내로 진입하여 자신의 유전자를 발현 및 복제하고 다시 세포 밖으로 방출하는 3가지 일련의 단계를 거친다. 진입 단계에서 바이러스는 숙주세포의 수용체와 결합하여 들어간다. 이때 숙주세포와 바이러스 간의 세포 친화성으로 인해 이 바이러스가 숙주세포에 감염을 하는지 안 하는지를 결정한다. 즉 바이러스가 인간에게만 있는 수용체와 결합을 한다면 인간에게만 감염이 되는 바이러스인 것이다. 유전자 발현 및 복제 단계에서는 바이러스의 분류별로 각각 다른 특징을 보이고 있다. DNA 바이러스 대부분 핵 안에서 유전체 복제가 이루어지는 것과는 달리 RNA 바이러스 대부분 세포질에서 게놈 복제가 이루어진다. 세 번째로 방출 단계에서는 복제된 유전체와 발현된 캡시드 단백질이 조립되어 세포 밖으로 나가게 된다.

위 예문은 학생이 쓴 '바이러스의 두 얼굴'이라는 글이다. 그런데 ①은 단락을 구분하지 않고 문장들이 계속 이어져 있어 답답하고 지루할 뿐만 아니라 읽는 사람이 글의 내용을 파악하는 데도 어려움이 있다. 어떤 문장이 주장을 담은 문장인지, 어떤 문장이 그 주장을 뒷받침하는 문장인지 명확히 판단하기 어려워 글을 읽어내기가 불편하다. 개별 문장 하나하나는 문제가 없더라도 내용 전달이 잘 안 되는 글을 좋은 글이라 할 수는 없을 것이다. 내용적으로 관련 있는 문장끼리 한데 묶어 이해하기 쉽게 수정해야 된다. ②는 이를 수정하여 단락을 구분한 글이다.

단락 구분은 글쓴이나 읽는 사람 모두에게 도움을 준다. 우선 글쓴이의 입장에서 보면, 생각을 정리하거나 글 전체의 논리적 구성을 파악하는 데 도움을 준다. 또한 단계적으로 주장을 전개함으로써 자신이 의도한 바를 더욱 명료하게 드러낼 수 있다. 그리고 읽는 사람의 입장에서 본다면 단락 단위로 글을 읽고 내용을 파악하게 되어 글쓴이의 생각을 보다 쉽고 분명하게 이해할 수 있다. 그러므로 좋은 글을 쓰기 위해서는 단락 단위의 글쓰기를 잘해야 한다.

단락은 형식 단락과 내용 단락으로 나눌 수 있다. 형식 단락은 단락을 시작할 때 한 칸 들여 쓰기를 하고, 문장이 이어지다가 다음 단락을 시작하기 위하여 줄바꾸기를 하는 데까지의 가시적으로 구분되는 단락을 말한다. 이처럼 가시적으로 전후 단락을 구분하는 이유는 글 읽기의 명료성을 높이기 위해서이다. 내용 단락은 하나 또는 둘 이상의 형식 단락을 내용상 유사한 것끼리 묶어서 지칭하는 보다 큰 단위를 말한다.

(2) 단락의 구성

❶ 소주제문과 뒷받침 문장

한 편의 글에는 글쓴이가 말하고자 하는 주제가 있다. 단락도 마찬가지로 글쓴이가 단락 내에서 말하고자 하는 중심 내용이 있다. 이를 '소주제'라 한다. 소주제는 글 전체의 주제에 비하면 좀 더 구체적이고 세부적인 주제이다. 글 전체를 포괄하는 주제는 이러한 소주제들의 단계적이고 유기적인 종합을 통해 최종적으로 도달하게 된다.

> 민담은 등장인물의 성격 발전에 대해서는 거의 중점을 두지 않는다. 동물이든 인간이든 등장인물은 대체로 그들의 외적 행위를 통해서 그 성격이 뚜렷하게 드러난다. 민담에서는 등장인물의 내적인 동기에 대해서는 전혀 관심을 기울이지 않는다. 늑대는 크고 게걸스럽고 교활한 반면 아기 염소들은 작고 순진하며 잘 속는다. 말하자면 이들의 속성은 이미 정해져 있어서 민담의 등장인물은 현명함과 어리석음, 강함과 약함, 부와 가난 등 극단적으로 대조적인 양상을 보여 준다.

단락은 소주제문과 뒷받침 문장으로 이루어진다. 소주제문은 하나의 단락을 통해 글쓴이가 표현하고자 하는 생각을 집약한 완결된 문장을 말한다. 하나의 단락은 하나의 소주제문을 갖춤으로써 그 존재 의의가 부여되는 것이다. 뒷받침 문장은 소주제문을 보충하고 구체화하는 문장이다. 위 예문에서 소주제문은 첫 번째 문장인 "민담은 등장인물의 성격 발전에 대해서는 거의 중점을 두지 않는다."이다. 그리고 그 뒤에 나오는 문장들은 소주제문을 구체적으로 설명하는 뒷받침 문장이 된다.

소주제문은 내용이 너무 광범위해서는 곤란하다. 소주제문은 단락 층위의 주제이기 때문에 그 단락 내에서 구체화할 수 있는 것이어야 한다. 그렇다고 해서 너무 구체적이어도 곤란하다. 너무 구체적인 진술은 그것을 뒷받침하는 문장들이 필요 없게 되어 한 단락을 구성하기 어려울 것이기 때문이다. 또한 소주제문은 단일한 내용을 담은 명료한 문장이어야 한다. 그렇지 않으면 실제로 단락을 쓸 때 초점이 흐려질 수 있으며, 읽는 데 어려움을 겪게 할 수 있다. 하나의 단락에는 하나의 소주제문을 담아야 한다. 만약 복합적인 내용의 소주제문이라면 애초에 두 단락으로 나눌 것을 염두에 두어 그것을 더 세분화해야 한다.

뒷받침 문장은 소주제문을 보충하고 증명하며 구체화하는 문장을 말한다. 소주제문만으로는 하나의 단락을 구성할 수 없다. 그 이유는 소주제문만 있으면 글쓴이가 자신의 주장을 일방적으로 전달하는 것이 되기 때문이다. 따라서 하나의 단락은 하나의 소주제문과 이를 뒷받침하는 여러 개의 뒷받침 문장들이 유기적으로 결합하는 것이다.

❷ 단락의 유형

단락은 소주제문과 여러 개의 뒷받침 문장들로 구성된다. 이때 소주제문을 어느 위치에 두고 뒷받침 문장을 어떻게 배치하느냐를 고려해 봐야 한다. 소주제문을 어느 위치에 두느냐에 따라 단락의 성격과 독자와의 소통 방식이 달라질 것이기 때문이다. 소주제문과 뒷받침 문장의 위치를 어떻게 배열하느냐에 따라 두괄식, 미괄식, 양괄식으로 나누어진다.

두괄식 단락

두괄식의 단락은 소주제문을 맨 앞에 놓고 그 뒤로 뒷받침 문장들을 구성하는 방식이다. 첫머리 부분에 단락의 핵심이 놓이고 그 뒤에 그것을 풀이하거나 합리화하는 뒷받침 요소들이 이어지는 꼴이다.

역설적(逆說的)으로 들릴지 모르지만, 정보 테크놀로지 시대가 될수록 인문 교육이 필수적인 것이 된다. 자동 장치로 가득한 전자 시대는 사람들을 기계 시대의 고역(苦役)에서 해방시켜 주는 대신 사람들을 자아 실현과 사회 발전에 정신적 자원을 총동원하지 않으면 안 되게 한다. 테크놀로지에 의한 해방은 지적모험(知的冒險)과 예술적 탐구의 정열도 없고, 능력도 모자라는 인간에게는 도리어 허무감을 낳고 박탈감과 반항감으로 이어질 수도 있기 때문이다. 정보화 시대가 가져다 준 해방과 자유가 우리를 위협하고 있다.

– 정범모, 「정보 사회와 인간 생활」

위 예문은 정보 테크놀로지 시대의 인문 교육의 필요성을 말하고 있다. 전체 내용을 요약한 소주제문이 맨 앞에 제시되어 있고, 그 뒤로 소주제문을 구체적으로 서술하는 내용이 나타나 있다. 두괄식 구성은 필자가 자신의 생각을 미리 밝힘으로써 글이 엉뚱한 방향으로 전개될 위험이 적다. 또한 두괄식 구성은 글을 읽는 데도 능률적이다. 독자 입장에서 단락의 초점을 쉽게 파악할 수 있고, 필자가 말하고자 하는 바를 알고 뒷받침 문장을 읽게 되므로 글을 읽기가 편하다.

미괄식 단락

미괄식 단락은 두괄식과는 반대 구성으로, 뒷받침 문장들이 앞에 놓이고 소주제문은 맨 끝에 제시된다. 곧 앞부분에서는 소주제를 드러내기 위한 구체적인 서술을 하다가 소주제문을 마지막에 드러내며 필자가 말하고자 하는 바를 강조하는 구성이다. 두괄식은 소주제문이 맨 앞에 놓여 있어서 단락의 요지를 쉽게 파악하는 장점이 있으나 독자의 흥미를 유발하거나 긴장감을 유발할 필요가 있을 때는 사용하기 어려운 점이 있다. 이와는 달리 미괄식 단락은 소주제문을 이끌어 내는 과정에서 구체적인 서술이 이어지다가 마지막으로 소주제를 극적으로 드러내는 효과가 있다.

하늘이 날짐승과 길짐승에게는 발톱과 뿔을 주고 단단한 발굽과 예리한 이빨을 주었으며 여러 가지 독(毒)을 주어서, 각기 하고 싶어 하는 것을 얻게 하고 외부로부터의 습격을 막아낼 수 있게 하였는데, 사람에게는 벌거숭이로 유약(柔弱)하여 제 생명을 보호하지 못할 듯이 하였으니, 어찌하여 하늘은 천하게 하여야 할 금수(禽獸)에게는 후하게 하고, 귀하게 하여야 할 인간에게는 박하게 하였는가. 이는 인간에게는 지혜로운 생각과 교묘한 연구력이 있으므로 기예(技藝)를 익혀서 제 힘으로 살아가도록 한 것이다.

– 정약용, 「기예론」

위 예문은 인간이 기예를 익혀야 할 필요성을 이야기하고 있는데, 이런 내용을 처음부터 말하지 않고 날짐승이나 길짐승은 발톱이나 뿔, 이빨, 독 등 신체적으로 강한 무기를 주었기 때문에 외부의 습격을 막아낼 수 있지만 인간은 그렇지가 못하다는 이야기를 하고, 그렇기 때문에 기예를 익혀서 제힘으로 살아가야 한다는 말을 하고 있다. 독자는 필자가 말한 설명의 본의가 무엇인지 궁금해하다가 끝에 가서야 그 이유를 알게 된다. 이처럼 소주제문을 끝에 둘 경우 독자의 시선을 끝까지 붙잡아 둘 수 있다는 장점이 있다. 하지만 소주제를 마지막에서 설명하고 앞에서는 그것을 이끌어내기 위한 서술을 하기 때문에 자칫하면 중간에서 논의의 초점을 잃을 수도 있어 주의해야 한다.

양괄식 단락

양괄식의 단락은 두괄식 단락과 미괄식 단락이 혼합된 구성으로, 소주제문을 단락의 맨 앞에 놓고 그 다음으로 뒷받침 문장을 서술하다가 마지막에 소주제문을 한 번 더 배치하는 방식이다. 이러한 단락 전개 방식은 뒷받침 문장들이 많아서 독자가 읽으면서 논의의 초점을 잃을 위험이 있을 경우나 필자가 자신의 주장을 다시 강조하거나 정리할 필요가 있을 때 사용하는 방식이다.

> 과학과 종교는 상호 배타적인 것이 아니며 상호 보완적이다. 과학은 현재 있는 그대로의 실재에만 관심을 두고 그 실재가 앞으로 어떠해야 한다는 당위에는 관심을 가지지 않는다. 반면 종교는 현재 있는 그대로의 실재보다는 당위에 관심을 가진다. 이처럼 과학과 종교는 서로 관심의 영역이 다르기 때문에 배타적이라고 볼 수 있다. 그러나 각자 관심을 두지 않는 부분에 대해 상대방으로부터 도움을 받을 수 있기 때문에 상호 보완적이라고 보는 것이 더 합당하다.

위 예문은 과학과 종교가 상호 보완적이라는 것을 설명하고 있다. 필자는 뒷받침 문장을 통해 설명한 내용을 끝 부분에 다시 정리할 필요가 있어 소주제를 다시 한번 제시하고 있다. 그러나 위에서 보듯이 뒤에 오는 소주제문은 앞의 것과 내용은 같으나 그 표현 형식은 달리하고 있다.

▶ 다음 단락의 소주제를 찾아보자.

현대인들은 과학 기술이 제공하는 물질적 풍요와 생활의 편리함의 혜택 속에서 인류의 미래를 낙관적으로 전망하기도 한다. 오늘날 주변을 돌아보면 낙관적인 미래 전망이 얼마나 가벼운 것인지를 깨닫게 해 주는 심각한 현상들을 쉽게 찾아볼 수 있다. 숨 쉬고 마시는 공기와 물은 이미 심각한 수준으로 오염된 경우가 많고, 자원의 고갈, 생태계의 파괴는 더 이상 방치할 수 없는 지경에 이르고 있다. 자연 환경의 파괴뿐만 아니라 다양한 갈등으로 인한 전쟁의 발발 가능성은 도처에서 높아지고 있어서, 핵전쟁이라도 터진다면 인류의 생존은 불가능해질 수도 있다. 이런 위기들이 현대 과학 기술과 밀접한 관계가 있다는 사실을 알게 되는 순간, 과학 기술에 대한 지나친 낙관적 전망이 얼마나 위험한 것인가를 깨닫게 된다.

▶ 다음 글을 내용에 따라 두 단락으로 나누고 각각의 소주제를 찾아보자.

영화는 부자가 빈자를 위해 만든 엔터테인먼트라는 특성을 갖는다. 가난한 자, 사회적 소수를 위한 엔터테인먼트 양식인 영화의 특징은 빠른 속도의 글로벌 유통이다. 1895년 파리에서 뤼미에르 형제에 의해 영화가 처음 상영되고 1년 뒤 아시아에선 처음으로 1896년 7월 봄베이의 윗슨 호텔에서 영화가 선보였다. 한 달 뒤 중국 상하이에서, 그리고 그 다음 해 필리핀의 마닐라와 일본, 조선, 그리고 샴(현재 태국), 말레이시아, 인도차이나, 인도네시아 등으로 빠르게 확산된다. 이렇게 미국과 유럽의 관객만이 아니라 아시아 지역에서도 즐길 대중 예술로 시작한 영화는 할리우드가 뉴 할리우드나 블록버스터 등으로 세계를 제압할 때도 지역적 · 민족적 영화를 만들어 왔다. 내셔널 시네마라고 한다. 20세기 할리우드를 중심으로 한 문화 패권적 세계화에 대한 대응이기도 했던 셈이다. 지역적 성공담으로서의 이러한 내셔널 시네마에 해당하는 것이 일본 · 홍콩 · 중국 · 인도, 그리고 한국과 라틴아메리카의 영화다. 물론 프랑스도 이 중의 하나다.

– 김소영, 「신종 엔터테인먼트」, 『중앙일보』, 2007.5.26.

▶ 다음 단락의 빈칸에 소주제문을 써넣어 보자.

________________________. 분노 감정의 처리에는 '눈에는 눈, 이에는 이'라는 탈리오 법칙이 적용된다. 분노의 감정을 느끼게 되면 상대방에 대해 공격적인 행동을 하고 싶은 공격 충동이 일어난다. 동물의 경우, 분노를 느끼면 이빨을 드러내게 되고 발톱을 세우는 등 공격을 위한 준비 행동을 나타내게 된다. 사람의 경우에도 분노를 느끼면 자율신경계가 활성화되고 눈매가 사나워지며 이를 꽉 깨물고 주먹을 불끈 쥐는 등 공격 행위와 관련된 행동들이 나타나게 된다. 특히 분노 감정이 강하고 상대방이 약할수록 공격 충동은 행동화되는 경향이 있다.

– 권석만, 「인간관계 심리학」

________________________________. 적어도 고구려 건국 지역이나 영토의 대부분은 만주에 있었다. 그리고 그 후계국인 발해가 만주와 반도 북부 및 연해주에 걸친 대제국이었음에도 기록이나 유적의 발굴로써 분명해졌다. 또 고구려의 원 발원지였던 부여의 땅이 송화강 유역이었다는 것도 널리 인정되어 있는 바와 같다. 그리고 고조선의 초기에 대해서는 주장이 엇갈리고 있기는 하지만, 후기에 연과 대항하여 싸울 즈음에는 그 영토가 분명히 만주까지 뻗어 있었다.

화초로 잘 꾸며진 정원 길에서 삶의 재미를 느끼며, 시골 샘터로 가는 들꽃 무리진 길에서 소박(素朴)하나 알뜰하고 따뜻함을 감각한다. 산과 들을 일직선으로 뚫은 고속도로에서 인간의 승리감을 느낀다면, 들로, 산골짜기로 꼬부라지는 철로에서 삶의 끈기를 맛본다. 봄꽃 필 무렵, 산을 넘는 길은 마치 미소와도 같이 밝다. 이처럼 길들이 삶의 긍정적 밝은 면을 채색한 화폭일 수도 있지만, 거기에는 또 고통과 슬픔이란 삶의 그늘이 져 있다. 한여름 뙤약볕에 소를 몰고 읍내로 가는 길은 너무나도 멀고, 일손을 마치고 무거운 지게를 지고 집으로 돌아오는 농부에게는 그가 가야 하는 험한 산골짜기 저녁 길은 너무나도 고달픈 언덕길이다. 고향을 떠나 서울로 일을 찾아가는 젊은이들에게는 그가 밟고 가야 할 신작로가 너무도 거칠고 불안하다.

________________________________.

– 박이문, 「길」

(3) 단락의 요건

단락은 여러 개의 문장들이 모여 하나의 통일된 생각을 나타내는 글의 중간 단위이다. 단순히 여러 문장이 모였다고 해서 단락이 이루어지지는 않는다. 앞에서 설명한 바와 같이 단락은 소주제문과 뒷받침 문장들로 구성이 되는데 이들 사이에 관계를 고려하여 단락을 구성해야 한다. 그러기 위해서 갖추어야 할 요건으로는 통일성, 긴밀성, 완결성을 들 수 있다.

❶ 통일성

하나의 단락은 하나의 내용으로 구성되어야 한다. 하나의 단락에 둘 이상의 내용이 들어간다면 단락을 나누는 의미가 없어진다. 곧 하나의 단락에는 하나의 소주제가 있어야 하고, 소주제문을 뒷받침하는 모든 문장들은 하나의 소주제에 수렴되어야 한다. 소주제문이 명확한 내용을 담고 있고, 뒷받침 문장들 역시 소주제와 부합하는 내용을 담고 있어야 한다. 소주제와 관련이 없는 불필요한 내용이 끼어 있으면 통일성을 해치게 된다. 단락의 통일성에 유념하여 다음 단락의 문제점을 알아보자.

> 우리나라는 전통적으로 농경 생활을 해 왔다. 이런 이유로 우리나라에서 소는 경작을 위한 중요한 필수품이지 식용동물로 생각할 수가 없었으며, 단백질 섭취 수단으로 동네에 돌아다니는 개가 선택되었다. 프랑스 등 유럽의 여러 나라에서도 우리처럼 농경 생활을 했음에 틀림없지만 그들은 오랜 기간 수렵을 했기 때문에 개가 우리의 소처럼 중요한 동물이 되었고 당연히 수렵한 결과인 소 등을 통해 단백질을 섭취했다. 일반적으로 개고기를 먹는 데 혐오감을 나타내는 민족들은 서유럽의 나라이다. 그들은 쇠고기와 돼지고기를 즐겨먹는다. 그러나 식생활 문화를 달리하는 힌두교도들은 쇠고기를 먹는 서유럽 사람들에게 혐오감을 느낄 것이다. 또 이슬람교도나 유대교도들도 서유럽에서 돼지고기를 먹는 식생활에 대해 거부감을 느낄 것이다.

위 단락은 내용상 두 부분으로 구성되어 있다. 네 번째 문장 앞부분에서는 '우리나라와 유럽에서 단백질 섭취의 대상으로 여기는 개와 소'가 각각 소개되고 있고, 그 뒷부분에서는 '서유럽과 힌두교도들, 또 이슬람교도나 유대교도들이 혐오의 대상으로 여기는 식용동물'에 대하여 말하고 있다. 따라서 이 단락은 상호 관련성은 있지만 두 개의 다른 소주제가 섞여 있다고 볼 수 있다. 이러한 단락은 두 개로 나누어 주어야 한다. 이 외에도 소주제문과 관련이 없는 뒷받침문장이 포함되어 단락의 통일성에 위배되는 경우도 있다. 다음 단락을 읽어 보자.

현대인은 광고의 홍수 속에서 살아간다. 텔레비전은 계속해서 상품 광고를 내보내고, 현관이나 대문 앞에는 광고 전단지가 수북이 쌓여 있다. 그런가 하면 전봇대에까지 무엇인가를 선전하는 종이가 빼곡하게 붙어 있고, 건물 외벽의 절반 이상이 광고판이나 광고 문구로 뒤덮여 있다. 이들 광고들은 제품에 대한 정보를 제공하기도 하지만, 때로는 불필요한 소비 욕구를 자극하기도 한다. 현대인 치고 광고에 혹해서 제품을 사 보지 않은 사람은 아마 드물 것이다. 광고의 시대, 예술성 높은 광고를 감상하는 방법을 학습할 필요가 있다. 따라서 광고의 본질을 명확히 아는 자세가 필요하다.

위 단락은 광고의 폐해와 본질 인식의 필요성을 주장한 글이다. 글의 구성이 광고가 넘쳐나는 실태와 광고가 넘쳐나는 현실이 가져온 문제점을 이야기하고, 마지막으로 해결 방안으로 광고의 본질을 명확히 아는 자세가 필요한 점을 말하고 있다. 전체적으로 주제와 관련한 문장들로 전개되고 있으나 "광고의 시대, 예술성 높은 광고를 감상하는 방법을 학습할 필요가 있다."라는 문장은 광고 감상의 방법에 대한 학습의 필요성을 제시한 내용이어서 통일성을 저해하는 문장이다.

단락의 통일성을 갖추기 위해서는 우선 소주제가 선명해야 한다. 소주제가 선명하지 않으면 그것을 뒷받침하는 문장들 역시 모호한 관계를 맺을 수밖에 없다. 또한 뒷받침 문장들도 분명한 내용을 담고 있어야 함은 물론이고, 소주제와 직접 관련이 없는 내용은 배제해야 한다. 한 단락에 포함된 모든 문장은 소주제문과 반드시 관련성을 지녀야 한다.

❷ 긴밀성

단락은 하나의 소주제를 중심으로 전개된다. 이때 단락을 구성하는 여러 문장들은 아무 연관성 없이 아무렇게나 접속되는 것이 아니다. 소주제와 이를 뒷받침하는 문장들이 일정한 질서에 따라 논리적이고 유기적으로 결합되는 것이다. 곧 문장들을 일정한 순서로 배열하여 서로 유기적으로 긴밀하게 연관되도록 해야 한다. 단락의 긴밀성에 유념하면서 다음 단락의 문제점을 알아보자.

밤에도 빛을 이용해 보겠다는 욕구가 관솔불, 등잔불, 전등을 만들어 냈다. 인간은 오랜 세월 태양의 움직임에 따라 신체 조건을 맞추어 왔다. 그 덕분에 인류의 문명은 발달할 수 있었다. 밤에 이루어지는 인간의 활동이 점점 많아졌다. 사람들은 잠을 빼앗겼고, 생물들은 생체 리듬을 잃었다.

위 단락은 긴밀성이 갖추어지지 않아서 쉽게 이해되지 않는 글이다. 이 단락은 인간의 신체 조건과 태양의 관계를 말하는 글로, 중심 문장은 두 번째 문장인 "인간은 오랜 세월 태양의 움직임에 따라 신체 조건을 맞추어 왔다."로 볼 수 있다. 그런데 앞뒤 문장의 배열 순서가 맞지 않아 이해가 잘 되지 않는다. 또한 적절한 접속어를 사용하지 않아 문장 간 연결이 잘 되지 않는다. 태양의 움직임이 있는 '낮'에 비해 '밤'에도 인간이 활동할 수 있는 시간을 확대하기 위해 빛을 이용하게 된다는 전개가 가능하게 하기 위해서는 접속어 '그러나'를 사용하여 '밤에 이루어지는 인간의 활동'이 이어져야 하고, 그 결과로 '문명의 발달'이라는 긍정적 효과가 발생했지만, '그 대신'에 '생체 리듬 상실'이라는 부정적 결과도 생겼다는 논지로 이어가면 적절한 논리적 배열이 된다. 위 단락을 긴밀성을 갖추도록 수정하면 다음과 같다.

인간은 오랜 세월 태양의 움직임에 따라 신체 조건을 맞추어 왔다. 그러나 밤에도 빛을 이용해 보겠다는 욕구가 관솔불, 등잔불, 전등을 만들어 냈다. 이에 따라 밤에 이루어지는 인간의 활동이 점점 많아졌다. 그 덕분에 인류의 문명은 발전할 수 있었다. 그 대신 사람들은 잠을 빼앗겼고, 생물들은 생체 리듬을 잃었다.

단락의 긴밀성을 유지하기 위해서는 문장을 논리적으로 배열해야 한다. 논리적 순서가 맞지 않으면 다른 어떠한 도구를 사용하여도 긴밀성을 유지하기 어렵다. 또한 글의 내용을 빠르고 쉽게 이해할 수 있도록 적절한 접속어를 사용하거나 앞 문장에서 사용한 어구를 반복하여 문장 사이를 이어 주는 것도 긴밀성을 높이는 효과적인 방법이다.

❸ 완결성

단락의 완결성은 소주제문을 뒷받침하는 문장들이 충분히 제시되어 있어야 한다는 말이다. 소주제문의 내용이 충분히 전개되어 있지 않거나 단순히 중언부언 반복되어 있을 때, 그 단락은 완결성이 결여된 것이다. 완결성이 결여된 단락은 뒷받침 문장이 소주제를 뒷받침하고 있기는 하나 내용을 충분히 설명하고 있지 못하는 경우이다. 이럴 때 독자들은 그 단락이 완결되지 못했다는 느낌을 갖게 되고 전후 맥락상으로도 해당 단락이 제 역할을 충실히 수행하지 못하게 될 가능성이 높다. 단락의 완결성에 유념하여 다음 단락의 문제점을 알아보자.

최근 빌 게이츠가 한 인터뷰에서 로봇세 도입을 주장하면서 로봇세 도입에 대한 사회적 관심이 쏠리고 있다. 세계 각국에서 로봇세 도입에 대한 다양한 찬반 의견이 쏟아져 나오고 있다. 로봇세 도입을 찬성하는 쪽에서는 로봇세가 로봇으로 인해 일자리를 잃은 사람들을 재교육하거나 지원하기 위한 기금으로 사용되어 사회적 안전망을 구축할 수 있다고 주장한다. 또한 이를 통해 사회적 불평등을 완화할 수 있을 것으로 기대하고 있다. 이처럼 로봇의 경제적, 사회적 참여 확대로 발생하는 실익은 그만큼 다양한 관점에서 점검해야 할 사안이다.

위 단락은 로봇세 도입에 대한 찬반 입장을 밝히는 글이다. 이러한 단락은 찬성의 입장과 반대의 입장이 충분히 제시되어야만 완결된 내용을 갖춘 단락으로 평가될 것이다. 그런데 이 제시문에는 로봇세 도입을 찬성하는 입장만 나타나 있고, 반대하는 쪽의 견해는 전혀 드러나 있지 않다. 그 결과 독자들은 그 근거가 충분히 제시되어 있지 못하다는 느낌을 갖게 된다. 완결성을 지니려면 두 가지 입장을 충분히 소개해야 한다. 곧 로봇세 도입을 반대하는 내용이 보충되어야 한다. 이처럼 한 단락에서 소주제문을 제대로 뒷받침하지 못한다면 좋은 평가를 받기 어렵다.

이처럼 단락이 완결성을 갖추기 위해서는 소주제문과 뒷받침 문장들이 서로 내용 범주상 일치하거나 균형을 이루어야 한다. 소주제문은 뒷받침 문장의 내용을 충분히 집약하여 하나로 모을 수 있어야 하고, 뒷받침 문장들은 소주제문의 내용을 모자라거나 지나치지 않은 범주에서 기술되어야 한다.

▶ 다음 단락들은 단락의 요건상 어떠한 문제점이 있는지 찾아보자.

주남 저수지의 백조들은 우아한 기품을 자랑하고 있다. 올 겨울 주남 저수지에는 약 1만여 마리의 백조가 유유히 헤엄치며 무리를 이루고 있다. 보통 때엔 목을 S자로 굽히지만, 경계할 만한 대상이 나타나면 목을 곧게 세우고 한 곳으로 모여든다. 주남 저수지에는 왜가리와 큰 기러기가 상당히 있으며, 희귀종으로 알려진 재두루미도 12마리나 날아와 학계의 비상한 관심을 끌었다. 백조가 한 쪽 다리로 서서 머리를 등과 깃털 사이에 넣고 잠을 자기도 하고, 긴 목을 물 속 깊숙이 넣고 수초의 뿌리를 먹는 모습이 재미있다. 날개를 무겁게 퍼덕거리며 발로 차듯 뛰어가며 날아오르는 모습은 환상적으로 보이기도 한다.

민요는 가락과 가사의 차이는 물론 후렴의 차이까지 있다. 정선 아리랑이 느리고 구성진 데 비해, 밀양 아리랑은 흥겹고 힘차며, 진도 아리랑은 서글프면서도 해학적인 멋이 있다. 서울 아리랑은 이들의 공통점이 응집되어 구성지거나 서글프지 않다. 흥겹지도 않은 중간적인 은근한 느낌을 주는 것이 특징이다. 서울 아리랑은 그 형성 시기도 지방의 어느 것보다도 늦게 이루어진 것으로 짐작된다.

아이들이 문학, 미술, 음악 등 예술 분야에 직접 참여하거나 감상하는 것은 그들의 정서 계발에 많은 도움을 준다. 문학작품을 읽음으로써 아이들은 간접 체험을 얻을 수 있을 뿐만 아니라 감정이 풍부해질 수 있고, 문학 작품을 창작함으로써 아이들은 표현력을 기를 수 있다. 아름다운 음악을 아이들에게 들려주면 아이들은 차분한 마음을 가질 수 있고 악기를 직접 연주함으로써 아이들의 잠재된 표현 욕구를 충족시켜 줄 수 있다. 어린 시절의 예술적 체험은 아이들에게 정서적으로 많은 영향을 줄 수 있다.

Ⅳ. 글쓰기의 과정

개 요

㉠ 준비부터 퇴고까지 글쓰기의 과정을 이해한다.

㉡ 개요에 맞게 글을 쓰는 방법을 익힌다.

㉢ 타인의 글을 제대로 인용하는 방법을 익힌다.

1. 글쓰기 과정에 대한 이해 : 시작부터 마무리까지

친구에게 문자메시지를 보내거나 이메일을 작성하는 등 우리 생활에서 글쓰기는 일상화되어 있다. 그럼에도 불구하고 '글'을 쓰는 일이 어렵다고 느끼는 학생들이 많다. 막상 보고서를 작성하려면 어떻게 써야 할지 막막해한다. 그러나 단계별로 차근차근 준비한다면 글 쓰는 일은 결코 어렵지 않다.

먼저 글을 쓰기 전에는 준비를 해야 한다. 학생들은 글을 쓰기 위한 준비 단계를 대수롭지 않게 생각하는 경향이 있지만, 좋은 글을 쓰기 위해서는 준비 과정이 매우 중요하다. 글을 잘 쓰는 사람들은 실제로 글을 쓰는 데보다 준비하는 데 더 많은 시간을 들인다.

그렇다면 글을 쓰기 위해서는 무엇을 준비해야 할까? 우선 무엇을 쓸 것인가 생각해야 한다. 다시 말해서 주제를 정해야 한다. 주제를 정하기 위해서, 혹은 주제를 구체화하기 위해서 필요한 과정이 '브레인스토밍'이다. '브레인스토밍'은 주제와 관련된 내용을 자유롭게 생각해 보면서 무엇을 써야 할지 정하는 과정이다. 브레인스토밍을 통해서 무엇을 써야 할지 막연하게나마 정했다면 다음으로 이와 관련된 자료를 조사해보아야 한다.

그 다음에는 글 전체를 어떻게 구성할지 설계도를 작성한다. 글 전체의 설계도를 '개요'라고 한다. 개요를 작성할 때는 대상 독자와 글의 목적을 염두에 두면서 글의 주제에서 벗어나지 않도록 해야 한다. 또한 글의 논리적 흐름도 고려해야 한다.

이렇게 준비를 마쳤다면 본격적인 글쓰기에 들어간다. 서두를 어떻게 시작해야 할지, 마무리는 어떻게 해야 할지는 글을 쓰는 목적과 대상 독자에 따라 달라진다. 문장과 문장의 연결, 그리고 단락 구성 등에 유의하면서 글을 쓴다. 또 다른 사람의 글을 인용했을 때는 주석을 통해 출처를 밝힌다.

마지막으로 글을 다 쓴 다음에는 자신이 쓴 글을 읽어보면서 다듬어야 한다. 글의 주제는 명확하게 드러났는지, 논지 전개의 문제는 없는지, 문장이 어색한 부분은 없는지, 글의 주제는 명확하게 드러났는지 등을 살펴보면서 부족한 부분이 있으면 글을 수정한다.

이처럼 글 쓰는 과정은 준비–집필–퇴고의 순서로 이루어져 있으며, 준비 단계는 주제 정하기와 구성하기로 나뉜다.

그런데 실제로 글을 쓰는 과정은 순서대로 진행되지 않고 집필 과정에서 다시 준비 과정으로 거슬러 올라가기도 한다. 준비 과정 안에서도 '브레인스토밍'과 자료조사를 통해 주제를 정하는 과정은 여러 번 반복될 수 있다. 주제를 막연하게 생각하고 이에 대한 자료를 조사했는데, 글을 쓰기가 마땅치 않다면 다시 주제를 정해야 한다. 그러므로 브레인스토밍과 자료조사 및 주제 정하기 과정은 글의 주제를 확정하기까지 반복된다.

또 주제를 완전히 정하고 자료조사를 마친 후에 개요를 작성해야만 하는 것도 아니다. 경우에 따라서는 개요를 작성하면서 주제를 수정하기도 하고 자료조사를 통해서 개요를 완성해야 하는 경우도 있다. 그리고 글을 쓸 때는 작성한 개요에 따라야 하지만, 글을 쓰다 보면 개요의 문제점이 발견되기도 한다. 이때는 글 쓰는 것을 잠시 중단하고 개요를 수정한다. 글을 쓰는 과정에서 추가로 자료조사를 해야 하는 경우도 발생한다.

이렇게 보자면, 글을 쓰는 과정과 순서를 엄격하게 지킬 필요는 없다. 실제 글을 쓸 때에는 여러 과정을 거슬러 반복하는 경우도 있을 수 있으므로 써야 하는 글의 종류와 목적 등에 맞게 유연하게 글을 작성하도록 한다.

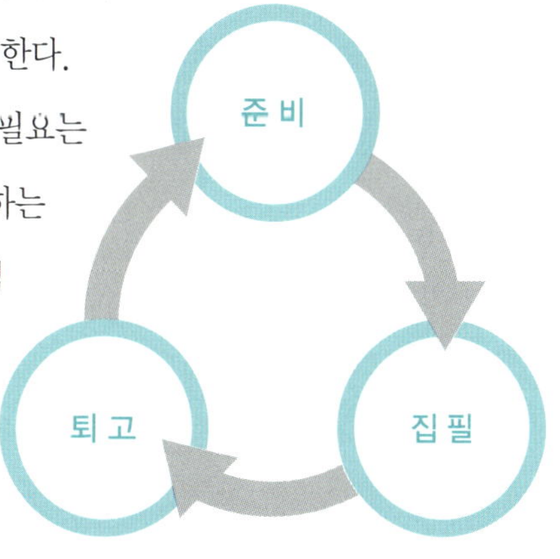

2. 준비하기

1) 주제 정하기

글을 쓰기 위해서 가장 먼저 해야 할 일은 '무엇을 쓸 것인가'를 정하는 일이다. '무엇'에 해당하는 것은 글감이나 글의 소재 정도에서부터 '글을 통해서 전달하고자 하는 것'까지 포함한다. 그런데 글감은 글을 쓰려는 순간 정해져 있다. 예를 들어 '4차 산업혁명'에 대해서 글을 쓴다고 가정해 보자. 이 경우 '4차 산업혁명'이 글감이 된다. 글을 잘 쓰고자 할 때 문제가 되는 것은 '4차 산업혁명'에 대해서 어떤 내용을 쓸 것인가이다. 글의 중심내용이 바로 글의 '주제'에 해당한다.

주제도 경우에 따라서는 미리 정해지기도 한다. 학교 수업에서 특정 주제에 대한 글이 과제로 부여되는 경우나 공모전 등에서 주제가 정해지는 경우가 그러하다. 그렇지 않은 경우에는 주제를 정하는 일부터 시작해야 한다. 주제는 좋은 글을 쓰기 위한 첫 단계이자 가장 중요한 단계라고 할 수 있다.

그렇다면 어떤 주제가 좋은 주제일까? 먼저 자신의 관심 분야와 관련이 있는 것이 좋다. 어쩔 수 없이 관심이 없는 주제를 가지고 글을 써야 하는 상황도 있겠지만, 자신이 주제를 정할 수 있는 상황이라면 가급적 자신에게 흥미로운 주제를 정하는 것이 좋다. 그래야 즐겁게 글을 쓸 수 있을 것이다.

또한 자신이 감당할 수 있는 주제이어야 한다. 학생들은 주제를 거창하게 잡는 경향이 있다. 그러나 글을 쓰는 사람의 수준과 능력에 맞게 주제를 정해야 좋은 글이 될 수 있다. 예를 들어 "한국영화의 미래"를 주제로 하여 글을 쓴다고 생각해 보자. 그럴 듯한 주제이지만, 영화전문가가 아닌 학생이 이런 주제로 글을 쓰기는 버거울 것이다. 자신이 감당할 수 없는 경우에 다른 사람이 한 말을 그럴 듯하게 짜깁기하게 되므로 자신이 쓸 수 있는 수준에서 주제를 정해야 한다.

다음으로 주제는 논의할 만한 가치가 있어야 한다. 가치에 대한 판단은 주관적이지만, 대부분의 사람들이 동의할 수 있는 보편적 가치는 존재한다. 보통 사람들은 시의성 있는 것, 창의적인 것, 인류의 행복에 보탬이 되는 것 등을 가치 있는 주제로 여긴다. 시의성 있는 주제는 그 당시 사람들의 관심사가 반영된 것이다. 즉, 그때그때 사람들이 중요하다고 생각하는 것을 담고 있는 주제가 좋은 주제이다. 예를 들어 2018년 현재 '가상화폐(암호화폐)에 대한 규제'나 '인공지능 로봇으로 인한 기본소득의 필요성' 등은 사회적인 관심을 끌고 있는 좋은 주제이다.

시의성이 있는 주제라 해도 남들이 흔히 생각하는 진부한 생각을 담고 있다면 좋은 주제가 될 수 없다. 상황을 예리하게 짚어 다른 사람들이 미처 생각하지 못한 것을 다루어야 좋은 주제가 될 수 있다. 이밖에 타인의 행복을 침해하는 등 부도덕한 내용을 주제로 다룬다면 좋은 주제라 할 수 없다. 우리가 추구하는 인류 공통의 가치관을 저해하지 않아야 좋은 주제가 될 수 있다.

마지막으로 글을 쓰는 목적에 부합해야 한다. 예를 들어 논증하는 글이라면 입증할 수 있는 주제를 다루어야 할 것이다. 또한 새로운 정보를 담고 있는 글을 쓰고자 한다면 주제가 사람들이 원하는 '정보'를 담고 있어야 할 것이다.

그러면 주제를 정하기 위해서는 어떻게 해야 할지 단계별로 차근차근 살펴보자.

(1) 구상하기 : 자유롭게 생각하라

글을 써보려고 하지만 어떻게 해야 할지 막막하다면 우선 종이를 펼치고 주제와 관련하여 떠오르는 대로 적어보자. 이 과정이 이른바 '브레인스토밍'이다. 단어도 좋고 어구나 문장도 좋다. 무엇이든 관련된 것을 적어보는 것이다.

주제와 관련하여 여러 단어가 떠올랐다면 단어를 중심으로 자신의 생각을 계속 확장해 보자. 예를 들어 '영화'에 대한 글을 써야 한다고 가정해 보자. 영화와 관련하여 가장 먼저 떠오르는 단어는 사람마다 다를 수 있다. 어떤 사람은 '영화관', 또 다른 사람은 특정한 영화작품을 떠올릴 수도 있다. 영화관을 떠올렸다면 관람방식과 관련된 또 다른 단어들을 떠올릴 수도 있다. 영화관이 아닌 TV나 모바일기기를 떠올릴 수도 있다. 이처럼 관련된 단어들을 거듭 적으면서 영화에 대한 자신의 생각들을 꺼내볼 수 있다. 이런 식으로 생각의 꼬리를 계속 따라가다 보면 자신이 원하는 것이 무엇인지 찾을 수 있다.

만약 아무런 생각도 떠오르지 않는다면 인터넷 포털사이트를 이용해 보는 것도 좋다. 이런 저런 단어를 검색하는 과정에서 좋은 아이디어를 찾도록 한다. 그리고 검색을 통해 찾은 단어를 적은 뒤에는 적어 놓은 단어나 어구를 비슷한 것끼리 분류해 보고, 이 중에서 하나를 선택하여 다시 관련된 단어나 어구 등을 적어 본다. 이러한 과정을 반복하다 보면 처음보다 주제를 좁힐 수 있다. '영화'를 글감으로 하여 글을 쓸 경우를 다시 예로 들어 보자. 먼저 영화에 대해서 떠오르는 단어를 적어 보면 여러 가지 단어를 적을 수 있다.

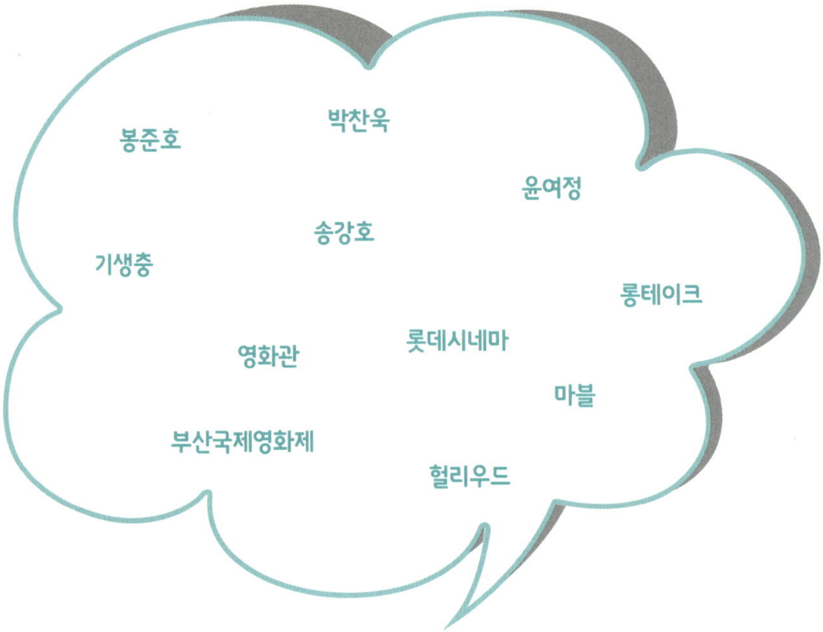

위의 단어들 중에는 영화를 만드는 감독이나 영화에 출연하는 배우도 있고, 영화를 상영하는 영화관이 있으며 영화제작사와 영화도시, 영화제목 등이 있다. 이렇게 비슷한 것끼리 묶어서 정리해 보면 다음과 같다.

- 영화 생산 시스템 : 도시, 제작사
- 영화 제작 : 감독, 배우, 촬영기술
- 영화 : 영화제목
- 영화 감상 : 영화상영관, 영화제

분류는 기준에 따라 얼마든지 달라질 수 있다. 생산과 수용을 기준으로 분류한다면 다음과 같이 분류할 수도 있을 것이다.

- 영화생산 : 영화도시, 제작사, 감독, 배우, 기술, 영화
- 영화수용 : 상영관, 영화제

이렇게 분류한 다음에는 다시 그중에 하나를 선택하고 브레인스토밍을 통해서 글쓰기에 적합한 주제를 찾아본다. 물론 분류를 거치지 않고 적어 놓은 단어 중에서 하나를 선택할 수도 있다. 그러나 비슷한 단어를 분류함으로써 글감에 대해 더 깊이 있는 생각을 할 수 있다. 예를 들어 영화에 대한 단어를 무질서하게 적었을 때는 미처 생각하지 못했던 영화의 생산과 수용이라는 시스템을 생각해 볼 수 있다. 또 이 중에서 영화생산에서 중요한 역할을 하는 영화감독을 선택한다면, 영화감독을 영화의 생산시스템 속에서 파악할 수 있다.

영화감독을 선택했다면 그와 관련된 브레인스토밍을 다시 한 번 반복한다.

#한국예술종합학교 #봉준호 #김기덕 #박찬욱

특정한 영화감독이나 영화감독을 배출하는 교육기관 등을 적어 보았다. 이 중에서 특정 감독을 선택하여 그의 작품세계를 중점적으로 다루는 글을 쓸 수도 있고, 영화교육기관을 선택하여 주요 영화감독의 출신학교를 중심으로 글을 쓸 수도 있으며, 특정한 영화교육기관에 대한 글을 쓸 수도 있다. 물론 이대로 주제를 확정할 수는 없지만, 브레인스토밍을 통해서 '영화'라는 막연한 글감을 구체화하여 주제로 나아갈 수 있다. 이처럼 브레인스토밍은 막연한 글감에 대한 생각을 확장하고 구체화하는 과정에서 이용한다.

▶ **다음의 글감을 가지고 글을 쓰려고 한다. 브레인스토밍을 통해서 주제를 구체화 해보자.**

#4차 산업혁명 #환경 #평등 #우주

❶ 떠오르는 단어를 모두 적어보자.(10개 이상)

[ ]

❷ 적어 놓은 단어를 비슷한 것끼리 묶어 보자.

[ ]

❸ 분류해 놓은 것 중에서 한 단어를 선택한 뒤 다시 브레인스토밍을 해보자.

[ ]

(2) 자료검색 : 관련 자료를 찾아라

브레인스토밍을 통해서 주제를 어느 정도 구체화했다면, 자료조사를 통해서 주제에 대해서 공부해 보도록 한다. 간단한 에세이라면 이 과정을 생략할 수도 있다. 그러나 정보를 전달하거나 다른 사람을 설득하는 글이라면 무엇보다 중요한 과정이다.

가장 손쉬운 자료검색 방법은 인터넷을 이용하는 것이다. 학생들이 가장 많이 이용하는 것은 포털사이트의 검색을 통해서 찾은 각종 블로그나 카페에서 제공되는 자료인데, 전문가가 작성하지 않은 자료는 그대로 수용해서는 안 되며 참고자료로만 활용해야 한다. 또한 그대로 남의 글을 복사하여 사용하는 것은 표절이라는 점을 명심하자.

좀 더 신뢰할 만한 자료를 얻고 싶다면 학교 도서관 홈페이지에 접속하여 학술논문을 제공하는 사이트를 이용하도록 하자. 도서관 홈페이지를 통해서 접근할 수 있는 각종 학술논문들에서 전문적인 정보를 얻을 수 있다.

학술논문을 이용하기 위해서는 도서관 홈페이지 제일 아래쪽 배너에 있는 'RISS'를 클릭하거나, 상단의 '전자자료'를 클릭하면 해당 사이트로 이동할 수 있다.

'RISS'에서는 학위논문과 학술논문을 한번에 검색할 수 있다. 그만큼 간편하지만, 학술적인 논문뿐만 아니라 잡지 등의 기사까지도 검색되므로 주의를 필요로 한다. 그렇지만 논문의 주제를 정하는 단계에서는 관심 있는 분야에 대한 구체적인 정보를 얻는 통로로 활용할 수 있다. 학교 도서관 홈페이지는 학내에서는 무료로 이용할 수 있으나 학교 밖의 장소에서 이용하려면 반드시 학교 도서관 홈페이지에 로그인하여야만 한다.

'RISS'가 아닌 다른 방법으로도 검색할 수 있다. 도서관 홈페이지의 상단에 있는 '전자자료'의 '국내 WEB DB/전자저널'을 클릭하면 전문자료를 이용하는 여러 사이트 목록이 나온다.

검색할 때는 구체적이고 분명한 것을 입력하는 것이 좋다. 예를 들어 신문에 대해서 찾아보겠다고 '신문'이라는 검색어를 조회한다면 엄청나게 많은 자료가 검색될 것이다. 신문 중에서도 관심이 있는 분야가 신문의 역사인지, 언론의 통제에 관한 것인지, 신문의 편집에 대한 것인지 등을 생각해서 구체적인 검색어를 입력하도록 한다. 예컨대 '신문'보다는 '신문의 역사'가 구체적이다. 그러나 이 정도로도 너무 막연하므로 구체적인 시기나 언론사 등을 검색하여 점차 자신이 원하는 정보로 접근해 가는 것이 좋다.

검색을 통하여 원하는 논문을 찾았다면 '원문보기'를 실행하여 본다. 그러나 정보검색 단계에서 자료를 일일이 검토하는 것은 시간이 많이 걸려 비효율적이다. 이 단계에서는 논문의 초록(요약문)

과 목차 정도만 읽어 간단히 내용을 훑어보는 것이 좋다. 그 다음 활용할 것이 참고문헌 목록이다. 학술적인 논문이라면 대부분 참고문헌 목록이 있을 것이다. 이를 활용하여 주제와 관련된 논문을 더 찾을 수 있다.

검색한 자료는 그때그때 간단한 메모를 통해서 내용을 정리해 두도록 한다. 단행본의 경우 저자 · 책 제목 · 출판사 · 출판 연도 등을, 논문이라면 저자 · 논문 제목 · 간행물 제목 · 호수 · 간행기관 · 간행 연도를 적고 필요한 내용을 간략하게 메모해둔다.

온라인이 아닌 오프라인에서 도서관을 이용해 보는 것도 좋다. 단행본 중에는 주제와 관련하여 기본적인 지식을 개괄적으로 서술한 책도 있기에 해당 분야에 대한 지식이 없다면, 이런 책을 참고할 수 있다. 또 도서관에 가면 해당 서가에 관련 책들이 함께 비치되어 있어 편리하다.

▶ 조별로 '기본소득'에 대한 자료를 조사하되, ㉠ 인터넷 포털사이트 검색 ㉡ 도서관 온라인 학술정보 사이트 검색 ㉢ 도서관 방문 등의 세 가지 방법으로 나누어 조사해보고 장단점을 비교해보자.

(3) 주제문 작성 : 목적에 맞게 주제문을 작성하라

필요한 자료를 웬만큼 조사했다고 판단이 되면 다시 글을 쓰는 목적이 무엇인지 생각해 보아야 한다. 목적 없이 무턱대고 글을 쓰기 시작하면 두서없는 글이 된다. 그러므로 정보를 전달하는 글인지, 논리적으로 증명하는 글인지가 분명해야 한다. 누군가를 설득하기 위해서 쓰는 글이라면 설득을 위한 준비를 해야 할 것이고 정보를 전달하는 글이라면 좋은 정보를 조사해야 할 것이다. 글 쓰는 목적은 글쓰기의 시작부터 끝까지 잊지 말아야 한다.

예를 들어 '커피의 원산지'에 대한 글을 쓴다고 하자. 글의 목적에 따라 주제문은 여러 가지로 나올 수 있다. 커피의 원산지를 알려주려는 것인지, 커피를 중심으로 공정무역의 필요성에 대해서 논하려고 하는지에 따라 글의 방향은 달라질 수 있다. 글의 목적에 맞게 궁극적으로 하려는 말이 무엇인지 한 문장으로 적은 것이 주제문이다. 이 점에서 주제문은 글쓰기를 통해 당도해야 할 목표라고 할 수 있다.

따라서 주제문에 따라서 글의 방향과 성격이 달라질 수 있다. 예를 들어 보자.

> 나는 녹차보다 커피를 좋아한다.

위와 같은 주제문은 논증문에는 적합하지 않다. 무엇을 좋아하는가는 취향의 문제이므로 입증할 수 없기 때문이다. 커피보다 녹차를 좋아하는 사람도 있을 수 있고 농구보다 야구를 좋아하는 사람도 있을 수 있다. 그러므로 위와 같이 주제문을 작성했다면, 자신의 기호에 대한 가벼운 에세이 형식의 산문이 될 것이다.

그런데 만약 다음과 같이 문장을 고친다면 어떨까?

> 녹차는 커피보다 몸에 좋다.

위의 주제문은 '몸에 좋다'를 입증할 수 있다면 논증이 가능하다. 다만, '몸에 좋다'는 말은 막연하기 때문에 여전히 적합한 주제문이라고 할 수 없다. 가볍게 설득하는 글이라면 이 정도의 주제문도 무방하지만, 깊이 있는 논증문이라면 범위를 좁혀서 좀 더 구체화할 필요가 있다.

간혹 주제문을 작성하라고 하면 의문문으로 작성하는 학생이 있다. 거의 모든 글쓰기 교재에서 의문문의 형식으로 작성하는 것은 좋지 않다고 한다. 그 이유는 무엇일까? 의문문으로 주제문을 작성한다는 것은 글 쓰는 사람이 아직 자신의 생각을 정리하지 못했음을 의미한다. 예를 들어 스마트폰에 대해 글을 쓰기 위해 주제문을 작성하라고 하였더니, 어떤 학생이 "스마트폰은 소통에 유익한가?"라고 주제문을 작성했다고 하자. 이 학생은 주제에 관해서 질문을 던졌을 뿐이다. 스마트폰이 소통에 유익하다고 생각하는지 그렇지 않은지, 어떤 점에서 유익한지 등을 밝히지 않았다. 주제를 미리 정하지 않고 글을 쓴다면 논지가 분명하지 않을 가능성이 높으므로, 주제문은 의문문이 아닌 평서문의 형식으로 작성하는 것이 바람직하다.

▶ 다음의 주제문으로 쓸 수 있는 글의 종류가 무엇인지 말해보자.

- 인공지능의 개발은 인류를 더 불행하게 할 것이다.
- 나는 너와 미래를 함께 하고 싶다.
- 소수의 표를 사표로 만드는 현재의 선거제도는 보완되어야 한다.
- '아래 아'(·)의 음가는 19세기 이전에 소멸하였다.
- 나는 남과 다른 나 자신이 자랑스럽다.

(4) 제목 정하기 : 주제문을 함축하는 제목을 정하라

주제문을 정했다면 다음으로 제목을 생각해 보자. 제목은 글을 모두 쓴 다음에 다시 다듬을 수 있다. 그러나 나중에 고치더라도 미리 제목을 정하여 글을 쓰는 것이 좋은데, 글을 쓰는 과정에서 제목이 이정표가 되어 주제에 집중할 수 있도록 도와주기 때문이다.

제목은 주제문의 내용을 함축하면서도 참신한 느낌이 들도록 하는 것이 이상적이다. 그러기 위해서는 막연하게 '~에 대하여'라고 하는 것보다는 주제문의 내용이 드러나도록 구체적인 것이 좋다. 또한 글의 목적이나 독자를 고려하는 것이 좋은데, 연구논문 형식의 보고서라면 '동네서점의 위기와 그 대안'과 같이 주제를 충실하게 드러내는 것이 좋지만, 가벼운 에세이나 기사문이라면 '다시 각광받는 동네 책방, 그 대안은'과 같은 제목도 가능하다.

(5) 내용 정하기 : 주제문에 맞는 내용을 생각하라

주제문과 제목을 정했다고 바로 글을 쓸 수 있는 것은 아니다. 주제문과 제목은 자신의 생각을 압축적으로 표현한 것이므로 이를 전달할 수 있는 내용이 무엇인지 생각해 보아야 한다. 자료검색을 통해서 정리한 내용 중 주제문과 긴밀히 연관되는 것을 정리해서 이를 자료로 활용할 수 있다. 또 필요에 따라서는 추가로 자료를 조사할 수도 있다. 글의 내용이 빈약하다 싶으면, 다시 브레인스토밍을 통해서 생각을 확장하고 생각한 내용 중에서 주제문과 관련된 것을 추려야 한다.

예를 들어 '인공지능은 인류를 더 불행하게 할 것이다'라는 주제문으로 글을 작성한다면, 다음과 같은 내용들을 생각해 볼 수 있다.

#소득 양극화 #권력 독점의 가능성 #로봇의 인류 지배

위의 내용을 중심으로 '인공지능'에 대한 자료조사를 통해 인공지능 개발에 대한 낙관적인 견해와 비관적인 견해와 그 근거를 정리하고 비관적 견해가 낙관적 견해보다 타당한지를 살펴서 위와 같은 주제문이 도출되도록 해야 한다.

▶ 다음의 주제문으로 글을 쓰는 데 적합한 내용을 조사하여 이야기해 보자.

[인공지능으로 인한 자동화는 인류를 불행하게 할 것이다.]

2) 개요 작성하기

(1) 글을 쓰기 위한 설계도 : 개요

집을 짓기 전에는 반드시 설계도를 작성한다. 설계도 없이 대충 지은 집은 공간구성의 효율성이나 견고함이 떨어진다. 글도 마찬가지이다. 구성이 탄탄한 글을 쓰기 위해서는 미리 설계도를 그려보는 것이 필요하다. 글쓰기를 위한 설계도가 바로 개요이다.

단행본으로 간행된 책이나 학술논문의 앞을 보면 목차가 있는데, 개요는 흔히 목차와 유사한 형식으로 작성된다. 목차가 독자를 위해서 글의 내용과 전개를 미리 알려주는 역할을 한다면, 개요는 글 쓰는 사람 자신을 위한 목차이다.

(2) 글의 목적에 맞는 개요 작성법

글의 구성에는 정해진 격식이 따로 없다. 글 쓰는 목적에 따라, 내용에 따라, 대상에 따라, 또 글 쓰는 사람에 따라 구성을 달리할 수 있다. 생각나는 대로 글을 쓰면 어수선하고 산만해지기 쉽다. 또 독자를 고려하지 않고 자신의 생각을 늘어놓으면 때로 독자가 글의 내용을 파악하기 힘들다. 그렇다고 항상 정해진 격식에 따라서 글을 쓸 필요는 없다. 글을 잘 쓰는 사람은 오히려 정해진 격식에서 벗어나서 자신만의 개성을 드러내기도 한다. 따라서 개요는 정해진 틀이 아니라 상황이나 목적에 맞게 글을 구성하기 위해서 작성하는 설계도이다.

그렇다면 짜임새 있는 글을 위해서는 어떻게 개요를 작성해야 하는가. 앞서 언급했듯이 앞서 언급했듯이 글은 쓰는 사람의 개성에 따라 다르게 구성해야 하지만, 글의 종류에 따른 주의사항은 다음과 같다.

❶ 정보를 전달하는 글의 개요 작성하기

㉠ 독자에게 낯설고 어려운 내용보다는 익숙한 내용에서부터 시작한다.
㉡ 유사한 항목끼리 분류하여 설명한다.
㉢ 부분으로 나누어 설명한다.
㉣ 각 부분을 연결할 때는 질서 있게 한다.

❷ 주장하는 글의 개요 작성하기

㉠ 도입부에 논란이 되는 점이 무엇인지 명확하게 밝힌다.

㉡ 자신의 견해와 반대되는 견해를 먼저 서술하여 비판한 다음에 자신의 주장을 밝힌다.

㉢ 반대되는 견해를 서술하는 경우에는 상대의 주장을 먼저 서술하고 이들의 논거를 반박한다.

㉣ 글을 마무리하는 단계에서는 자신의 주장이 분명하게 드러나도록 한다.

❸ 관찰 조사한 내용을 보고하는 글의 개요

㉠ 조사 대상 및 조사의 의의를 서두에서 분명히 밝힌다.

㉡ 일정한 질서에 따라 조사한 내용을 배치한다. (시간 순서, 공간 이동 등)

㉢ 조사 내용의 의의를 해석한다.

㉣ 마무리하면서 조사 결과의 가치를 밝힌다.

❹ 자신의 체험을 보고하는 글의 개요

㉠ 글의 주제에 부합되는 체험만 추린다.

㉡ 시간의 순서에 따라서 혹은 공간의 이동에 따라서 구성한다.

㉢ 본 것과 느낀 것이 적절히 조화를 이루도록 구성한다.

❺ 분석하는 글의 개요

㉠ 분석 내상의 특징을 구성하는 주요 요소를 정한다.

㉡ 각 요소별로 자료를 모아 분석한다.

㉢ 각각의 요소별로 자료의 특징을 정리한다.

(3) 화제개요와 문장개요

개요를 작성할 때는 보통 화제개요와 문장개요의 두 가지 방법을 사용한다. 먼저 화제개요는 내용을 어구의 형식으로 간단히 작성하는 것이다. 목차의 형식으로 작성하는 것이 바로 바로 화제개요이다. 이와 달리 문장개요는 주어와 서술어를 갖춘 문장으로 작성한다.

이렇게 말하면 화제개요와 문장개요의 차이를 단지 형식의 차이라고 생각할 수 있는데, 둘의 차이가 단지 형식적인 차이에 그치는 것은 아니다. 화제개요는 어구 형식으로 간결하게 나타나기 때문에 글의 전체 내용을 한눈에 살펴볼 수 있고 글의 논리적 전개를 파악하기에 용이하다. 그러므로 처음 글을 구성할 때에는 화제개요를 통해서 글 전체의 골격을 세우는 것이 좋다.

반면에 문장개요는 내용을 구체화할 수 있어서 집필할 때 좀 더 편리하다. 화제개요만 작성하면 막상 글을 쓰려고 할 때 내용이 떠오르지 않는 경우가 있는데, 문장개요는 문장을 통해서 구체화하였기 때문에 내용을 잘 알 수 있다. 화제개요로 작성한 것을 집필 전에 문장개요로 구체화해서 작성할 수도 있다.

'인터넷 실명제를 도입해야 한다'는 주제문을 가지고 화제개요와 문장개요를 작성해보면 다음과 같다.

화제개요

1. 의사소통에서 인터넷의 역할
2. 인터넷 언어폭력의 양상
3. 인터넷 언어폭력의 원인
   1) 사이버 상 자아 형성
   2) 익명의 자유로 인한 일탈
4. 인터넷 실명제 도입의 필요성

문장개요

1. 오늘날 인터넷은 의사소통의 중요한 도구가 되었다.
2. 인터넷 상의 소통에서 다양한 언어폭력이 나타나고 있다.
3. 인터넷 언어폭력은 사이버 상의 자아와 관련이 있다.
   1) 사이버 상의 또 다른 자아가 형성됨으로써 현실과 다른 자신을 만들어 낸다.
   2) 오프라인과 다른 자아가 형성됨으로써 자제력이 약해진다.
4. 온라인과 오프라인의 자아정체성을 유지하는 인터넷 실명제를 도입하여 언어폭력을 막아야 한다.

그런데 여러 작문 교재에서는 화제개요와 문장개요를 혼용하지 말라고 하고 있다. 그 이유는 무엇일까? 두 방식을 혼용하면 어떤 부분은 간단하게 작성하고 어떤 부분은 구체적으로 서술하게 되어 글 전체의 논지전개를 살펴보기 힘들기 때문이다. 그러므로 화제개요와 문장개요 중에서 하나를 선택하여 작성해보는 것이 좋다.

비교적 긴 글의 개요를 작성할 때에는 먼저 상위항목을 정하고 그 다음에 상위항목에 해당하는 하위항목을 작성한다. 이렇게 해야 글 전체의 일관성을 유지하고 논리적인 구성을 할 수 있다. 예를 들어 '교육 불평등 문제를 해결하기 위해서는 공교육의 경쟁력을 키워야 한다.'는 주제문에 맞게 개요를 작성한다면 다음과 같은 상위항목을 먼저 생각할 수 있다.

1. 문제제기
2. 교육 불평등의 원인
3. 교육 불평등의 해결방법
4. 결론

위의 개요는 교육 불평등이라는 주제와 관련하여 교육 불평등의 원인이 무엇인지 짚어준 뒤에 해결방법에 대해서 논하는 일반적인 논증문의 구성 방식에 따라 작성되었다. 이처럼 상위항목을 작성한 다음에는 하위항목에 해당하는 내용을 생각해서 다음과 같이 개요를 완성한다.

1. 문제제기
   1) 교육 불평등의 사례
   2) 교육 불평등에 대한 문제점
2. 교육 불평등의 원인
   1) 공교육의 부실
   2) 사교육의 성행
3. 교육 불평등의 해결방법
   1) 공교육의 경쟁력 강화
   2) 교육제도의 개혁
4. 결론

하위항목을 통해서 상위항목의 내용이 좀 더 구체화되었다. 하위항목을 작성할 때에는 상위항목의 범주를 벗어나지 않도록 유의해야 한다. 가령 위의 개요 2장의 상위항목을 '교육 불평등의 원인'이라고 하고 '교육 불평등의 심화'를 하위항목으로 넣는다면 상위항목과 맞지 않는 내용이 들어가게 된다. 그러므로 상위항목은 하위항목의 내용을 포괄해야 한다는 점을 명심하도록 하자.

또 상위항목의 논지전개에 따라 하위항목 간 내용이 연결되는지도 잘 살펴보면서 작성한다. 위의 개요를 예로 들면, 2장에서 원인을 분석하고 3장에서 해결방법을 논하는 방식으로 구성되었으므로 하위항목도 이에 맞게 대응해야 한다. 즉, '공교육 부실'과 '사교육의 성행'이라는 불평등 원인이 '공교육의 경쟁력 강화'와 '교육제도의 개혁'이라는 해결방법에 대응하도록 작성한다.

▶ 다음은 '장기 이식'에 대한 글을 쓰기 전에 떠오른 생각들을 적은 것이다. 이를 참고하여 화제개요를 작성해 보시오.

– 장기 이식 기술의 수준은 아직 안심하고 시술할 만한 단계는 아니다.
– 이식할 장기의 공급량이 절대적으로 부족하다.
– 장기 이식에 대한 사회적 인식을 긍정적으로 변화시켜야 한다.
– 화장실 벽에서 장기를 사고팔기 위한 광고를 본 적이 있다.
– 장기 이식 관련 분야를 학문적으로 육성하고 발전시켰으면 한다.
– 자신의 몸에 다른 이의 장기를 이식한다는 것은 우리 사회 저변에 깔린 유교적 사고에 배치된다.
– 뇌사 판정의 기준이 모호해서 장기를 기증하고 싶어도 그러지 못하는 경우가 있다.
– 장기 이식과 관련된 법률적인 뒷받침이 요구된다.

▶ '교육 불평등의 원인'을 주제로 하여 주제문과 개요를 작성하시오.

3. 집필하기

1) 글머리 쓰기

학생들은 글의 본문보다는 글머리를 쓰는 것이 더 어렵다고 하며, 어떻게 시작해야 할지 모르겠다고 하소연하는 경우가 많다. 글머리는 독자가 처음 글을 읽기 시작하는 대목이기도 하여 글 전체에 대한 인상과 직결되는 만큼 더욱더 신경을 써야 하는 것도 사실이다. 다음 여러 사례를 통해서 글을 시작하는 다양한 방법을 살펴보도록 하자.

#사례 1

1975년과 1976년 사이, 격렬한 내전이 벌어진 베이루트를 방문한 어느 프랑스 저널리스트는 번화했던 거리가 황폐해진 것을 보고 다음과 같이 개탄했다.

"과거에는 이곳도 샤또브리앙이나 네르발이 묘사한 동양이었는데...."

물론 유럽인의 입장에서 본다면, 그가 그곳을 그렇게 말한 것은 옳았다. 동양이란 사실상 유럽인의 머릿속에서 만들어진 것이었고 옛날부터 로맨스나 이국적인 존재, 무엇인가에 사로잡힌 기억과 풍경, 진지한 체험담 등의 무대가 되어 왔다. 프랑스 저널리스트의 눈앞에서 사라지고 있던 것은 바로 그러한 동양이었다. 어떤 의미에서 동양이란 얼마 전에 생겨났다가 이제는 사라지는 것이었다. 아마도 서양인들에게는 동양인들이 현실 속에서 몸을 던져 싸우고 있는 것도, 샤또브리앙이나 네르발의 시대에도 동양에는 동양인들이 살고 있었다는 것도, 나아가 지금 고통 받는 사람들이 바로 동양인이란 것도 아무런 의미를 갖지 않는 것으로 생각될 것이다. 그러한 유럽인 방문객에게는 동양에 대한 유럽적 표상과 그 현대적 운명이 최대의 관심사였다. 그 표상과 운명이야말로 저널리스트와 프랑스 독자들이 특권적으로 공유할 수 있는 의미를 갖는 것이다.

– 에드워드 사이드, 박성규 역, 『오리엔탈리즘』

『오리엔탈리즘』의 서설 첫 부분이다. 사이드는 이 책에서 동양에 대한 서양의 인식은 서구인의 문화 속에서 만들어진 것이라는 점을 서술하고 있는데, 그 첫 부분을 오리엔탈리즘의 사례에 대한 소개로 시작하고 있다. 이처럼 주제와 관련된 사례 혹은 사건 등으로 글을 시작하는 방식은 독자의 흥미를 유도하면서 동시에 앞으로 전개할 내용을 미리 보여줄 수도 있어서 흔히 사용되고 있다.

#사례 2

현관 앞에 서자 작은 카메라가 분주히 움직인다. 센서가 자동으로 집 주인의 얼굴을 인식해 도어록을 해제한다. 현관에 들어서면 잠들어 있던 집이 깨어난다. 외출한 동안 차단돼있던 전기 · 수도 · 가스 등은 현관 잠금이 풀리는 순간 자동으로 다시 연결된다. 집 주인의 패턴을 분석해 집이 스스로 에너지를 공급하는 셈이다. 그 혈류는 블록체인에 저장된 암호화된 데이터다. 그에 따른 요금 결제까지도 가상통화로 이뤄진다.

드라마나 영화에서 나오는 이야기가 아니다. 전삼구(46) 더블체인 대표가 그리는 블록체인이 가져올 미래 모습이다. 모든 것이 초연결되는 4차 산업혁명 시대에 블록체인은 각각의 디바이스에 남은 로그 데이터를 통해 모든 것을 제어하고 관리한다. 블록체인이 갖는 강력한 보안을 바탕으로 사물인터넷(IoT)이 갖는 해킹 위험도 보완할 수 있다.

– 허지은, 「미래는 블록체인으로 연결된 세상」

위의 글은 블록체인 기술이 미래에 주목할 만한 보안기술이라는 점을 강조한 기사문이다. 기자는 블록체인이라는 일반인에게는 다소 낯선 용어를 효과적으로 설명하기 위해서 블록체인 기술이 발달된 미래의 모습을 가상적으로 그려내고 있다. 주제와 관련된 구체적인 상황 혹은 사례를 들어 주제가 무엇인지 알리고 독자의 주목을 끄는 방식이다.

#사례 3

예술의 명품이란 운명과도 같은 성격을 지니고 있다. 그 작품에 신화가 깃들든가 그 예술가에 신화가 깃들지 않고는 일찍이 명품에 이른 작품은 없었다. 작품이나 작가의 둘레에 안개 모양 감싸는 그 특이한 분위기가 신화적 성격을 띠기 위해서는 운명이라고밖에 이름 지을 수 없는 그 무엇이 작용해야 된다. 로댕이 그러하였고, 릴케가 그러했으며 세잔느와 고흐가 그러하였고, 솔거와 이중섭도 그러하였다. 인간이 지불해야만 했던 허무와의 대결을 통한 순도 높은 고통을 그려냄이 예술이기에 예술을 대하는 인간은 자기 운명의 모습을 거기서 본다는 뜻에서도 그것은 운명적이지만, 그 작품을 전혀 엉뚱한 곳으로 옮긴다든가, 그 작품으로 말미암아 벌어지는 예상치도 못한 엄청난 사건들이 일어난다는 점에서도 그것은 운명적이라 할 만하다. 사람들이 이따금 명품을 두고 피로써 썼다든가 뼈를 깎아 만들었다는 표현을 쓸 경우에도 사정은 마찬가지다. 피로써 쓴 것이면 어차피 혈흔에 지나지 못하며 뼈를 깎아 만든 물건이라면 골품에 지나지 않는다. 문학은 역시 먹으로 쓰는 것이며, 조각은 대리석으로 만드는 것인 만큼 그것은 운명적이지 않으면 안 된다. 그러나 한번 형성된, 명품을 명품이게끔 하는 저 신화적 성격이 마치 살아 있는 인격체 모양 스스로의 운명을 감당하지 않으면 안 된다는 논리가 역사 속에서 구축되어가고 있다. 그런 뜻에서도 그것은 운명적이다.

– 김윤식, 「명품과 운명의 관련양상」

〈몽유도원도〉의 의의에 관해 쓴 글의 서두이다. 이 글은 마치 경구나 명언과 같은 "예술의 명품이란 운명과도 같은 성격을 지니고 있다"로 시작된다. 이 글 전체의 핵심적인 내용이기도 한 이 말을 다소 뜬금없이 던지고 있는데, 독자들은 오히려 이러한 문장에 끌린다. '예술'과 '운명'이라는 무게감 있는 두 단어의 조합은 이 글 전체의 주지를 이성이 아닌 감성으로 느끼게 하고 있기 때문이다. 이러한 방식은 학술적인 논문보다는 에세이에서 많이 사용된다.

#사례 4

금세기 초부터 민족학자들은 어떤 '미개사회'에서든 볼 수 있는 주술력을 지닌 특정한 개인을 가리켜 '샤만'·'주의(呪醫)'·'요술사'·'주술사' 등의 용어를 마구잡이로 써왔다. 그들은 여기에서 그치지 않고 그러한 술어의 사용범위를 넓혀 문명화한 민족의 종교사 연구에서 그것을 적용시켜왔다. 그래서 가령 인도·이란·게르만·중국·바빌로니아의 '샤마니즘'이라는 말까지도 그 나라의 종교에서 발견되는 '원시적' 요소에 관련시켜 논의하게 된 것이다. 여러 가지 이유에서 이 같은 술어의 혼란은 무속적 현상을 이해하는 데 방해가 될 뿐이다. 만일 '샤만'이라는 말이 종교사나 종교민족학 분야에서 발견되는 모든 주술사·요술사·주의, 또는 접신 상태의 경험자를 의미하는 말로 쓰인다면 우리는 대단히 복잡하고 애매한 개념에 이를 수밖에 없다. 유념해야 할 것은 이러한 개념이 우리에게 어떤 도움도 주지 못한다는 사실이다. 그 까닭은 우리가 이미 '원시주술'이나 '원시적 신비주의' 같은, 있을 것 같지도 않고 정의도 분명하지 않은 개념을 표현하는 데 '주술사'라든지 '요술사' 같은 술어를 사용하고 있기 때문이다.

– 미르치아 엘리아데, 이윤기 역, 『샤마니즘』.

샤머니즘을 학문적으로 접근하고 있는 엘리아데 저술의 서두이다. 주술력을 지닌 사람들을 지칭하는 용어가 무분별하게 사용되고 있다고 지적하면서 논의를 시작하고 있다. 학술논문에서는 이처럼 문제제기를 통해서 논지를 선명히 하는 방법이 자주 사용된다.

#사례 5

『삼국유사』에 전하는 처용에 관한 기록은 마치 학자들이 자기의 얼굴을 비추어 보는 거울이라도 되는 듯이 참으로 다양하고 다채롭게 해석되어 왔으며, 이에 관한 연구 업적은 자세하게 비교하고자 한다면 한두 해에는 끝나지 않을 만한 일거리가 되고 있다. '처용설화의 종합적 고찰'이라는 이름의 발표 및 토론회는 처용 문제를 둘러싼 의견의 마찰을 집약적으로 보여주었다는 점에서는 중요한 성과를 거두었으나, 그 성과가 터무니없는 추측과 믿을 만한 해석을 갈라놓는 데까지 이르렀다고 보기는 어렵고, 그 후에도 시비는 계속되고 있다. 사정이 이와 같이 된 이유를 찾는다면, 처용에 관한 기록은 자료 자체가 다양하고 상반된 해석을 낳을 수밖에 없다는 것과 함께, 아직도 우리는 학문하는 자세가 가다듬어지지 않았고 연구 방법이 건실하지 않아서 불필요한 논란까지 하면서 시간을 보내고 있다는 데에 생각이 미치게 된다. 두 가지 이유 중에서 앞의 것은 어쩔 수 없는 제약이지만, 뒤의 것은 노력해서 극복해야 할 과제이다. 그러므로 처용에 관한 기록은 학문을 하는 자세와 방법의 진척을 비추어 주는 거울이기도 하다.

– 조동일, 「처용가무의 연극사적 이해」

처용가무에 대한 위의 글은 기존 연구에 대한 비판과 문제제기로 출발하고 있는데, 앞서 소개한 사례4와 마찬가지로 이러한 방식은 학술논문의 전형적인 형식이다. 학술논문의 경우 기존 연구에 대해 비판하고 이를 통해서 자신이 하고자 하는 논의의 의의를 부각시킨다.

이상으로 살펴본 것처럼 글의 종류와 목적에 따라 글머리는 다양한 방식으로 쓸 수 있다. 글쓰기에 '정답'은 없다. 그때그때 글의 목적과 내용에 가장 적합하면 그것이 '정답'이다. 특정한 형식에 얽매이기보다는 쓰려는 글의 종류와 목적에 가장 잘 맞도록 글을 쓰는 연습을 하자.

2) 본문 쓰기

(1) 개요에 맞게 글을 써라

개요 작성을 마친 후에는 본격적으로 글을 쓰기 시작한다. 글을 쓸 때는 개요에 맞게 글을 써 나가되, 글을 쓰는 과정에서 개요의 문제점이 발견되면 바로 개요를 수정하도록 한다. 이처럼 개요를 수정하는 일이 있을 수는 있지만, 주제를 벗어나서는 안 된다. 수정 후에는 수정된 개요를 설계도 삼아 글을 써야만 글의 통일성과 일관성을 유지할 수 있다.

(2) 단락 간 연결에 유의하라

글을 쓸 때는 문장을 정확하게 써야 하는 것은 물론이고 무엇보다 단락과 단락의 연결에 유의해야 한다. 그런데 막상 글을 쓰면 단락과 단락을 연결하는 일이 그리 쉽지 않다는 사실을 알게 된다.

단락 간 연결을 매끄럽게 하는 일이 어렵다면 문장개요를 먼저 작성하고 글을 쓰도록 한다. 문장개요를 써서 내용이 긴밀히 연결되는지를 살펴본 후에 문장개요를 하나의 소주제문 삼아 단락을 완성하면 좀 더 용이하게 글을 쓸 수 있다.

단락 간 연결에서는 특히 접속어 사용에 주의해야 한다. 단락의 앞머리에서 접속어를 적절하게 쓰면 단락 간의 연결이 자연스러워진다. 그러나 글을 쓰다 보면 자신도 모르게 동일한 접속어를 계속 사용함으로써 글의 논지가 어색해지기도 한다. 예를 들어 '그러나'나 '그런데'를 연속해서 사용한다면 글의 방향이 계속 바뀌어서 논지가 선명하게 부각되지 않는다. 그러므로 단락 간 접속어를 활용하되 특정한 접속어를 반복하고 있지는 않은지 살펴보면서 글을 써야 한다 [단락에 대해서는 3장 2절 3항 '단락' 참조].

(3) 설명의 여러 방식 1 : 정의 · 예시 · 비교

'설명'은 우리 사회에서 광범위하게 사용되는 글쓰기 방식이다. 제품 설명서부터 여행 안내서까지 '설명'이 필요한 글은 수도 없이 많다. 굳이 정보를 전달하는 글이 아닌 논증의 성격이 강한 글에서도 부분적으로 설명은 들어갈 수밖에 없다. 설명을 위해서 사용되는 서술방식에는 대표적으로 정의 · 예시 · 비교 등이 있다.

먼저 정의는 글쓰기의 대상과 범주를 한정할 때 주로 사용하며 종차와 유개념으로 구성된다. 예를 들어 노예에 대한 정의는 다음과 같다.

#노예는 타인이 법적으로 소유하고 있는 인간이다.

'노예'는 피정의항, 즉 정의되어야 할 단어이고 '타인이 법적으로 소유하고 있는 인간'은 정의항, 즉 '노예'를 정의하는 내용이다. 정의항은 '타인이 법적으로 소유한다'는 종차와 '인간'이라는 유개념으로 구성된다. 유개념은 전체집합이고 종차는 부분집합인 '노예'를 한정하는 조건이라고 할 수 있다. 다시 말해서 노예는 인간이라는 전체집합의 부분집합인 것이다. 정의를 할 때는 따라서 전체집합에 해당하는 유개념이 무엇인지 생각해 보아야 한다. 그러고 나서 이를 한정하는 종차를 결정한다.

두 번째로 예시는 말 그대로 구체적인 사례를 들어주는 것이다. 정의는 추상적으로 개념을 설명하지만, 예시는 구체적인 사례를 통해서 이해를 돕는다. 노예를 설명하기 위해서 조선시대의 '노비'

를 예로 들 수 있다. 조선시대 노비는 '인간'이지만 타인의 법적인 소유물이기에 사고 팔 수 있었다는 예를 통해서 '노예'의 개념을 좀 더 분명하게 설명할 수 있다.

세 번째로 비교는 유사한 대상을 함께 설명함으로써 좀 더 명확하게 개념이나 대상을 이해하도록 하는 설명의 방법이다. 즉, 비교는 공통점과 차이점이 모두 존재하는 둘 이상을 대상으로 하며, 이질적인 대상을 '비교'하지는 않는다. 예를 들어 오리와 거위는 비교할 수 있지만, 오리와 나무를 비교하기는 힘들다. 이처럼 비교의 대상은 차이점뿐만 아니라 공통점도 공유하기 때문에 보통은 공통점을 먼저 짚어 주고 차이점을 설명하게 된다. 차이점을 서술할 때는 두서없이 서술하기보다는 기준에 따라 비교항목을 정하는 것이 좋다.

'닭과 매'를 비교하는 다음 두 편의 글을 통해서 효과적인 비교의 방법을 생각해 보자.

〈#1〉 닭은 1년에 300개의 알을 낳는다. 하지만 매는 1년에 3개씩 2회 총 6개의 알만 낳는다. 닭의 날개는 짧다. 또 닭의 몸은 무거워 땅에서만 산다. 반면 매의 날개는 길고 끝이 뾰족하며 강하다. 이러한 특징 때문에 닭은 멀리 날지 못하지만 매는 높이 빨리 날 수 있다. 닭은 씨앗과 벌레 등을 먹고 산다. 이러한 식성 때문에 닭의 발은 짧고 곧게 부리는 짧게 진화되었다. 반면에 매는 작은 새와 짐승을 먹고 살기 때문에 매의 발과 부리는 날카롭고 굽게 진화되었다. 닭은 땅 위의 일정한 위치에 둥지를 짓고 매는 나무 위나 높은 곳에 둥지를 짓는다.

〈#2〉 닭과 매는 생물학적으로 포유동물 중 조류에 속한다. 그러나 같은 조류이면서도 이들은 생김새나 습성 면에서 매우 대조적이다. 우선 닭과 매는 외형적으로 큰 차이를 보인다. 닭은 날개와 부리가 짧고 몸이 무겁다. 그래서 멀리 높이 날 수 없어 땅 위에서 생활한다. 반면 매의 날개는 강하고 길며 끝이 뾰족하기 때문에 높이, 빨리 날 수 있고, 나무 위에 둥지를 틀어 생활한다. 닭과 매는 먹이도 다르다. 닭은 짧은 부리를 가지고 있어 씨앗이니 벌레 등을 먹고 사는 반면, 매는 날카로우면서도 굽어 있는 발톱과 부리를 가지고 있어 작은 새와 짐승을 잡아먹고 산다.

첫 번째 글은 닭과 매의 차이점을 나열하고 있다. 그러다보니 문장과 문장의 연결이 매끄럽지 않다. 반면에 두 번째 글은 먼저 닭과 매의 공통점을 짚어 준 뒤에 차이점을 서술하고 있다. 생김새를 먼저 서술하고 이를 통해서 서식형태를 연결하고 있으며 그 뒤에 먹이를 서술하였다. 이처럼 비교를 할 때는 중요한 공통점을 먼저 서술하고 비교항목을 적절하게 배치하여 차이점을 서술하는 것이 일반적이다.

(4) 설명의 여러 방식 2 : 묘사 · 서사

학생들은 흔히 묘사를 '문학적인 글'에서만 사용한다고 여긴다. 이는 주관적인 묘사만을 떠올리기 때문이다. 그러나 묘사 중에서 객관적인 묘사는 대상의 이미지를 전달하는 정보전달의 수단이다. 그림으로 설명하자면 대상을 사실적으로 그리는 그림에 해당하는 것이 객관적인 묘사이고 작가의 느낌을 전달하기 위한 추상적인 그림이 주관적인 묘사이다.

객관적인 묘사는 독자가 이미지를 떠올릴 수 있도록 구체적이고 정확하게 서술해야 한다. 즉, 객관적인 묘사는 머릿속에 있는 이미지를 상상해서 서술해서는 안 되며, 관찰을 통해서 얻은 정보를 바탕으로 해야 한다. 묘사가 과학과 관련이 있다는 점을 잘 보여주는 사례가『파브르 곤충기』이다.

> 넓적뿔 쇠똥구리는 가슴에 두 개의 강하고 뾰족한 쟁기 모양의 날이 있고, 그 날 사이에도 날카로운 돌기가 있어서 마치 널찍한 가래 구실을 한다. 들소뷔바스 쇠똥풍뎅이는 지중해 연안에만 살고 있는데, 이마에는 두 개의 튼튼한 뿔이 양쪽으로 뻗었고, 앞가슴에도 가래 모양의 돌기가 앞으로 솟았다.
>
> – 장 앙리 파브르, 김진일 역,『파브르 곤충기』

위의 글은 쇠똥구리가 똥덩이를 잘라 깊은 땅속으로 옮기는 데 적합한 '연장'을 가지고 있다는 점을 설명하기 위한 묘사 대목이다. '쟁기 모양' 혹은 '가래 모양', '날카로운 돌기' 등의 구체적인 묘사를 통해서 이미지를 전달하고 있는데, 이러한 묘사는 쇠똥구리에 대한 '관찰'을 통해서 얻은 '정보'를 바탕으로 한다. 이처럼 사실적인 묘사를 위해서는 '관찰'이 선행되어야 한다. 또한 서술할 때는 추상적이고 막연한 어휘보다는 이미지를 떠올릴 수 있는 구체적인 어휘를 사용해야 한다. '두 개의 튼튼한 뿔'처럼 독자에게 익숙한 이미지를 이용하는 것도 효과적이다.

한편 파브르는 조롱박벌이 귀뚜라미를 잡아먹는 장면을 다음과 같이 서술하였다.

> 이제 승부를 겨루는 극적인 광경이 펼쳐진다. 겁먹은 귀뚜라미가 깡충거리며 도망친다. 조롱박벌이 덤벼든다. 두 선수는 위아랠 맞붙어서 엎치락뒤치락하고, 모래가 연기처럼 날리는 난투극이 벌어진다. 잠시 후, 공격수에게 승리의 월계관이 돌아간다. 귀뚜라미는 정강이로 힘찬 뒷발질도 하고 쳐보고 이빨로 물어보려고도 했지만, 결국은 땅바닥에 벌렁 뒤집히고 만다.

조롱박벌은 곧 조치를 취한다. 귀뚜라미와 배를 맞대고, 이빨로 배 끝의 가는 끈을 물고 앞발로 상대가 버둥거리지 못하게 넓적다리를 누른다. 가운뎃다리도 동시에 숨을 헐떡이는 패자의 옆구리를 조이고, 뒷다리는 두 개의 지렛대처럼 이마에 버텨 목 관절을 넓힌다. 한편, 몸은 수직으로 높여 큰 턱에 물리지 않도록 조심한다. 그리고 독검으로 목을 찌른다. 참으로 감동 없이는 볼 수 없는 장면이다. 다음은 가슴판과 판 사이의 관절막을, 또 그 다음은 배 쪽을 찌른다. 이제 귀뚜라미는 죽었고 모든 것은 끝났다. 벌은 흐트러진 몸매를 가다듬고, 마지막 고통에 사지가 떨리는 희생물을 끌고 간다.

– 장 앙리 파브르, 김진일 역, 『파브르 곤충기』

위의 글은 조랑박벌과 귀뚜라미를 인간들의 결투에 빗대어 묘사하고 있다. 앞의 묘사와 다른 것은 귀뚜라미가 사냥하는 '과정'을 시간적인 흐름에 따라 서술하고 있다는 점이다. 이처럼 대상의 움직임을 시간적인 흐름에 따라 서술하는 것이 '서사'이다. 서사에서는 시간의 흐름에 따라 무엇을 서술할 것인지를 먼저 정한 후에 서술한다. 위의 글에서는 승부를 겨루는 장면 · 제압하여 죽이는 장면 · 끌고 가는 장면을 중심으로 서술하고 있다. 이처럼 시간의 흐름은 연속적이지만, 서사는 연속적인 흐름을 주요 장면으로 나누어 서술한다.

이상으로 본문을 서술할 때 사용되는 몇 가지 방법들을 간단히 살펴보았다. 이밖에 흔히 사용되는 서술방식에는 논증이 있다. 논증은 주장하고자 하는 바가 옳다는 것을 입증하기 위한 서술방식으로 논거를 이용하여 추론하는 방식이다.[논증적인 글쓰기에서 사용되는 서술의 방법에 대해서는 2장 '사고의 기초' 참조]

그런데 실제 글쓰기에서는 이러한 방법들이 혼합되어 사용된다. 개념을 정의하기 위해서 종차와 유개념으로 구성된 한 문장만 쓰고 마는 것이 아니라, 비교를 이용하여 좀 더 효과적으로 대상의 개념을 설명하기도 하고, 예시를 통해서 구체적으로 설명하기도 한다. 묘사와 서사 역시 함께 사용되는 경우가 많다. 따라서 글을 쓸 때에는 설명 방법에 얽매이기보다는 설명 대상에 대한 정보를 독자에게 어떻게 효과적으로 전달할 수 있을지에 집중하는 것이 좋다.

3) 마무리하기

글의 마무리 또한 글의 종류와 목적에 따라서 달라질 수 있다. 학생들은 보통 글의 마무리 부분에서 의미 부여를 해야 한다는 강박을 가지고 있다. 그러나 글의 목적에 맞지 않는 무리한 '의미 부여'는 글의 균형을 깨뜨릴 수 있다. 예를 들어 자신의 왼손을 자세히 관찰한 후 묘사문을 작성하게 했더니 한 학생이 다음과 같은 문장으로 마무리를 하였다.

> "…… 지금까지 내 손이 어떤가에 대해서 적어보았다. 앞으로 내 손을 소중히 다루어야 하겠다."

아마 이 학생은 마무리를 어떻게 해야 할지 고민하다가 위와 같이 뜬금없는 다짐을 쓴 듯하다. 그런데 '관찰묘사문'에서 굳이 위와 같은 마무리가 필요했을까? 묘사문에 걸맞게 '의미 부여'를 하고자 했다면 다음과 같은 정도의 문장이 보다 자연스럽다.

> "…… 여기 저기 생채기가 난 내 손. 조심성이 없는 주인의 탓에 고생한 내 손이 안쓰럽다.."

또 정보를 전달하는 글의 경우에는 다음의 사례처럼 결말 부분을 따로 쓰지 않을 수도 있다.

#사례 1

우주에서 거리를 측정하는 방법

광대한 우주에서는 '쌓아올리는 방식'으로 거리를 측정한다. 어떤 방법으로 가까운 천체의 거리를 재고, 그것을 기준으로 삼아 다른 방법으로 더 먼 천체의 거리를 측정하는 식이다. 구체적으로는 아래와 같은 방법이 있다.

'겉보기의 위치변화'로 측정한다.

......내용 생략..........

'밝기'로 잰다

......내용 생략..........

'멀어지는 속도'로 측정한다.

우주는 팽창하고 있는데, "지구에서 먼 은하일수록 빨리 멀어지고 있다(허블의 법칙)" 그리고 거리와 속도의 관계를 나타내는 식도 있다. 멀어지는 속도를 알면 거리도 알 수 있다.

은하가 멀어지는 속도는 거기에서 도달하는 빛의 색깔(파장)을 관측하면 알 수 있다. 멀어지는 은하에서 오는 빛은, 말하자면 파장이 늘어나서 지구에 도달한다. 빨리 멀어질수록 빛의 파장이 크게 늘어나 붉어진다.

그래서 관측한 빛의 색깔로부터 은하가 멀어지는 속도를 추정할 수 있다. 그 속도에서 거리를 계산할 수 있다. 이 방법은 수십억 광년 이상 떨어진 먼 은하에도 사용할 수 있다.

– 「대우주」, 『NEWTON highlight』

위의 글은 우주에서 별들 간의 거리를 측정하는 방법에 세 가지가 있음을 소개하고 있다. 그리고 별도의 결말 없이 글을 끝내고 있다. 이처럼 정보를 전달하거나 대상을 설명하는 글에서는 별도의 결말부를 쓰지 않는 경우도 있다. 그러므로 모든 글에서 특별한 마무리를 해야 한다는 강박은 버려야 한다.

그렇지만 칼럼 등 에세이에서는 결말 부분을 통해서 글 전체의 의미를 전달하곤 한다. 다음의 사례가 그러하다.

#사례 2

정조는 나라가 돌아가는 사정을 소상히 알고 있었다. 그는 관료들이 타락했고, 또 왕명을 우습게 안다는 사실을 알고 있었다. 다만 그가 살아 있을 적에는 벼슬아치들이 그 앞에서 듣는 시늉이라도 했지만, 그가 죽고 나니 그 시늉조차 팽개치고 말았다. 이것이 사람이 파리가 된 이유다. 국가권력을 쥐고, 세상을 다스리는 양반 관료들이 한정 없이 부패했으니, 이들이 백성을 파리로 만들었던 것이다. 다시 생각해보면 개혁의 대상은 위에 있는 거룩한 분들이었지, 아래에 있는 미천한 백성이 아니었다. 어떤가?

– 강명관, 『시비를 던지다』

위의 글은 정약용이 1810년 여름에 쓴 〈조승문(弔蠅文)〉에 대해 쓴 칼럼이다. 1810년 여름 갑자기 생겨난 엄청난 파리 떼로 인해 사람들은 온갖 방법으로 파리를 잡고자 했는데, 정약용은 관리들의 가렴주구에 시달리다가 굶주려 죽은 백성들의 원혼이 파리가 된 것이라 하면서 현실을 비판한다. 칼럼의 본문에서는 주로 〈조승문〉에 대해 설명하다가 마지막 문장에서 저자의 본뜻을 밝히고 있다.

마지막으로 학술논문에서는 본문의 내용을 요약하고 본문을 통해 도출된 결론을 적는 것으로 마무리하는 것이 일반적이다. 다음 사례를 통해서 살펴보자.

#사례 3

이상으로 규훈서의 번역과 확산이 여성의 문자문화에 미친 영향에 대해 살펴보았다. 규훈서의 언해 및 간행 목적은 여성교화이다. 국가에서는 규훈서를 간행하여 여성들의 수신 교과서로 권장하였고, 여성들은 규훈서를 읽고 필사하면서 유가적 지배이데올로기를 학습하였다.

그러나 규훈서의 학습은 윤리적 측면보다는 여성의 어문생활에 더 큰 영향을 미친 듯하다. 성호 이익이 지적하였듯이 여성을 대상으로 한 윤리교육은 말을 통해서도 가능한 것이었다. 그럼에도 불구하고 교화를 이유로 문자 학습이 강조되면서 여성의 문자 학습을 정당화하였다. 최초로 간행된 규훈서인『내훈』은 한글이 여성의 문자로 정착되는 데 중요한 역할을 하였다. 또한 경전 언해와 동일한 형식으로 간행된『여사서』는 여성도 한문을 익힐 수 있는 길을 열어 놓았다. 이런 점에서 규훈서는 여성의 문자생활의 근간을 마련하였다고 할 수 있다. 규훈서를 열심히 읽은 여성이 '여사(女士)'로 칭송되는 사례가 많다는 점에서도 이를 짐작할 수 있다.

또한 필사본에서 확인되는 원문의 변형은 여성이 규훈서의 내용을 능동적으로 취사선택하였을 가능성을 보여주고 있다. 필사본 규훈서의 이러한 변형은 한글 고유의 개방성 및 유동성에서 기인하는데, 규훈서의 원문은 한글로 번역되고 필사되는 과정에서 원문과는 달라졌으며 때로는 원문과는 다른 지향을 보인다. 이러한 변형은 규범을 이탈하려는 조짐으로까지 발전하고 있다. 그러므로 규훈서의 학습을 곧 이데올로기의 내면화 과정으로 파악했던 기존의 견해는 재고되어야 할 것이다.

– 이지영,「조선시대 규훈서 번역과 여성의 문자문화」

위의 글은 조선시대 여성들이 학습한 규훈서, 즉 도덕교과서를 '도덕교육'보다는 '문자교육'의 측면에서 고찰한 논문이다. 위 인용대목에서는 본론의 내용을 요약하면서 마지막 문장에서 규훈서 학습에 대한 새로운 관점을 제시하고 있다.

이밖에 학술논문의 결론에서는 기대효과나 의의를 짚어주고 앞으로의 과제를 제시하기도 한다. 다만, 본론의 범주를 넘어서는 새로운 문제제기를 하는 것은 적절치 않다. 해당 주제와의 연속선상에서 앞으로 좀 더 해결해야 할 과제를 간단히 제시하는 정도로만 서술하는 것이 적절하다.

4) 올바른 인용법

(1) 직접인용과 간접인용

글을 쓰다 보면 다른 사람의 글을 인용해야 하는 경우가 발생한다. 특히 학술논문의 경우에는 선행연구를 적절하게 인용하는 것이 매우 중요하다. 다른 사람의 글을 잘못 인용하게 되면 의도치 않게 표절을 하게 된다. 그렇다고 자신의 생각만으로 글을 쓰는 것은 가능하지도, 바람직하지도 않다. 글은 독자와의 소통이기도 하지만, 앞서 이 주제에 대해서 글을 썼던 다른 저자들과의 소통이기도 한 때문이다.

그렇다면 어떻게 하면 '제대로' 다른 사람의 글을 인용할 수 있을까? 인용법에는 두 가지 방법이 있다. 직접인용과 간접인용이다. 직접인용은 타인의 글을 그대로 가지고 올 때 사용하는 방법으로 " "(큰 따옴표) 안에 넣어서 인용한다. 반면에 간접인용은 타인의 글을 요약하거나 해석하여 인용하는 방식으로, " "를 사용하지 않는다. 어느 쪽이든 모두 인용을 한 뒤에는 출처를 밝혀야 한다. 다음의 글을 활용하여 간접인용과 직접인용을 연습해 보자.

> '클래식'은 '고급'이고 '오락'에는 결여된 정신성을 어느 정도 가지고 있다는 인상을 우리는 왠지 모르게 받아들이기 쉽다. 그리고 정신의 힘으로 작품 전체의 통일성에 다가가려는 감상법에 비해 감성의 쾌락으로 흐르는 표층적인 감상은 '저급'하여 진정한 음악체험이 아니라는 식으로 생각하기 쉽다. 그러나 이러한 발상은 19세기의 산물이고, 게다가 음악의 경우에는 상당히 무리한 이분법에 의해 만들어진 것이다. 음악은 원래 그러한 '정신적'인 양태를 가지는 것이 아니었다. 저승의 동물들과 귀신들까지 감동시켰다는 저 오르페우스 이야기를 예로 들지 않아도 음악은 전통적으로 인간의 정념에 직접 작용하는 것이 그 특징이었다. 오르페우스의 하프 소리에 이끌린 동물들로 우의되어 있는 음악 청취법은 음악을 작품으로서 정신적으로 감상하는 그런 것은 아니다. '예술화'의 요구에 무리하게 자신을 맞춤으로써 음악은 그때까지 없었던 새로운 청취 스타일을 확립하게 되었지만, 한편으로 '공인된 청취법'에 맞지 않는 청취법을 배제하고 거기에 깃든 음악적 가능성을 잘라버리는 결과를 가져왔다.
>
> – 와타나베 히로시, 윤대석 옮김, 『청중의 탄생』

❶ 직접인용 사례

> …… 음악을 클래식과 대중음악으로 나누는 것은 "19세기의 산물이고, 게다가 음악의 경우에는 상당히 무리한 이분법에 의해 만들어진 것"[1]이다.
>
> 1) 와타나베 히로시, 윤대석 옮김, 『청중의 탄생』, 강, 2006.

❷ 간접인용 사례

만약에 이 글을 간접 인용한다면 다음과 같이 적는다.

> …… 음악을 클래식과 대중음악의 이분법으로 나누어 보려는 것은 19세기의 산물이다.[1)]
>
> 1) 와타나베 히로시, 윤대석 옮김, 『청중의 탄생』, 강, 2006.

이처럼 직접인용을 할 때는 원문 그대로 문장을 가져오되 반드시 " "를 통하여 원문의 글과 자신의 글이 구별되도록 한다. 간혹 원문의 문장과 표현을 그대로 가져오면서 " "표시를 하지 않는 경우가 있는데, 이렇게 되면 '표절'이 되므로 주의한다.

간접인용의 경우에는 저자의 말을 자신의 말로 바꾸어 인용하기에 " "를 사용하지 않는다. 다시 말해서 간접인용은 원문을 자신이 '해석해서' 인용하는 방법이다. 이 경우에는 저자의 말을 왜곡하지 않도록 주의해야 한다. 어떤 경우든 인용할 때는 원문의 전체 맥락을 생각하며 인용해야 한다.

▶ 다음의 사례 중에서 잘못된 인용사례를 모두 고르시오.

㉠ 어떤 논문에서 본문은 전혀 인용하지 않고 연구방법만 차용하였다. 본문을 직접 인용한 것이 아니라서 주석을 따로 달지 않았다.

㉡ 인터넷 자료 중에서 마음에 드는 구절을 가져와 재편집하여 보고서를 작성하였다.

㉢ 보고서를 작성하고 보니 이미 기존에 나온 논문의 내용과 동일하였다. 그러나 그 논문을 참고한 것은 아니므로 주석은 달지 않았다.

㉣ A글에서 인용한 B글을 다시 인용하였다. 주석에서 A글에 대해서는 적지 않고 B글만 적었다.

(2) 주석 달기

인용을 했다면 출처를 밝히는 것이 원칙이다. 학술논문의 경우에는 출처를 밝히기 위해서 '주석'을 사용한다. 주석은 인용의 출처를 밝히는 용도 외에 본문의 내용을 보충설명하는 경우에도 쓸 수 있다. 본문에서 서술하면 논리적 흐름을 방해한다고 판단할 경우에 별도의 주석을 통해서 서술하는 것이다. 이밖에 보고서 등을 작성하는 과정에서 인터뷰에 응하거나 자료를 제공한 사람에 대한 감사 인사도

주석을 통해서 할 수 있다. 자신이 인용한 문헌의 출처를 밝히는 데 사용하는 주석을 참조주라고 하고, 보충설명이나 감사 인사 등을 위해서 사용하는 주석을 내용주라고 한다.

주석은 위치에 따라 미주와 각주로 나뉜다. 미주는 주석이 본문과 분리되어 글의 맨 뒤에 들어가는 방식을 말하고 각주는 본문 안에 포함되거나 본문의 아래에 들어가는 방식이다. 통상적으로 단행본에서는 미주를 많이 사용하고 학술논문에서는 각주를 많이 사용한다.

각주는 다시 외각주와 내각주로 나뉜다. 외각주는 본문의 하단에 별도의 각주란을 마련하고 인용한 글의 서지사항을 밝힌다. 내각주는 본문의 ( )에 해당 글의 간행 연도 및 인용면수를 밝히고 참고문헌을 통해서 서지사항을 밝힌다.

❶ 외각주 작성하기

단행본의 경우 : 단행본의 외각주를 작성할 때는 저자 이름 · 책 제목 · 출판사 · 간행 연도 · 인용면수 등의 순서로 적는다.

순 서	저자, 『책 제목』, 출판사명, 간행 연도, 인용면수.
예 시	이종묵, 『조선의 문화공간』, 휴머니스트, 2006, 23-41면.

전공 분야에 따라 간행 연도를 다음과 같이 저자 이름 다음에 적는 경우도 있다.

순 서	저자(간행 연도), 『책 제목』, 출판사명, 인용면수.
예 시	이종묵(2006), 『조선의 문화공간』, 휴머니스트, pp.23-41.

인용면수는 '면' 혹은 '쪽'을 사용하거나 "p."이나 "pp."를 사용한다. 'p.'은 'page'의 줄임말인데, 한 면만 인용할 때에는 "p."를, 인용면수가 여러 면에 걸쳐 있을 때에는 "pp."를 사용한다. 'p'나 'pp' 다음의 '.'은 줄임말을 뜻하는 기호이기에 반드시 넣어주어야 한다.

➲ 번역서의 경우 : 만약 인용한 책이 번역서라면 저자의 이름과 함께 다음과 같이 번역자의 이름을 밝혀주어야 한다.

순 서	저자, 번역자 역, 『책 제목』, 출판사명, 간행 연도, 인용면수.
예 시	칼 슈탄젤, 김정신 역, 『소설의 이론』, 탑출판사, 1994, p.50.

➲ 편저를 인용했을 경우 : 여러 글을 모아 편찬한 책을 '편저'라고 한다. 이 경우에는 인용한 글의 저자명과 제목을 적고 책 제목을 적는다. 편저자의 이름을 밝힐 때는 책 제목 다음에 넣는다.

순 서	저자, 「논문 제목」, 『책 제목』(편찬자 편), 출판사명, 간행 연도, 인용면수.
예 시	기바타 요이치, 박진우 역, 「제국 내 인간의 이동과 독립운동」, 『역사 : 아시아 만들기와 그 방식』(아오키 다모쓰 편), 한울, 2007, 40면.

➲ 학술지에 수록된 논문의 경우 : 논문의 경우에는 인용한 논문 제목을 적은 뒤에 논문이 간행되는 게재지명과 간행기관을 적는다는 점에서 단행본과는 차이가 있다. 간행 연도의 위치는 다음과 같이 달라질 수 있다.

순 서	저자, 「논문 제목」, 『게재지명』 호수, 간행기관, 간행 연도, 인용면수.
예 시	정충권, 「옥중춘향의 내면」, 『판소리연구』27, 판소리학회, 2009, 387–390면.

순 서	저자(간행 연도), 「논문 제목」, 『게재지명』 호수, 간행기관, 인용면수.
예 시	정충권(2009), 「옥중춘향의 내면」, 『판소리연구』 27, 판소리학회, 387–390면.

➲ 인터넷 자료의 경우 : 최근에는 인터넷 신문기사를 비롯하여 인터넷에서 제공되는 각종 자료를 인용하는 경우가 늘고 있다. 이 경우에도 출처를 반드시 밝혀야 하는데, 일반적인 간행물과 달리 해당 사이트명과 인터넷주소를 적는다.

순 서	저자, 「제목」, 사이트명(인터넷주소)
예 시	정보라, 「비트코인」, 네이버 지식백과(http://terms.naver.com)

● **약식주석** : 동일한 글을 여러 번 인용할 경우에는 매번 서지사항을 밝히는 것이 번거롭기에 주석을 간단히 한 '약식주석(略式註釋)'을 사용한다. 약식주석은 독자와 저자 간의 약속이기에 미리 알아 두는 것이 좋다.

Ibid. / 위의 책, 위의 글, 위의 논문/ 같은 책, 같은 논문, 같은 글.

㉮-1. 위의 책, 340면.

㉮-2. Ibid., 340면.

동일한 글을 연속해서 인용하는 경우에는 '같은 책'이나 '위의 책' 등의 용어를 사용하거나 'Ibid.'라고 표기한다. 'Ibid.'은 라틴어 'ibidem'의 줄임말인데, 역시 줄임말이기에 마지막에 '.(온점)'을 반드시 넣어주어야 한다. 예2의 경우에 '.(온점)'과 ',(쉼표)'가 연속해서 나오므로 이상하게 생각될 수도 있지만, '.(온점)'은 줄임말이라는 뜻이고 ',(쉼표)'는 앞의 내용과 구분한다는 뜻이므로 둘 다 빠뜨리지 않도록 유의한다.

Op.cit. / 앞의 책, 앞의 글

㉮-1. 고영근, 앞의 책, 74-76면.

㉮-2. 고영근, Op.cit., 74-76면.

'Op.cit.'은 라틴어 'opere citato'의 줄임말이다. 연속한 것은 아니지만, 앞에서 한 번 인용했던 글을 다시 인용할 때에 사용한다. 역시 줄임말을 뜻하는 마침표를 반드시 넣어주어야 한다. 우리말로는 '앞의 책'이라고 한다.

Loc.cit./위의 책, 위의 면 / 같은 책, 같은 면.

㉮-1 Loc.cit..

㉮-2 같은 책, 같은 면.

이 밖에 바로 위의 책을 다시 인용하여 인용면수가 동일한 경우에는 'loco citato'의 줄임말인 'Loc.cit.'를 사용하거나 '같은 책, 같은 면' 혹은 '위의 책, 위의 면'을 사용한다.

재인용의 경우 : 자신이 자료를 직접 보지 않고 다른 사람의 논문에서 보고 재인용하는 경우도 있다. 예를 들어 춘향전의 한 대목을 인용하여 서술하면서 자신이 직접 춘향전을 본 것이 아니라, 다른 사람의 논문에서 인용한 구절을 가지고 와서 다시 인용하는 경우이다. 이때는 '재인용'이라고 밝힌다.

예) 정충권, 「옥중 춘향의 내면」, 『판소리연구』 27, 판소리학회, 2009, 387–390면에서 재인용.

❷ 내각주(내주) 작성하기

내각주는 본문에 주석이 들어가는 형식으로 저자 · 간행 연도 · 인용면수만을 간단히 표시하고 나머지 서지정보는 참고문헌 목록으로 제시한다. 내각주의 형식은 다음과 같다.

저자 이름(간행 연도 : 인용면수)

저자 이름(간행 연도)

외각주를 내각주로 고치면 다음과 같다.

외각주를 사용하였을 때

주부를 대상으로 한 독서치료의 사례에서는 '자가치유서'를 통한 명상의 방법을 많이 사용하고 있다. 부산의 삼정초등학교와 울산의 남부도서관에서 행한 주부를 대상으로 한 프로그램을 시도한 바 있는데, 참여율이 저조하고 중도 포기자가 많았다고 하였다.[1] 여러 가지 원인이 있겠지만, 참가자들이 자가치유서 중심으로 짜여진 텍스트를 흥미롭게 읽기 힘들었던 것이 아닌가 한다. 그런데 문학텍스트는 참가자들이 보다 즐겁게 읽을 수 있다는 점에서 '자가치유서'보다 유리하다. 그중에서도 서사물은 참가자의 공감과 이해를 끌어내기 쉬운 장르라는 점에서 주목된다.[2]

– 이지영, 「〈창선감의록〉의 개작을 통해 본 소설읽기와 필사의 위안 효과」

1) 김순화, 「공공도서관을 기반으로 하는 독서치료 프로그램개발」, 『독서치료 사례연구』, 한울아카데미, 2007, pp.600–610.
2) 정운채, 「서사의 힘과 문학치료방법론의 밑그림」, 『고전문학과 교육』 8, 한국고전문학교육학회, 2006, pp. 314–315. 참조.

내각주를 사용하였을 때_첫 번째

주부를 대상으로 한 독서치료의 사례에서는 '자가치유서'를 통한 명상의 방법을 많이 사용하고 있다. 김순화(2007)에서는 부산의 삼정초등학교와 울산의 남부도서관에서 행한 주부를 대상으로 한 프로그램을 시도한 바 있는데, 참여율이 저조하고 중도 포기자가 많았다고 하였다. 여러 가지 원인이 있겠지만, 참가자들이 자가치유서 중심으로 짜여진 텍스트를 흥미롭게 읽기 힘들었던 것이 아닌가 한다. 그런데 문학텍스트는 참가자들이 보다 즐겁게 읽을 수 있다는 점에서 '자가치유서'보다 유리하다. 정운채(2006)에서 지적하였듯이 문학텍스트 중에서도 서사물은 참가자의 공감과 이해를 끌어내기 쉬운 장르라는 점에서 주목된다.

내각주를 사용하였을 때_두 번째

주부를 대상으로 한 독서치료의 사례에서는 '자가치유서'를 통한 명상의 방법을 많이 사용하고 있다. 김순화(2007:600-610)에서는 부산의 삼정초등학교와 울산의 남부도서관에서 주부를 대상으로 한 프로그램을 시도하였는데, 참여율이 저조하고 중도 포기자가 많았다고 밝히고 있다. 여러 가지 원인이 있겠지만, 참가자들이 자가치유서 중심으로 짜여진 텍스트를 흥미롭게 읽기 힘들었던 것이 아닌가 한다. 그런데 문학텍스트는 참가자들이 보다 즐겁게 읽을 수 있다는 점에서 '자가치유서'보다 유리하다. 정운채(2006:314-315)에서 지적하였듯이 문학텍스트 중에서도 서사물은 참가자의 공감과 이해를 끌어내기 쉬운 장르라는 점에서 주목된다.

이처럼 내각주는 저자 이름과 간행 연도만을 본문에 간단히 소개하기에 외각주보다 편리한 점이 있다. 단, 내각주를 사용할 때는 저자 이름을 통해서 그 사람이 쓴 논문을 지칭하게 되므로 '김순화(2007)는'이라고 하지 않고 '김순화(2007)에서는'이라고 서술한다.

그렇다면 내각주 방식을 사용한 논문을 읽을 때, 독자는 책 제목이나 간행기관 같은 서지사항을 어떻게 알 수 있는가? 참고문헌에서 저자와 간행 연도를 확인함으로써 구체적인 서지를 알 수 있다. 내각주에서는 간행 연도가 중요하기 때문에 내각주의 참고문헌은 대개 저자 이름 다음에 간행 연도를 적는다.

(3) 참고문헌 정리

글 마지막에 들어가는 '참고문헌'은 글을 작성하는 데 참고한 모든 문헌의 목록이다. 에세이처럼 간단한 글에서는 사용하지 않지만, 학술논문이나 보고서에서는 반드시 포함되어야 한다. 참고문헌에서 밝히는 서지사항은 외각주의 형식과 유사하지만, 인용면수에서는 차이를 보인다. 즉 외각주에서는 반드시 본문에서 인용한 해당 면수를 적지만, 참고문헌에서는 인용면수를 생략하는 것이 일반적이다. 다만 최근에는 참고문헌에서 책 전체나 논문 전체의 수록면수를 적는 경우도 있다.

참고문헌은 일반적으로 저자명의 가나다순으로 배열한다. 국내서와 국외서가 모두 들어 있다면 먼저 국내서를 적고 다음에 국외서를 적는데, 국외서에 동양서와 서양서가 모두 포함되는 경우에는 동양서를 먼저 적는다. 가까운 곳에서 먼 곳의 순서로 적는다고 생각하면 된다. 이때 동양서의 경우에는 저자명을 가나다순으로 적지만, 서양서의 경우에는 알파벳으로 된 저자의 성(family name)을 기준으로 한다는 점을 주의해야 한다. 예를 들면 Walter J. Ong이 쓴 'Orality and Literacy'라는 제목의 책은 외각주와 참고문헌에서 각각 다음과 같이 적는다. 외각주는 '이름 성'을 쓰는데, 참고문헌에서는 저자 성의 알파벳 순으로 정리하기 때문에 '성, 이름'으로 써야 한다.

외각주 : Walter J. Ong, *Orality and Literacy*, New York : Routledge, 2002.

참고문헌 : Ong, Walter J., *Orality and Literacy*, New York : Routledge, 2002.

위의 경우처럼 서양서의 경우에는 관례상 책 제목은 기울임체(이탤릭체)로 적는다. 학술지에 수록된 논문의 경우에는 논문 제목은 " "안에 넣고 논문이 수록된 책은 기울임체로 적는다. 외국서의 참고문헌을 보면 어떤 것이 책 제목인지 헷갈리는데, 기울임체로 쓴 부분이 책 제목이라는 사실을 기억해 두면 좋다.

또 국내서에서는 보통 출판사가 서울에 집중되어 있어 반복의 번거로움을 피하기 위해 출판도시를 생략하는 경우가 많지만, 외국서의 경우에는 출판사 앞에 출판 도시를 적고 ':'(콜론)을 넣은 다음에 출판사명을 적는다. 이때 출판된 나라가 아니라 출판된 '도시' 이름을 적는다는 점에 주의하자.

4. 퇴고하기

초고를 작성한 후에는 반드시 다시 읽어보면서 글을 고쳐야 한다. 글을 고쳐 쓴다고 하면 보통 문장이나 맞춤법을 살펴보는 것만 생각하지만, 무엇보다 글 전체의 논리적 연결이 자연스러운지, 논점이 명확한지를 검토해야 한다. 이 과정에서 논점을 벗어난 단락이 발견된다면 다시 써야 한다. 또 논리적 연결을 고려하여 단락의 순서를 바꾸기도 한다.

그 다음에 문장과 맞춤법 등을 살펴본다. 문장을 살펴볼 때는 문장의 문법적인 측면뿐만 아니라 문장과 문장의 연결을 살펴보아야 하고 인용이 제대로 되었는지, 출처를 밝히지 않고 인용한 부분은 없는지도 꼼꼼하게 살펴보아야 한다.

예를 들어 학생이 쓴 다음 글을 대상으로 퇴고를 해 보자.

#학생글

2006년은 국제사면위원회(엠네스티 인터내셔널)가 지정한 한국 사형폐지 집중 캠페인의 해였다. 전 세계 200여개의 국가 중 80여개의 국가가 사형제의 완전 폐지에 도달했고, 15개 국가는 전쟁 범죄를 제외한 모든 범행에 대한 사형제를 폐지하였으며, 23개 국가는 최근 10년간 공식적으로 사형을 집행하지 않고 있다. 이러한 세계적인 흐름에도 불구하고 한국은 사형제가 잔존하는 78개 국가 중 하나이다. 그러나 김영삼 정부 말기 시절 일괄적으로 23명에 대한 사형 집행이 이루어진 이래 단 한건의 사형도 집행되지는 않고 있다.[1)]

사형은 범죄인의 생명을 박탈하여 그를 사회로부터 영구히 제거시키는 형벌로, 고대 메소포타미아 문명의 함무라비 법전이나 고조선의 8조법에도 존재하는 인류 역사와 맥을 같이 하고 있으며, 그 타당성 여부는 오랜 시간 논쟁이 되어 왔다. 현행 형법은 강도살인 · 치사죄, 내란죄와 같은 범죄에 대한 형벌의 종류로서 사형을 규정하고 있으며, 국가보안법과 군형법 등 특별 형법에도 사형에 관한 규정을 두고 있다.[2)] 사형제도 존치론을 주장하는 입장에서는 그 기본적인 근거로, 법의 목적은 사회 질서 유지에 있다는 법적 안정성을 든다. 사형 제도는 그 존재 자체만으로도 범죄자로 하여금 본능적인 공포를 연상케 하는 범죄억제의 효과가 있다는 의견 또한 사형제도 존치론자들 다수가 주장하는 바이다. 오랜 시간 법의 원칙 중 하나였던, 응보론 또한 사형제도 존치론의 근거가 되는데, 피해자의 복수감정을 제도적으로 대신하는 것이 형벌이며, 복수감정은 본능적인 감정으로써, 법의 해석과 적용 과정에서 간과되어서는 안 되기 때문이다.

그럼에도 불구하고 인간의 존엄성은 어떠한 상황에서도 존중받아야 하며, 법의 기원과 그 역사를 살펴보았을 때, 법적 안정성보다는 정의와 합목적성이 더 높은 가치이기 때문에, 사형 제도는 폐지되어야 한다. 법은 사회 구성원들의 동의, 즉 합목적성을 바탕으로 정의를 추구하는 사회 규범이며, 규범의 이행 과정에서 사회의 질서가 유지되며 이 때 우리는 법적 안정성을 갖게 되었다고 말한다. 이는, 일반적으로 법적 안정성을 지니기 위해서는 정의와 합목적성이 뒷받침되어야 한다는 뜻이다. 실제로, 존치론자들이 주장하는 사형이 가진 공포감에 의한 범죄

예방 가능성은 이미 거의 없는 것으로 판명되었다.3) 사형에 해당하는 범죄 중 소수만이 계획된 범죄이며, 이미 사형제도를 폐지한 나라에서 범죄 발생률이 급증하는 현상은 일어나지 않고 있기 때문이다.

법관도 사람이며, 인간이 하는 일에는 아무리 신중을 기한다 하더라도 실수가 발생할 수 있으므로 오판의 가능성 또한 무시할 수 없다. 실제로 사형 집행 후에 범죄자로 여겨졌던 사람이 무죄로 입증된 경우, 그 무엇도 그의 빼앗긴 목숨을 보상해줄 수 없다. 특히 정치범이나 사상범의 재판에서 오판이 종종 자행되고는 하는데, 그런 재판에서 사형 제도는 정치적으로 악용될 수 있는 소지도 다분하다. 일반적인 재판의 경우에도, 사형제도는 범죄자의 범죄 행위에 대한 사회적 책임을 회피한다는 비판을 많은 사람으로부터 받고 있다.

형벌의 목적을 고려하더라도 사형 제도는 폐지됨이 마땅하다. 형벌의 목적은 단순한 '응보' 가 아닌, '교화' 에 있다. 해악을 해악으로 응보하는 것은 개인적으로나 사회적으로나 생산적이지 못하며, 사형은 '교화', 즉 형벌의 목적을 달성할 수 있는 길을 원천적으로 차단하고 있으므로 형벌 제정의 취지와도 부합하지 않는다.

사형 제도를 폐지하게 되면 그 대안으로는 '가석방 없는 종신형'을 채택할 수 있다. 가석방 없는 종신형은 수감자의 희망을 박탈한다는 점에서 사형제도보다 더욱 잔인하지 않느냐는 의견이 있지만, 수감자가 저지른 범죄를 생각해봤을 때, 그 정도의 형량은 감내해야 한다고 생각한다. '살인' 이라는 부정의한 방법으로 정의를 구현한다고 했을 때 그것이 과연 정의라는 이름에 합당하다고 말할 수 있을 것인가. 인간의 교화 가능성에 전혀 믿음을 내비치지 않는, 인도주의적 가치와 모순되며 또 한 번의 살인을 야기하는 사형제도는 조속히 폐지되어야 함이 마땅하다.

---

1) 연합뉴스 기사(http://news.nate.com/)

2) 한인섭, 「사형제도의 문제와 개선방안」, 『형사정책』, 제5호, 한국형사정책학회, 1990, pp.33-34.

3) Ibid., pp.30-33.

1) 글 전체의 논리적 연결에 대한 검토

- 논점이 명확한가?
- 주장에 대한 근거가 적절한가?
- 단락과 단락의 연결이 자연스러운가?

이 글은 사형제도를 폐지해야 한다는 관점에 따라 쓴 글로 개요를 다음과 같이 요약 · 정리할 수 있을 것이다.

1단락 : 세계적인 사형제도 폐지 추세
2단락 : 사형제도의 역사 및 사형제도의 의의에 대한 존치론의 근거
3 · 4 · 5 단락 : 사형제도 폐지의 필요성
6단락 : 사형제도의 대안

전반적으로 주장은 뚜렷하게 서술되어 있다. 그런데 논증문에서 보다 중요한 것은 상대방을 설득하는 일이다. 사형제도 존치를 주장하는 사람들을 설득하기 위해서는 법적 안정성이나 범죄억제의 효과 및 응보론 등 그들이 주장하는 근거를 잘 살펴보고 이를 하나하나 비판해야 한다. 또한 6단락의 내용은 논지를 벗어난다. 글을 마무리할 때 새로운 논점을 제시하는 것은 적절하지 않다. 한 편의 글에 이것저것 모두 담으려는 욕심을 버리고 사형제도 폐지의 근거에 좀 더 집중하는 것이 좋다.

이러한 점을 고려할 때 이 글의 개요는 다음과 같이 수정하는 것이 좋다.

1. 사형제도 폐지의 확산 추세
2. 사형제도 존치론자의 주장 : 법적 안정성, 범죄 억지력, 응보론 등
3. 사형제도의 범죄 억지력에 대한 비판적 검토
4. 사형제도 폐지의 필요성

상대방의 주장을 살펴보고 이에 대해 비판하는 것으로 재구성하였다. 이러한 개요에 따라 글을 다음과 같이 수정해 보았다(삭제한 경우에는 삭제 표시[=]를, 추가하거나 수정한 경우에는 기울임체를 사용함).

#수정

2006년은 국제사면위원회(엠네스티 인터내셔널)가 지정한 한국 사형폐지 집중 캠페인의 해였다. 전 세계 200여개의 국가 중 80여개의 국가가 사형제의 완전 폐지에 도달했고, 15개 국가는 전쟁 범죄를 제외한 모든 범행에 대한 사형제를 폐지하였으며, 23개 국가는 최근 10년간 공식적으로 사형을 집행하지 않고 있다. ~~그러나 이러한 세계적인 흐름에도 불구하고 한국은 사형제가 잔존하는 78개 국가 중 하나이다. 그러나 김영삼 정부 말기 시절 일괄적으로 23명에 대한 사형 집행이 이루어진 이래 단 한건의 사형도 집행되지는 않고 있다. 사형은 범죄인의 생명을 박탈하여 그를 사회로부터 영구히 제거시키는 형벌로, 고대 메소포타미아 문명의 함무라비 법전이나 고조선의 8조법에도 존재하는 인류역사와 맥을 같이 하고 있으며, 그 타당성 여부는 오랜 시간 논쟁이 되어 왔다. 현행 형법은 강도살인·치사죄, 내란죄와 같은 범죄에 대한 형벌의 종류로서 사형을 규정하고 있으며, 국가보안법과 군형법 등 특별 형법에도 사형에 관한 규정을 두고 있다.~~ 사형제도 존치론을 주장하는 입장에서는 그 기본적인 근거로, 법의 목적은 사회 질서 유지에 있다는 법적 안정성을 든다. 사형 제도는 그 존재 자체만으로도 범죄자로 하여금 본능적인 공포를 연상케 하는 범죄억제의 효과가 있다는 의견 또한 사형제도 존치론자들 다수가 주장하는 바이다. 오랜 시간 법의 원칙 중 하나였던, 응보론 또한 사형제도 존치론의 근거가 되는데, 피해자의 복수감정을 제도적으로 대신하는 것이 형벌이며, 복수감정은 본능적인 감정으로써, 법의 해석과 적용 과정에서 간과되어서는 안 되기 때문이다.

그러나 ~~그럼에도 불구하고 인간의 존엄성은 어떠한 상황에서도 존중받아야 하며,~~ 법의 기원과 그 역사를 살펴보았을 때, 법적 안정성보다는 정의와 합목적성이 더 높은 가치이기 때문에, 사형 제도는 폐지되어야 한다. 법은 사회 구성원들의 동의, 즉 합목적성을 바탕으로 정의를 추구하는 사회 규범이며, 규범의 이행 과정에서 사회의 질서가 유지되며 이 때 우리는 법적 안정성을 갖게 되었다고 말한다. 이는, 일반적으로 법적 안정성을 지니기 위해서는 정의와 합목적성이 뒷받침되어야 한다는 뜻이다.

또한 존치론자들이 주장하는 사형이 가진 공포감에 의한 범죄예방 가능성은 이미 거의 없는 것으로 판명되었다. 범죄예방 가능성은 이미 거의 없는 것으로 판명되었다. 사형에 해당하는 범죄 중 소수만이 계획된 범죄이며, 이미 사형제도를 폐지한 나라에서 범죄 발생률이 급증하는 현상은 일어나지 않고 있기 때문이다. *형벌의 목적을 고려하더라도 사형제도는 폐지됨이 마땅하다. 오늘날의 사회에서 형벌의 목적은 단순한 응보가 아닌 교화에 있다. 살인을 살인으로 응보하는 것은 개인적으로나 사회적으로 생산적이지 못하다. 사형은 교화라고 하는 형벌의 목적을 달성할 수 있는 길을 원천적으로 차단하고 있다는 점에서 형벌 제정의 취지와도 부합하지 않는다.*
(아래의 단락에서 이동)

~~법관도 사람이며, 인간이 하는 일에는 아무리 신중을 기한다 하더라도 실수가 발생할 수 있으므로~~ *아울러* 오판의 가능성 또한 무시할 수 없다. 실제로 사형 집행 후에 범죄자로 여겨졌던 사람이 무죄로 입증된 경우, 그 무엇도 그의 빼앗긴 목숨을 보상해줄 수 없다. 특히 정치범이나 사상범의 재판에서 오판이 종종 자행되고는 하는데, 그런 재판에서 사형 제도는 정치적으로 악용될 수 있는 소지도 다분하다. 일반적인 재판의 경우에도, 사형제도는 범죄자의 범죄 행위에 대한 사회적 책임을 회피한다는 비판을 많은 사람으로부터 받고 있다.

~~형벌의 목적을 고려하더라도 사형 제도는 폐지됨이 마땅하다. 형벌의 목적은 단순한 '응보' 가 아닌, '교화' 에 있다. 해악을 해악으로 응보하는 것은 개인적으로나 사회적으로나 생산적이지 못하며, 사형은 '교화', 즉 형벌의 목적을 달성할 수 있는 길을 원천적으로 차단하고 있으므로 형벌 제정의 취지와도 부합하지 않는다.~~ **(위 단락으로 이동)**

~~사형 제도를 폐지하게 되면 그 대안으로는 '가석방 없는 종신형'을 채택할 수 있다. 가석방 없는 종신형은 수감자의 희망을 박탈한다는 점에서 사형제도보다 더욱 잔인하지 않느냐는 의견이 있지만, 수감자가 저지른 범죄를 생각해봤을 때, 그 정도의 형량은 감내해야 한다고 생각한다.~~

사형은 제도에 의한 살인이다. '살인' 이라는 부정의한 방법으로 정의를 구현한다고 했을 때 그것이 과연 정의라는 이름에 합당하다고 말할 수 있을 것인가. 인간의 교화 가능성에 전혀 믿음을 내비치지 않는, 인도주의적 가치와 모순되며 또 한 번의 살인을 야기하는 사형제도는 조속히 폐지되어야 함이 마땅하다.

2) 인용과 주석에 대한 검토

- 다른 사람의 글을 왜곡 없이 인용하였는가?
- 다른 사람의 문장을 "" 없이 인용한 부분은 없는가?
- 주석은 적절하게 작성되었는가?

위의 학생 글은 오직 한인섭의 글만을 인용하고 있다. 한눈에 보기에도 한인섭의 글을 전적으로 수용했음을 알 수 있다. 사형제도에 대한 논문을 검색해 보면 사형제도에 찬성하는 사례도 적지 않은데 자신과 견해가 같은 논문만을 선택했음을 알 수 있다. 이런 식으로 글을 쓰면 깊이 있는 글이 나올 수 없다. 양쪽의 논지를 모두 따져보고 자신만의 관점으로 결론을 도출해야 좋은 글이 될 수 있다.

또한 학생이 한인섭의 글을 인용하여 쓴 다음 대목은 논문의 내용을 잘못 파악하였다.

학생이 인용한 대목

또한 존치론자들이 주장하는 사형에 의한 범죄예방 가능성은 이미 거의 없는 것으로 판명되었다.[1] 사형에 해당하는 범죄 중 소수만이 계획된 범죄이며, 이미 사형제도를 폐지한 나라에서 범죄 발생률이 급증하는 현상은 일어나지 않고 있기 때문이다.

1) Ibid., pp.30-33.

한인섭의 논문

사형의 억지 효과에 가한 경험적 조사결과는 이처럼 한결같지 않다. 범죄학자의 경우에는 대체로 부정적 견해가 다수이며, 최근 법경제학의 관점을 취하는 경우에는 긍정적 견해도 다시 나타나고 있다. 아마도 이 문제에 대한 가장 온당한 결론은 '사형제도가 살인을 억지할 수 있다는 것을 납득할 만한 증거도, 억지효과가 없다는 점을 설득력 있게 제시할 만한 증거도 아직 없다'는 것이다. 설사 억지효과가 있다 하더라도 그것이 그다지 유의미한 정도는 아니라는 결론도 제시되어 있다. 또한 단기적 억제효과가 입증된다 하더라도 장기적으로는 매우 불분명하며, 나아가 잠재적 범죄자를 더욱 흉포화시키는 측면을 무시할 수 없다.

한인섭은 '범죄 억지력이 있는지 분명하지 않다'고 하였는데, 학생은 "범죄예방 가능성은 이미 거의 없는 것으로 판명되었다"고 하여 내용을 왜곡하였다. 따라서 다음과 같이 수정되어야 한다.

또한 존치론자들이 주장하는 사형에 의한 범죄예방 효과는 분명하지 않으며 오히려 잠재적 범죄자를 흉포화시킬 수 있다는 우려도 제기된 바 있다.[1] 한인섭은 많은 경우 살인이 재산범죄의 부산물로 인해 발생한다는 점을 고려할 때, 실업률 감소나 양극화 해소가 오히려 살인 예방에 더 큰 효과가 있다고 하였다.[2]

---

1) Ibid., pp.30–33.
2) Loc., Cit..

글의 논리와 인용을 모두 검토하였다면, 마지막으로는 어문 규정과 어법에 맞게 교정한다.[어문규정과 어법에 대해서는 3장 1절의 '어문규정' 및 3장 2절의 1항 '어휘'와 2항 '문장' 참조]

이러한 과정을 거쳐 학생 글은 최종적으로 다음과 같이 수정되었다.

2006년은 국제사면위원회(엠네스티 인터내셔널)가 지정한 한국 사형폐지 집중 캠페인의 해였다. 전 세계 200여 개의 국가 중 80여 개의 국가가 사형제의 완전 폐지에 도달했고, 15개 국가는 전쟁 범죄를 제외한 모든 범행에 대한 사형제를 폐지하였으며, 23개 국가는 최근 10년간 공식적으로 사형을 집행하지 않고 있다.[1]

그러나 이러한 세계적인 흐름에도 불구하고 한국은 사형제가 잔존하는 78개 국가 중 하나이다. 사형제도 존치를 주장하는 입장에서는 그 기본적인 근거로, 법의 목적이 사회 질서 유지에 있다는 법적 안정성을 든다. 사형 제도는 그 존재 자체만으로도 범죄자로 하여금 본능적인 공포를 연상케 하는 범죄억제의 효과가 있다는 의견 또한 사형제도 존치론자들 다수가 주장하는 바이다. 오랜 시간 법의 원칙 중 하나였던, 응보론 또한 사형제도 존치론의 근거가 되는데, 피해자의 복수감정을 제도적으로 대신하는 것이 형벌이며, 복수감정은 본능적인 감정이기에 법의 해석과 적용 과정에서 무시되어서는 안 된다고 주장한다.

그러나 법의 기원과 그 역사를 살펴보았을 때, 법적 안정성보다는 정의와 합목적성이 더 높은 가치이다. 법은 사회 구성원들의 동의, 즉 합목적성을 바탕으로 정의를 추구하는 사회 규범이며, 규범의 이행 과정에서 사회의 질서가 유지될 때 우리는 법적 안정성을 갖게 되었다고 말한다. 이는, 일반적으로 법적 안정성을 지니기 위해서는 정의와 합목적성이 뒷받침되어야 한다는 뜻이다.

더구나 존치론자들이 주장하는 사형에 의한 범죄예방 효과는 분명하지 않으며 오히려 잠재적 범죄자를 흉포화시킬 수 있다는 우려도 제기된 바 있다.[2] 한인섭은 많은 경우 살인이 재산범죄의 부산물로 인해 발생한다는 점을 고려할 때, 실업률 감소나 양극화 해소가 살인 예방에 더 큰 효과가 있다고 하였다.[3]

형벌의 목적을 고려하더라도 사형제도는 폐지됨이 마땅하다. 오늘날의 사회에서 형벌의 목적은 단순한 응보가 아닌 교화에 있다. 살인을 살인으로 응보하는 것은 개인적으로나 사회적으로 생산적이지 못하다. 사형은 교화라고 하는 형벌의 목적을 달성할 수 있는 길을 원천적으로 차단하고 있다는 점에서 형벌 제정의 취지와도 부합하지 않는다.

아울러 오판의 가능성 또한 무시할 수 없다. 실제로 사형 집행 후에 범죄자로 여겼던 사람이 무죄로 입증된 경우, 그 무엇도 그의 빼앗긴 목숨을 보상해 줄 수 없다. 특히 정치범이나 사상범의 재판에서 오판이 종종 자행되고는 하는데, 그런 재판에서 사형 제도는 정치적으로 악용될 수 있는 소지도 다분하다. 일반적인 재판의 경우에도, 사형제도는 범죄자의 범죄 행위에 대한 사회적 책임을 회피한다는 비판을 많은 사람으로부터 받고 있다.

사형은 제도에 의한 살인이다. '살인' 이라는 부정의한 방법으로 정의를 구현한다고 했을 때 그것이 과연 정의라는 이름에 합당하다고 말할 수 있을 것인가. 인간의 교화 가능성에 전혀 믿음을 내비치지 않는, 인도주의적 가치와 모순되며 또 한 번의 살인을 야기하는 사형제도는 조속히 폐지되어야 함이 마땅하다.

---

1) 연합뉴스 기사(http://news.nate.com/)

2) 한인섭, 「사형제도의 문제와 개선방안」, 『형사정책』 제5호, 한국형사정책학회, 1990, pp.33-34.

3) Ibid., pp.30-33.

Ⅴ. 글쓰기의 실제

1. 자기소개서

자기소개서는 특정한 대상을 향해 일정한 목적을 지닌 상태에서 자신이 누구인지 알리기 위한 글이다. 자료나 정보를 대부분 글 쓰는 사람 자신이 가지고 있어 가장 쓰기 쉬운 글이다. 그러나 자기 소개의 상황에 따라 달리 써야 하며 목적에 부합하게 써야 한다는 점에서 가장 쓰기 어려운 글이 되기도 한다.

자기소개서는 대학교 1학년 학생들에게 자신은 어떤 사람인지 표현해보라는 요구에 의해 써야 할 때도 있고, 취업을 위해 써야 할 때도 있다. 상황이 달라진다 해도 자기소개서는 기본적으로 사실에 근거한 정확한 정보를 토대로 씌어져야 한다. 전자는 현재 상태에 대해 진솔한 고백에 근거해서 써야 하고, 취업을 겨냥하는 경우와 같이 특정한 목적을 가진 경우에도 그 목적을 겨냥하지만 솔직하게 써야 한다.

상황 파악 능력이 뛰어난 사람이 자기소개서를 더 잘 쓸 수 있다. 취업을 위한 자기소개서는 인사 담당자에게 자신이 어떤 능력과 장점을 지닌 사람인지 판단 자료를 제출하는 글이라고 생각하며 써야 한다. 더 직접적으로 말하면 인사 담당자에게 자신이 지원 분야를 가장 잘 수행할 수 있는 인물임을 보여주는 글이 취업용 자기소개서이다. 취업을 위한 자기소개서를 쓰면서, 자기소개서의 요구 항목을 무시한 채 자신이 쓰고 싶은 대로 쓴다면 당연히 문제가 된다. 자신이 쓰고 싶은 대로 자신에 대해서 쓰는 것이 자기소개서는 아니기 때문이다. 목적에 맞게 자신의 장점과 능력을 진정성에 근거하여 어떻게 구성할 것인지 구상하고 계획해서 써야 한다. 지원 분야가 달라져도 같은 자기소개서를 그대로 내는 경우가 있는데, 이는 상황 파악 능력이 떨어진다는 것을 보여주므로 인사 담당자의 눈에 들어올 리 없다. 진정성에 근거하지만 목적에 맞게 적절한 선택과 배제가 이루어져야 한다. 자신의 능력과 이력 중 지원 분야에 부합하는 것이 달라지기 때문이다.

1) 자기소개서 쓰는 방법

첫째, 자신이 취업하고자 하는 지원 분야에 따라 달라지겠지만, 일반적으로 자기소개서에 써야 하는 항목은 성장과정, (성격 혹은 능력의) 장단점, 대학생활 및 경력, 지원 동기, 입사 후 계획이다. 특별한 조건이 없다면 지원 분야에 맞추어 위의 항목을 중심으로 서술하면 된다. 최근에는 자기소개서의 항목이 구체적으로 제시되는 경우가 많다. 다음 예시는 ○○그룹이 요구했던 자기소개서의 내용이다.

> 자신에게 요구된 것보다 더 높은 목표를 스스로 세워 시도했던 경험 중 가장 기억에 남는 것은 무엇입니까? 목표 달성 과정에서 아쉬웠던 점이나 그때 느꼈던 자신의 한계는 무엇이고, 이를 극복하기 위해 했던 행동과 생각, 결과에 대해 최대한 구체적으로 작성해 주십시오.

이런 경우라면 요구받은 항목에 대해서는 반드시 '구체적으로' 써야 한다. 문장의 연결을 자연스럽게 하기 위해 약간의 내용을 추가할 수는 있다.

둘째, 서술 방식은 항목별이든 일반 서술형이든 어떤 방식을 취해도 좋다. 물론 실제 상황에서는 지원 분야에서 하라는 방식으로 서술하면 된다. 분량도 최근에는 몇 자 이내로 지정해주는 경우가 많기 때문에 그대로 지켜서 쓰면 된다. 컴퓨터에 입력하는 경우 글자 수가 정해져 있으면 정확히 지켜야 한다. 한 글자라도 많아질 경우 저장이 되지 않기 때문이다.

셋째, 선택과 배제, 진정성의 긴장감을 최대한 살려야 한다. 자신이 지원하는 분야가 어디인가에 따라 자신의 능력과 성격, 특징 중 적절한 것을 선택하고 나머지는 과감히 버려야 한다. 모두 다 구구절절 늘어놓아서는 안 된다.

넷째, 적절한 배치가 필요하다. 항목 간 중복을 피해야 한다. 자신을 소개하는 데 필요한 내용을 모자이크화를 구성하는 것처럼 어떤 항목에 어떤 내용을 쓰는 것이 가장 바람직할지를 고려해서 집중적으로 써서 자신의 장점이 잘 표현되도록 쓴다. 한 항목이라고 반드시 한 단락으로 써야 하는 것은 아니다. 필요에 따라 단락 구분을 해야 한다.

다섯째, 반드시 구체적인 서술이 필요하다. 계기-과정-인식의 변화를 중심으로 서술하면 구체성을 확보할 수 있다. 다른 사람과 차별화되리라 판단되는 경험 내용을 선택한다. 지원회사의 직무와 잘 부합할법한 전공수업의 조별활동 경험, 공모전이나 토론대회에 나갔던 경험, 아르바이트를 했던 경험, 인턴십 경험 등을 활용하여 어떤 계기로 해당 직무에 관심을 가지게 되었는지 그 과정에서 어떤 일을 했는지, 그 결과 어떤 변화가 일어났는지를 구체적으로 서술해야 한다. 자신이 읽은 책, 본 영화, 보고 들은 사건 등 매체를 통한 간접 경험을 최대한 활용한다.

여섯째, 소제목을 활용하는 방법도 있다. 단 진부하지 않으면서 자신의 장점을 부각할 수 있어야 한다. 그렇지 않다면 오히려 부정적인 결과를 초래할 수 있다.

일곱째, 자기소개서도 한 편의 글이다. 읽는 순간 문체를 통해 전달되는 글의 느낌이 있으므로 정확하고 자신감 있게 써야 한다. 맞춤법에 어긋난 표현을 많이 쓰거나 비문을 많이 쓸 경우 기본 요건도 갖추지 못한 사람이라는 느낌을 주니 퇴고 과정을 꼭 거쳐야 한다.

대학교 1학년 학생이라면 가상 자기소개서를 써보는 것도 좋은 훈련이 된다. 가상 자기소개서는 자기소개서 쓰는 방법은 물론 각자 대학생활을 구체적으로 그려볼 수 있는 계기가 된다. 대학생활에 대한 일종의 계획서 역할을 하므로, 자신이 하고 싶은 것이 무엇인지 알 수 있으며 써보면 실현 가능한지 그렇지 않은지 판단도 가능하다.

2) 자기소개서 항목별 작성 방법

| 성장과정 |

성장과정에서는 자신의 성장과정을 연대기별로 모두 다 쓰는 것이 아니다. 학생들은 대체로 자신보다는 부모님 혹은 가족관계, 자신에게 영향을 미친 교사 얘기를 많은 비중으로 쓴다. 성장과정은 자신이 성장하는 과정에서 자신의 가치관이 형성될 만한 계기에 해당하는 사건이나 자신이 지원하고자 하는 분야와 부합할 만한 자신의 내적 자질, 소양 등이 성장 과정에서 어떻게 발현되었는지를 중심으로 써야 한다. 가장 좋은 방법은 자신의 체험에 근거하여 에피소드를 소개하며 스토리텔링을 하는 것이다.

그런데 대부분 비슷한 상황에서 성장했기 때문에 특별한 경험 내용을 쓰기는 쉽지 않다. 그럴 경우 자신이 읽어온 책, 자신이 본 영화, 다큐멘터리, 신문 기사 등과 같은 간접적인 자료를 빌려 와서 이를 통해 자신의 가치관을 드러내는 방법을 쓰는 것이 차선책이 된다. 구체성과 차별화가 생명이기 때문이다.

| 장점과 단점 |

성격의 장단점이나 능력의 장단점을 서술하면 된다. 그냥 나열만 하는 것이 아니라 실제로 장단점이 발휘되어 일을 성공시킨 사례가 있으면 더욱 좋다. 사건으로 제시해주는 것이 더욱 효과적이다. 자신의 능력이 뛰어나다고 강변해봐야 설득력을 갖기는 쉽지 않다. 특정한 상황에서 이러한 능력을 발휘해 본 적이 있다는 예를 들어 주면 인사 담당자는 그 구체적인 내용을 통해 판단을 하게 된다.

어린 시절의 장단점을 쓰는 것보다는 취업 상황과 너무 동떨어지지 않는 시기의 것을 선택하는 것이 더욱 효과적이다.

| 학력 및 경력사항 |

어떤 대학 무슨 학과를 전공했는지, 복수전공은 무엇을 했는지 나열만 하는 것은 별로 의미가 없다. 왜 어떤 전공을 선택했는지 그 전공 학과에서 어떤 공부를 했는지 또 어떤 활동을 했는지를 쓰되, 계기를 밝히고 그 일을 하면서 실제로 수행한 내용을 구체적으로 소개하여 그 결과 자신이 현재 어떤 능력을 지닌 사람이 되었는지를 설명해야 한다. 구체적인 내용으로 써야 전달의 힘이 커진다.

'나는 동아리 활동을 통해, 인간관계를 원활하게 하는 방법을 파악했다'라고 쓰는 것은 전혀 설득력이 없다. 현재감이 없기 때문이다. 어떤 상황 속에서 무엇을 파악했는지, 그리고 그것을 파악함에 따라 스스로 어떻게 변했으며 또 주위 인간관계가 어떻게 변화했는지 그것을 구체적으로 생생하게 전해야 설득력을 가질 수 있다.

| 지원 동기 |

지원 동기를 서술할 때도 구체성이 생명이다. 비슷한 경력과 비슷한 능력을 가진 사람들이 지원한다고 가정해 보라. 자신이 왜 이 분야에서 일을 하겠다고 생각하게 되었는지 구체적인 동기를 밝혀야 한다. 만약 신문사라면 조선일보사가 아니라 왜 경향신문사 기자가 되고 싶은가 하는 것처럼 대응되는 짝을 염두에 두고 서술하면 그 회사 지원 동기를 보다 잘 쓸 수 있다.

| 입사 후 계획 |

① '뽑아만 주신다면 무엇이든 열심히 하겠습니다'

자신이 무엇을 잘할 수 있을지 구체적인 능력을 보여 주어야 한다. 멀티 플레이어여서 무슨 일이든지 시켜만 주면 잘 하겠다는 말은 아무 능력도 없음을 보여주는 표현이다.

② '열심히 배우겠습니다'

내가 어떤 능력을 지닌 사람이니 이 점을 평가하여 나를 채용하는 것이 어떻겠느냐는 제안을 조심스럽게 하는 것이 자기소개서인데, 입사한 후에 배우겠다는 사람을 어떻게 뽑겠는가? 물론 입사하면 열심히 일을 할 사람이 필요하지만, 지금 현재 내가 어떤 능력을 지니고 있는지가 더 중요하므로 그 점을 구체적으로 보여주어야 한다.

3) 자기소개서 쓸 때 표현상의 유의사항

다음은 학생들의 자기소개서를 첨삭하는 과정에서 자주 발견하게 되는 오류이다. 자기소개서는 자신에 대한 내용으로만 스스로를 보여주는 것이 아니다. 물론 내용이 가장 중요하지만, 어떤 문체를 썼으며 어떤 연결어미와 종결어미를 쓰는가 등의 요소도 '모르는 사이에' 읽는 이에게 정보를 주기 때문이다. 자기소개서에 학생들이 주로 쓰는 어구 중 반복해서 쓸 경우 문제가 되는 표현 몇 가지를 보도록 하자.

①-1. 때문인지 (모르겠지만)

예 "세상의 지식을 아는 것보다는 먼저 사람으로서 올바른 인성을 갖추기를 바라셨던 부모님의 가르침 때문인지, 저는 중학교에 입학하고 나서부터 '공부해서 남 주겠다'라는 신조를 가지고 생활했습니다. 이러한 분명한 동기 때문인지 저는 공부를 열심히 하여, 고등학교에 진학한 후에는 전교 석차가 2등 아래로 떨어져 본 적이 없었습니다."

①-2. 그래서인지 (모르겠지만)

예-1. "저희 부모님의 영향을 받아서인지, 저희 누나도 현재 초등학교 교사로서 성실하고 정직하게 공직생활을 하고 있습니다."

예-2. "그 지역의 사람들이 모두가 다 그런 건 아니지만, 저도 지역의 영향을 받아서인지 말이 차분하고 성격 또한 느긋한 성격입니다."

'-해서인지' 다음에는 '모르겠지만'이 문맥 속에 들어 있다. 위의 예에서도 '가르침 때문에', '동기 때문에'라고 하면 더 정확한데, '가르침 때문인지 (모르겠지만)' '동기 때문인지 (모르겠지만)'를 쓰면 읽는 이는 어딘가 이 글이 자신감이 없다고 느끼게 된다. 한 번 정도 쓰면 상관이 없겠지만, 반복적으로 이 어미가 사용되고 있으면 퇴고 과정에서 반드시 수정하는 것이 좋다.

② -게 되다

사실 저는 어릴 때 중국 연변 용정에서 태어난 조선족 가정의 외아들입니다. 생후 6개월 후 아버지의 직장 때문에 요녕성 대련에 가게 되었습니다. 중국에서 학교를 다니면서 초등학교 3,4 학년 때 부모님이 한국으로 가시게 되었고 저는 초등학교 6학년 때 한국으로 가게 되었습니다.

어릴 때 중국에서 말하는 '3호'학생(지, 덕, 체를 갖춘 학생)이라는 칭호도 많이 받았고 탁구를 열심히 갈고 닦아서 상당한 실력을 갖게 되었습니다. 또한 중학교 때 한국에 와서는 바이올린 학원에 다니면서 음악 분야에도 하나의 특기를 가지게 되었습니다. 그 외 자연과학 계열이지만 워드프로세서 1급, 컴퓨터 활용능력 1급, 정보처리기능사 등 컴퓨터에 관한 자격증을 보유하고 있습니다. 대학교 때는 탁구 동아리 회장을 지내면서 동아리 회원들을 모집, 훈련 등을 시키면서 그룹을 책임지는 경험을 하게 되었습니다.

어릴 때부터 숫자를 좋아하였기에 많은 시간을 수학에 투자했고 초등학교에서부터 고등학교 때까지 점수 또한 시간을 투자한 만큼 잘 나와 주었기에 저는 수학을 더욱 더 좋아하게 되었습니다. 특히 고등학교 때 읽었던 '페르마의 마지막정리'라는 책을 통해 수학의 역사를 알게 되면서 수학에 더욱 관심을 쏟게 되었습니다. 그렇게 대학수학능력시험을 보고난 뒤 대입 논술 시험을 준비할 무렵, 여러 수학자들이 수십 년에 걸쳐 증명해낸 여러 법칙들을 하나하나 공부해 나갈 때는 수학의 놀라움과 재미를 알게 되었습니다.

'-게 되다'가 필요한 문맥에서는 이를 써야 하지만, 그렇지 않은 경우에도 반복적으로 쓴다면 이 어미 처리만으로도 독자에게 글을 쓴 사람이 자신감이 결여되어 있으며 수동적인 사람이라는 사실을 직접 알려주는 것이나 다름없다.

③ 하다 보니 (자연스레)

㉠ 혼자서 공부를 하다 보니 학교에서 가르쳐 주는 내용은 한정적인 것뿐이라는 것을 알게 되었고, 학교 수업은 나의 욕구를 채워 주지 못했다.

'-하다 보니'도 자기소개서에서 많이 볼 수 있는 연결어미이다. '-하다 보니'라는 말의 의미도 그러하지만 문맥상 '자연스레' 혹은 '저절로'라는 글이 뒤따르는 경우가 많으므로, 별로 노력을 들이지 않고도 어떤 것을 할 수 있었다는 의미로 읽힌다.

자기소개서는 자신이 누구인지 어떤 능력을 지닌 사람인지 보여주는 것이다. 그런데 글을 써서 보여주므로 글쓰기 방식을 통하여, 문체를 통하여 자신도 모르는 사이에 독자에게 전달되는 것이 있다. 형식이라 생각하지 말고 위에서 제기한 몇 가지 표현에도 신경을 써서 자신의 의지와 상관없는 부정적인 태도가 전달되지 않도록 해야 할 것이다.

▶ **다음은 모 항공사에 입사하고 싶어하는 학생이 쓴 자기소개서이다. 자기소개서의 요건이 어떤 식으로 구체화되어 있는지 생각해 본 후, 자기소개서를 써보자.**

※ 다음 항목에 대해 각각 500~700자로 기술하시오.

1. ○○○○ ○○사에 지원하게 된 동기에 대해서 서술해 주십시오.

대학교 4학년이던 2014년 ○○○○ ○○사 대학생 마케팅 공모전에 참여한 후 저는 ○○○○ ○○사 승무원 지원을 더 간절히 원하게 되었습니다. 어렸을 때부터 봉사활동에는 익숙해서 막연히 승무원이 되고 싶다고 생각하다가 대학교 2학년 때 홍보대사를 하며 승무원이 되어야겠다는 구체적인 꿈을 꾸기 시작했습니다. ○○○○ 공모전 참여도 제 꿈을 실천하는 계기였습니다. 이 공모전에 선발된 아이디어는 직접 실현하도록 하는 프로그램이었습니다만 아쉽게도 수상은 못 했습니다. 중국 인바운드 시장 전략에 대한 ○○○○의 마케팅 전략을 준비해서 참여했는데, 이 과정에서 ○○○○ ○○이 대학생들의 아이디어를 수용하려 한다는 점과 뉴미디어 활용 기술을 이해하고 젊은 세대와 함께 발전하고자 하는 기업이라는 것을 알게 되었습니다. 또 ○○○○ ○○에서 '아름다운 교실' 프로젝트라는 이름으로 중국 내 지원이 필요한 학교 학생 후원을 통해 중국 어린이와 청년들의 꿈과 희망을 키워 나가고자 한다는 것도 인상적이었습니다.

최근에 조정래의 『정글만리』를 재미있게 읽었는데, 이 책에서는 중국을 '14억 인구에 14억 가지의 일이 일어나는 나라'라고 합니다. 중국의 글로벌 비즈니스와 경제 흐름뿐만 아니라 역사와 문화에 대해서도 이해와 통찰을 제공해주는 소설을 읽으며, ○○○○ ○○에서 변화하는 아시아에 주목하듯 저도 그 변화에 발맞추어 일하는 승무원이 되고자 합니다.

2. 본인의 특성과 성장 배경에 대해 기술하여 주십시오.

중학교 2학년 때부터 어머니와 장애인 시설 '해 뜨는 집'에서 5년간 봉사활동을 한 것이 계기가 되어, 저는 대학교 1학년 때 가족 봉사 우수자로 (주)코웨이의 캄보디아 봉사활동에 선발되었습니다. 함께 떠나는 봉사자를 보니 저 빼고 모두 직장인이라 저는 대학생으로서 할 수 있는 참신한 역할을 발휘해야겠다고 생각했습니다. 떠나기 전부터 캄보디아 현지에서 사용할 수 있는 벽화 밑그림을 만들고 아이들에게 줄 장난감, 풍선 등을 준비했습니다. 막상 현지에 갔을 때는 삽으로 땅을 파거나 우물에 시멘트를 바르는 것이 봉사활동의 주된 일이라 제가 준비한 것이 쓸모가 없어진 듯해 실망했습니다. 그런데 봉사 마지막 날 캄보디아의 한 초등학교 방문 일정이 있었습니다. 저는 한국에서 준비해간 풍선을 꺼내 강아지, 칼 모양을 만드는 등 풍선아트를 보여주었습니다. 캄보디아 아이들은 신기해하며 몰려들었고 혼자 할 수 없어 결국 모든 팀원이 합세해서 풍선아트를 하며 놀았습니다. 언어가 달라도 봉사자와 피봉사자로 나뉘지 않고 모두 즐겁게 소통하고 교감하는 시간을 보낼 수 있었습니다. 팀원들 모두 언제 그런 걸 준비해왔느냐며 준비하는 자세에 대한 칭찬을 해주었습니다. 이 과정에서 저는 봉사활동이 거창한 것이 아니라 마음이 우선이고 소통하는 자세가 필요하다는 것을 알게 되었습니다.

3. 개인적인 어려움과 희생을 각오하고 윤리적, 도덕적으로 행동했던 경험을 서술해 주십시오.

일본 영화 〈앙〉은 나환자 도쿠에가 팥을 쑤며 정성을 다하는 모습이 나오는데 정말 감동적입니다. '언제나 진심을 다하는 것'이 제 인생에서 가장 중요한 가치인데, 이 영화는 바로 진심의 가치를 강조합니다. 영화에서도 도쿠에의 진심은 주변 사람을 변화시킵니다.

대학교 3학년 때, 보습학원에서 중학생에게 국어를 가르치는 아르바이트를 한 적이 있습니다. 제가 맡은 반에 주의력 결핍 과잉행동 장애(ADHD) 학생이 한 명 있었습니다. 가만히 앉아 집중하는 것이 어려운 이 학생 때문에 학부모들은 항의 전화를, 학원 원장님은 수업에 방해가 될 때마다 그 학생을 복도에 세워두라고 했습니다. 그러나 저는 그 학생에게 다른 학생들과 어울려 공부하는 방법을 먼저 가르쳐야겠다고 생각했습니다. 과잉 행동을 혼내기보다는 아이의 눈높이에서 말을 걸고, 의자에 가만히 앉아있을 때는 칭찬해주며 아이에게 진심을 전해보려 했습니다. 그러자 변화가 일어났습니다. 제 수업시간마다 맨 앞에 앉아서 저와 눈을 맞추고 싶어하고, 차분히 앉아서 문제를 풀어보기도 하는 것이었습니다.

저도 처음에는 그 학생을 대하는 것이 어려웠고, 다른 학생들을 설득하기도 무척 힘들었습니다. 그러나 아동 개인의 존엄성을 존중하는 것이 교육의 시작이라는 신념이 있었고, 눈높이 교육의 중요성을 배운 저는 지속적으로 노력한 끝에 그 학생과 친밀한 관계를 형성하여 변화를 끌어낼 수 있었습니다.

4. ○○○○ ○○에 제안하거나 추천하고 싶은 서비스를 서술해 주십시오.

대학교 3학년 때, 일주일 간 중국으로 문화 연수를 다녀온 적이 있습니다. 저희 팀은 ○○○○ ○○에 탑승했는데, 제 친구 한명이 비행기를 타는 것이 처음이라 식은땀을 흘리며 불안해했습니다. 그 때 ○○○○ 승무원이 다가와 손을 잡으며 친구를 안심시켜 주었습니다. 제가 추천하고 싶은 것은 낯선 기내 환경과 장시간 비행 등으로 심리적 불안을 느끼는 승객과 아동, 노인 등 연령층에 따른 정보를 파악하여 기내에서 미술 · 심리 치료를 하는 맞춤형 서비스입니다.

저는 아동복지학을 복수전공하면서 '아동 상담과 미술 치료' 과목에서 타인에게 도움을 주기 위해서는 상대방의 입장에서 생각하는 것이 가장 중요하고, 미술 치료 기법을 통해 독특한 사고와 욕구를 가진 아동 심리에 접근할 수 있다는 것을 배웠습니다. 이론뿐 아니라 재단 메이크어위시에서 난치병 환아에게 '손흥민 선수와 만나고 싶어요'와 '최신형 컴퓨터를 갖고 싶어요'라는 두가지 소원을 성취해주는 일련의 활동을 하면서 환아들의 상처를 이해하고 도움을 주기 위해 노력했습니다. 또 2016년 여름 방학에는 장애인 복지관에서 사회복지 실습을 진행하며 장애인과 소통하는 방법도 배웠습니다. 이런 지식과 경험을 바탕으로 질 좋은 서비스를 제공할 수 있습니다. 순간적인 공감도 중요하지만, 고객의 심리적 불안을 미리 알고 준비해서 도움을 준다면 아시아나 항공은 매우 인간적인 회사가 될 것이라 생각합니다.

2. 감상문

감상문은 책이나 예술 작품에 대한 생각과 느낌을 쓰는 글이다. 주관적인 인상을 지식과 결합하여 새로운 인식상태로의 변화를 보여 준다면 좋은 감상문이 된다. 또 좋은 감상문은 비평을 지향한다. 비평이란 어떤 대상이나 사회 현상에 대해 분석하고 가치를 평가하는 활동으로 감상문의 수준보다 높은 차원의 영역이며 대상 또한 더 넓다. 비평의 대상에는 정치 · 경제 · 사회 · 문화예술의 모든 영역이 다 포괄되며 글의 성격 또한 감상문의 높은 차원으로서의 비평에서부터 논증의 방법으로 쓰여지는 글까지 매우 다양하다. 여기서는 대학생들이 과제로 많이 쓰게 되는 독서감상문과 영화감상문에 초점을 두려고 한다. 감상문과 비평문의 차이를 염두에 두면서 감상문 쓰는 방법에 대해 알아보자.

감상문과 비평문은 둘 다 대상 텍스트를 읽고 쓴 결과라는 공통점이 있다. 이때 대상 텍스트는 시 · 소설 등 문학작품, 연극 · 영화 · 뮤지컬 등 공연 예술, 음악, 미술 등 다양하다. 감상문이 예술 작품에 대한 정서적 반응을 표현하는 데 그치지 않고 자신의 견해를 다른 사람들과 향유하려고 할 때 예술 비평이 된다. 감상에서 비평으로의 이행은 단순한 수용에서 벗어나 새로운 텍스트를 생산하는 행위가 된다.

감상문은 자기 표현적 유형의 글이고, 비평문은 설득적 유형의 글이다. 감상문이 대상 텍스트에서 얻은 느낌이나 생각을 필자 중심으로 서술하는 개인 내 수준의 텍스트라면, 비평문은 필자가 대상 텍스트와 상호작용하는 가운데 의미를 구성하는 개인 간 수준의 텍스트이다. 감상문은 읽기 위한 쓰기를 지향하지만, 비평문은 쓰기 위한 읽기를 지향한다는 점에서 다르다. 전자는 활동의 중점이 대상 텍스트를 이해하고 감상하는 데 있고, 후자는 비평문을 쓰는 데 있다. 이해와 감상이 초점이기 때문에 감상문은 대학 교육에서 과제로 제시되는 경우가 많다. 전공과목이든 교양과목이든 그 과목의 내용 이해를 돕기 위해 관련된 영화나 책을 읽고 감상문을 써보면 어떤 지식은 보다 더 원활하게 수용될 수 있다.

비평문 쓰는 과정은 대상 텍스트에 대한 요약과 분석, 논평, 근거 및 반응으로 이루어진다. 요약은 대상 텍스트를 제대로 이해했는지, 분석은 대상이나 현상에 대한 엄정한 눈을 갖추고 있는지 논평은 대상 텍스트에 대한 필자의 관점, 태도, 판단, 입장 등을 밝히는 부분이다. 이 부분에서 비평문의 주관적인 색채, 필자의 개성적인 관점 등이 발휘된다. 근거 및 반응은 필자가 내린 논평의 근거를 밝히거나 정서적인 반응을 드러내는 부분이다. 이와 같은 비평문 쓰는 과정을 염두에 두고 감상문을 쓰려고 노력하면 중고등학교 때 쓴 독서감상문이나 영화감상문보다 더 수준 높은 감상문, 비평을 지향하는 감상문을 쓸 수 있다.

1) 독서감상문 쓰는 방법

잘 쓴 독서감상문은 대상 텍스트를 얼마나 잘 이해했는지, 대학 교육 과정 안에서 학습해야 할 내용이 무엇인지를 인지했는지 보여줄 필요가 있다.

① 읽은 책의 중요한 문제의식이 무엇인지 파악하여 자기 글의 방향을 설정한다.

② 자신이 읽은 책을 한 문장으로 요약하여 어떤 책인지 보여주라.

③ 자신이 읽은 책에서 인상적이라 생각한 것 두세 가지를 구체적으로 보여주면서 왜 인상적인지 그 이유를 설명해 본다.

④ 자신의 감상대로 쓰되, 막연하게 감동적이라거나 흥미롭다거나 의미가 있다고 쓰지 말고, 왜 감동적인지 어떤 부분이 흥미로운지 어떤 점에서 의미가 있는지 구체적으로 써야 한다. 저자는 이렇게 말하고 있고 내 생각은 어떠하다는 것을 보여주라.

⑤ 책에서 읽은 내용과 자신의 생각이 어디에서 만나는지 그 접점을 잘 보여주어야 한다. 그동안 본 영화, 강의 시간에 들었던 내용, 직접 체험한 일, 자신이 읽었던 다른 책, 자신이 중요하다고 생각하는 문제의식 등을 떠올려보면서 자신이 알고 있는 것과 어떻게 연루되는지 생각해보면 감상문을 쓰기가 훨씬 수월하다.

⑥ 감상문 역시 한 편의 글이므로 문체가 전달하는 표현의 효과 역시 고려해야 한다. 어법에 맞는 표현, 정확한 문장, 단락 구분, 적절한 제목 달기 등이 제대로 되었는지 퇴고해본다.

⑦ 한 편의 완성된 글로서 자연스럽게 읽을 수 있도록 가독성을 고려해서 쓴다.

2) 영화감상문 쓰는 방법

영화감상문도 독서감상문과 마찬가지다. 잘 쓴 영화감상문 역시 비평을 지향하지만, 삶의 태도에 대한 학습이거나 교양 수업의 전문지식을 전달하기 위한 의도가 들어간 영화감상문이라면 그 지식이 보다 더 효과적으로 전달되도록 쓸 필요가 있다.

본격적인 영화비평이라면 물론 영화 촬영기법이나 배경음악, 한 장면의 구성 방법, 전체 구성법 등 전문적인 영화감상을 토대로 써야 한다. 영화 전공자가 아닌 입장에서 강의의 보조적인 방식으로 영화감상문을 쓴다고 해도 위의 요건들을 염두에 두고 쓴다면 더 좋은 감상문을 쓸 수 있다.

▶ 다음 글은 에리히 프롬의 저서 『소유냐 존재냐』를 읽고 학생이 쓴 독서감상문이다. 이 글의 장점은 무엇인지 이야기를 나눠 본 후, 좋은 독서감상문이 지녀야 할 요건을 생각해 보자.

움켜쥔 손을 펴는 연습

흔들리며 피는 꽃이 아름답다지만, 요즘의 우리 사회는 흔들리다 못해 뿌리가 뽑힐 지경이다. 이천 년대를 살아가는 현대인은 참 이상하다. 페이스북으로 더 많은 친구를 사귀게 되었지만 당장 눈앞의 친구와 대화를 이끌어 가기가 힘들고, 아내와 남편이 포옹 한번 나누지 않으며 아이들은 좁은 책상 위를 자신의 세상으로 믿고 살아간다. 지구 건너편 어딘가에는 종교라는 이름으로 아녀자가 죽어가고 조금 더 너머 북쪽에는 빙하가 녹아 수십 개의 종(種)이 사라져도 누구 하나 '슬프다' 공감하는 이가 없는, 인간과 생명보다는 기계와 죽음이 익숙한 초라한 세상이 되었다. 프롬은 20세기 후반 이후의 현대인의 병리적인 태도와 심리 그리고 그 근간이 되는 사회를 진단하면서 인류와 세상을 위해 새로운 인간으로 태어나야 한다고 호소한다.

흔들리는 꽃, 인간. 프롬의 저작 『사랑의 기술』에서 인간은 기본적으로 분리 상태에서 불안을 느끼고 고립감과 단절감을 극복하기 위해서 끊임없이 움직이는 존재로 묘사된다. 그리고 『소유냐 존재냐』에서 절대 다수의 현대인들은 실존의 불안을 해소하기 위해 스스로를 사회 체제와 완전히 합치하는 길을 선택했다고 설명한다. 문제는 인간이 홀로 서는 법을 터득하지 못한 채 사회에 자신을 내맡겨 버리는 바람에 병든 사회와 인간이 한 몸이 되어 살아가게 되었다는 것이다. 자, 그럼 사회와 한 몸이 되어 분리감을 극복한 인간은 완전히 행복해진 걸까? 불행히도 인간은 더욱 불행해졌다. 프롬 사상을 이루는 실존주의 철학의 아버지 키에르 케고르는 인간은 완전히 혼자일 수 없는 존재라고 규정한다. 인간은 단독자이기도 하지만 스스로를 인식하기 위해서 필연적으로 타자를 필요로 하는데, 그 타자의 수준에 따라서 인간 개인의 수준 또한 달라진다. 예를 들어 타자가 부모님이라면 효자 효녀가 되는 것이 최고의 완성이다. 타자가 주인이라면 충실한 노예가 되는 것이 최고이고 타자가 자본주의 사회라면 부유한 자본가가 되는 것이 최고의 완성이다. 간단히 말해서 현대인의 타자–자본주의 사회–가 갖는 체제의 한계 때문에 이에 자신을 적응시킨 개인은 존재의 완성을 이루지 못하고 끊임없이 흔들리게 되는 것이다.

프롬은 이 끊임없이 흔들리는 자본주의 사회의 인간을 '소유 지향적 인간'으로 규정하고 있다. 이때의 소유는 소비와 같은 맥락으로 쓰인 것 같다. 무엇인가를 소유한다는 것은 대가를 지불(소비)함으로써 내 뜻대로 처분할 권리를 획득한다는 말이다. 현대인은 끊임없이 소비함으로써 자신을 확인하려 하지만 소비는 한정된 시간 속에 단절되어 있는 행위이기에 현대인의 공허함과 불안감은 결국 해소될 수 없는 것이다. 그러나 비극은 여기에서 멈추지 않는다. 1차적으로 소비는 사물을 이용하거나 소모하는 것을 의미하지만 자본주의 사회에서는 이 소비가 사물을 넘어서 인간을 비롯한 모든 생명체를 대상으로 삼게 된다. 그 대상이 설령 생명체일지라도 대가를 지불하기만 하면 그를 마음대로 할 수 있는 '소유권'을 얻게 되는 것이다. 얼마 전 일어난 KT 명예퇴직 사건 역시 이러한 사고관에서 비롯된 사건이라고 할 수 있다. 자본주의 사회의 모든 관계는 대가를 지불하면 소유할 수 있는 객관적이고 양적인 관계가 되었다. 따라서 노동력을 제공하고 또 지불하는 사람의 나이와 사회적인 맥락 그리고 존중심은 사멸하고 만다. 그들은 가시적인 화폐이자 완전히 고립된 기계로 전락하는 것이다. 그리고 그러한 인간 군상이 이 사회를 구성하게 된다.

자연 역시 예외일 수는 없다. 대만의 국민 스포츠 중에는 '비둘기 레이스'가 있는데, 이 비둘기 경주는 12만여 마리의 비둘기를 배에 태워 약 2000km 정도 떨어진 바다에서 시행된다. 사람들은 바다 한 가운데에 비둘기를 방사하고 사라진다. 발 디딜 곳 하나 없는 대서양 한가운데에서 비둘기들은 푸드덕푸드덕 50km쯤 날아가다 이내 바다로 떨어진다고 한다. 12만여 마리의 비둘기 중 육지로 돌아오는 비둘기는 십여 마리 남짓. 비둘기 경주는 매년 봄과 가을 5주간에 걸쳐 5차례가 열리며 요즘은 전 세계적인 도박 스포츠로 자리매김하고 있다. 내가 생명체를 소비하였다면 마음대로 할 수 있다는 소유적 태도. 프롬은 이러한 소유 지향적 사회와 인간이 지구와 인류를 파멸로 몰고 가고 있다고 지적한다.

그렇다면 인간은 이제 구제 불능이 된 걸까? 윤리적 인본주의자 프롬은 인간의 마음에는 사랑으로 참된 기쁨을 느끼고자 하는 내면적인 힘이 있다고 한다. 자신과 타인의 성장과 생명에 대한 적극적인 관심과 애정을 희구하는 '태도'를 존재 지향이라고 규정한다. 다시 말해, 프롬은 현대의 병리적인 사회와 인간을 구원할 수 있는 유일한 길은 존재적 태도를 견지하며 살아가는 것 그리고 인간의 내면에 살아있는 사랑을 일깨우는 것이라 호소한다. 얼핏 들으면 너무나 피상적이고 이상적인 해결방법이라고 생각할 수 있겠지만 『소유냐 존재냐』를 가만히 들여다 보면 이 해결법만큼 부담스럽고 확실한 게 없다는 것을 깨닫게 된다. 왜냐하면 프롬이 말하는 존재양식이란 체험과 합치하며 그 체험이라는 것은 결코 설명할 수 있는 게 아니다. 프롬이 바라는 것은 지금 이 글을 읽는 독자 당신의 실천, 존재로 살아가려는 끊임없는 훈련이기 때문이다. 프롬은 『소유냐 존재냐』 전체에 걸쳐 소유 지향적인 삶을 규정한다. 그리고 존재로 산다는 것은 소유지향적인 삶의 태도를 철저하게 떼어내는 것. 그리고 자신의 내면의 선(善)에 귀를 기울이고 신이 없는 종교성을 추구할 것을 요청한다.

일차적으로 '존재를 지향하는 삶 = 소유를 내려놓는 삶'이라고 할 수 있지만 존재를 단순히 소유의 바깥으로 생각해서는 안 된다. 프롬이 이 사회에 대한 근본적인 변화의 핵심으로 '존재'를 주창한 데에는 존재가 갖는 특별한 힘, 능동성 때문이다. 능동성은 단순하다. 내가 행위의 참된 주체가 되면 된다. 하지만 현대 사회에서 내가 나의 주인이 되는 일만큼 어려운 일이 있을까. 프롬은 누군가가 일을 시키지 않고 자발적으로 실행한다고 해서 그 행동을 능동적이라고 부르지 않는다. 프롬이 말하는 능동성은 자신의 내면에 자리 잡은 기쁨을 위해 움직이는 활동이다. 요즘의 대학생들은 부모 세대보다 수십 배는 넓은 행동반경을 지닌다. 방학이면 어학연수며 해외 봉사활동이며 집짓기 프로젝트며 여러 가지 대외활동을 위해 분주하게 움직인다. 하지만 프롬의 이 책에서는 그 모든 행위가 자신의 기쁨이 아닌 그 행위의 '결과'를 위함이라면 진정한 능동성이 아니라고 이야기한다. 다시 말해 내가 봉사활동의 주체가 되지 못하고 수료증이 봉사의 주체가 된다면 그것은 소외된 능동성이라는 것이다.

23살의 대학생. 이제 진짜 사회인으로 거듭날 대학생의 끝 철에서 나는 프롬을 읽고 있다. 프롬의 말에 공감을 하면서도 이 책대로 살다가 비렁뱅이를 면할 수나 있을까 하는 생각이 들기도 한다. 하지만 프롬은 이러한 불안까지도 예견하고 우리에게 말한다.

그들을 망설이게 하는 것은 자기는 혼자 힘으로 걸을 수 없으리라는,
만약 재산이라는 목발이 지탱해주지 않으면 쓰러져 버릴 것이라는 그릇된 환상이다.

– 에리히 프롬, 차경아 역, 『소유냐 존재냐』, 까치, 1996, 126쪽.

1900년에 태어나 1980년에 죽은 아저씨의 이야기가 왜 이렇게 큰 위로로 다가오는지는 나도 잘 모르겠다. 프롬은 책의 말미까지 존재로 사는 것을 정확하게 '무엇이다'라고 명명하지는 않는다. 다만 존재로 산다는 것의 아우라를 보여줄 따름이다. 진리 역시 그러하다. 예전의 어떤 사상가는 '진리는 다만 무엇이 아니다'라고 말할 수 있을 뿐이라고 했다. 20대의 청년으로서 또 인문학을 전공한 학생으로서 존재로 산다는 것은, 다만 순간순간 소유하려는 삶의 태도를 지워나가는 겸손하지만 치열한 태도가 아닐까 결론지어 본다.

▶ 다음 글은 영화 <쇼생크 탈출>을 보고 쓴 학생의 영화 감상문이다. 이 글은 영화를 본 후 '다른 부류의 사람을 만났을 때 주인공이 어떻게 처신했는지'를 주제로 쓴 감상문이다. 이 글에 대해서 장단점을 얘기해보고, 영화 감상문을 하나 써 보자.

굳지 않는 점토

태어났기에 열심히 살아가는 과정에서 사람들은 다른 사람과 관계를 맺으며 사회를 이루어 나간다. 사람과의 관계망 중 과연 나와 다른 부류라 생각되는 사람과 관계가 지속될 수 있을까? 혹은 편안한 감정을 느끼며 더욱 호감을 가질 수 있을까?

이 세상은 너무나도 아이러니하기 때문에 나와 엇비슷하게 닮은 사람에게는 오히려 반감이 생길 수도 있다고 한다. 이를 '불쾌한 골짜기 이론'이라 부른다. 1970년 일본의 로보티스트 모리 마사히로가 소개한 이론이다. 불쾌한 골짜기란, 인간이 로봇이나 인간이 아닌 것에 대해 느끼는 감정에 관한 로보틱스 이론이다. 로봇이 점점 사람의 모습과 흡사해질수록 인간이 로봇에 대해 느끼는 호감도가 증가하다가 어느 정도에 도달하게 되면 갑자기 강한 거부감으로 바뀌게 된다는 것이다. 그렇게 얘기해 본다면, 나와 다른 부류의 사람이라고 해서 굳이 호감을 갖지 않을 이유는 없다.

더 자세히는 그 사람과 나와 정말 다른 부류라고 느껴지는 감정이 싫다는 부정적 감정으로 다가오기보다는 오히려 관심이라는 긍정적인 요소가 될 것이라는 역설적인 상상을 해볼 수도 있다. 그 이유는 다음과 같다. 다르다는 이유로 관심이 생기면 자연스레 '관찰'의 과정으로 넘어간다. 관찰의 시간이 지나고 나면 개인에 따라 다른 부류라 느껴짐에도 더욱 호감을 느낄 수 있다. 더욱 거리감이 생겨날 수 있다는 가능성을 배제하진 않겠다. 그러면, 나와 다른 부류의 사람에 대해 인간이 갖는 크게 두 갈래의 노선이 있다는 것이다. 호감과 비호감의 선택의 길에서 〈쇼생크 탈출〉은 나와 다른 부류라 느껴지는 사람에 대해 호감의 길을 결정했다.

'두려움은 너를 죄수로 가두고 희망은 너를 자유롭게 하리라.'라는 카피로 유명한 영화 〈쇼생크 탈출〉은 스티븐 킹의 베스트셀러 『사계』에 수록된 중편 공포 소설 "리타 헤이워드와 쇼생크 탈출(Rita Hayworth and The Shawshank Redemption)"을 원작으로 프랭크 다라본트에 의해 제작되었다.

이 작품은 은행가 앤디 듀프레인이 누명을 쓰고 쇼생크 감옥에 들어온 것부터 탈옥하는 이야기를 담았다. 이야기의 화자는 앤디 듀프레인이 아닌 쇼생크 감옥의 고참이었던 '레드'이다. 레드는 쇼생크에서 물건을 밀반입해

주는 사람이었으며, 앤디는 그를 통해 '록 해머'를 주문하면서 그들의 관계는 시작된다. 처음 앤디가 들어왔을 때, 레드에게 그는 그다지 흥미가 있는 인물은 아니었다. 레드에게 있어 앤디는 단지 신참에 불과했고 다른 신참들과 별반 다를 게 없었다. '록 해머'의 밀반입을 요구하던 앤디에게 그는 여태껏 만나보지 못했던 새로운 인물이 들어왔음을 직감한다. 그로 인해 새로운 호기심과 호감으로 한 걸음 다가서게 된다.

앤디는 레드에게 희망에 대해서 이야기를 한다. 앤디는 자신의 믿음인 희망을 가슴속에 지니고 있는 사람이었다. 시궁창 같은 쇼생크 감옥에서도 희망을 갈구한다. 레드는 종신형을 받고 감옥에서 앤디보다 훨씬 오래 있었던 사람이었다. 감옥을 나갈 수 있는 면접에서 수많은 'Reject' 도장을 받고 감옥이라는 현실에 순응하는 것이 더욱 그에게는 어울린다고 생각했던 레드였다. 레드의 순응을 비난할 수 없다. 오랜 세월을 감옥에서 보낸 그에게 감옥 밖 세상이라는 것은 태어나면서부터 철장 안에 갇힌 새가 문을 열어주어도 나가지 않는 것과 같다. 감옥은 누구의 허락을 받지 않으면 화장실을 갈 수도 없는 인간으로 만들어 버린다. 익숙함은 사람을 무력하고 종속적으로 만들어 버린다. 그 둘이 서로가 다른 부류라고 생각했던 지점은 바로 '희망'을 바라보는 가치관의 차이에서 비롯된 것이다.

모두가 감옥이라는 세계에서 단순히 적응하며 살고 있을 때, 앤디는 더욱더 희망의 불씨를 키워 나갔다. 건물 옥상 위 고된 노동 후 마시는 맥주, 도서관 증축, 스피커를 타고 흐르는 '피가로의 결혼' 등은 앤디의 노력으로 교도소에 있는 그들에게 희망은 사치가 아닌 간절함이 되었다. 차가운 감옥 안에서 레드는 앤디에 의해 지옥 같은 삶을 이어나갈 수 있었다. 감옥 안에서 앤디를 그리워하는 장면에서, 앤디를 찾아가는 고된 여정이지만 두근거리는 희망의 표정인 레드를 보며 알 수 있었다. 두 사람은 다른 부류였지만 한 사람의 이해와 맞추어 나가려는 생각이 있었기에 가능했다. 무엇보다 '희망'을 잃어버리지 않는 것이 인간으로서 상위 개념이라 앤디에 대한 레드의 수긍이 자연스럽기도 하다.

켄 키지의 소설이 원작인 밀로스 포만 감독의 영화 〈뻐꾸기 둥지 위로 날아간 새(Oen Flew Over The Cookoo's Nest)〉(1975)를 보면 이와 비슷한 느낌의 장치가 있다. 교도소에서 사고만 치던 맥머피는 정신병을 위장해 정신병원으로 후송되는데 병원은 그의 생각과는 너무나 다른 억압적이고 비인간적인 곳이었다. 일상을 뒤집는 행동을 하는 맥머피와 벙어리 인디언 추장인 브롬덴은 서로가 다른 사람들이었다. 뇌 수술을 통해 식물인간이 된 맥머피를 보고 벙어리 추장은 맥머피의 마음을 가슴 깊이 느끼는바 병원을 탈출하게 된다.

다르다는 것은 받아들이는 사람의 마음에 따라 달라지는 문제이다. 사람은 기계와 기계의 만남이 아니기 때문에 관계에 대해 이해 타산적으로 움직이는 것은 서로를 힘들게 할 뿐이다. 서로에게 맞추어 나가며, 이해하고 수용하는 것이 다른 부류의 사람을 포용할 수 있는 방법이다. '다름'이라는 것이 관계가 어긋나버리는 하나의 사소한 이유가 될 수는 있다. 그러나 한 가지 확실한 것은 사람의 마음은 굳지 않는 말랑말랑한 점토 같다는 것이다. 너무 무르지도 않고, 그렇다고 갑자기 굳어버리는 것도 아니다. 마음이 실체가 있다면 굳지 않는 점토와 같은 특성을 지닌 채 우리의 삶에 스며들어 존재하고 있을지도 모른다.

3. 보고서 혹은 리포트

대학에서는 수업 과제물로 다양한 종류의 리포트를 작성해야 한다. 리포트(report)는 일반적으로 조사·답사·관찰·실험 등의 결과를 정리하여 보고하는 글을 말한다. 그런데 대학생활에서는 실제로 교수가 학생에게 내는 과제를 통칭하는 의미로 쓰이기도 한다. 보고서라는 명칭은 전자인 리포트와 동일한 의미로 쓰이거나, 수업 내용과 관련된 주제를 조사·연구하여 제출하는 글쓰기 형식을 지칭한다. 전공에 따라서 연구논문·조사보고서·실험보고서 등 다양한 형태로 요구되는데, 자료를 조사하고 분석한 것을 정리한다는 점에서는 크게 다르지 않다. 보고서는 대학생이 쓸 수 있는 학술적인 글의 대표적인 형태라고 할 수 있다.

1) 사전 준비과정

보고서를 작성하는 과정은 Ⅳ장에서 설명한 일반적인 글쓰기 과정과 크게 다르지 않아서 먼저 자료를 검색하여 주제를 정하고 개요를 작성하는 등의 과정이 필요하다. 다만, 대학 전공수업에서는 일반적인 글쓰기보다 학술적인 내용을 요구하는 경우가 많아서 좀 더 주의를 기울일 필요가 있다. 전공별로 세부사항은 다를 수 있으나 대체로 다음과 같은 점을 유의하도록 한다.

(1) 선행연구 및 이론을 정리한다

선행연구에서 어떤 논의를 했는지 검토하는 것은 보고서를 쓰기 전에 가장 먼저 해야 할 일이다. 아울러 선행연구에 대한 검토를 통해서 자신의 주제를 명확히 할 수도 있고 자신이 하고자 하는 실험이나 관찰 및 조사의 가설을 세울 수도 있다. 특히 자연과학 및 사회과학의 보고서는 특정한 이론을 바탕으로 작성하는 경우가 많다. 이 경우 해당 이론에 대한 충분한 이해가 있어야만 보고서를 작성할 수 있다.

선행연구, 즉 기존의 논문이나 저서를 조사하고 정리할 때는 내용을 간략히 정리한 뒤에 한계나 문제점을 함께 적어두도록 한다. 학생들은 선행연구의 요약은 잘 하지만 문제점은 찾지 못하는 경우가 많은데, 비판적으로 읽지 않으면 새로운 논의를 할 수 없다. 그렇다고 해서 굳이 기존 논문의 논지를 모두 부정할 필요는 없다. 선행연구가 일반론에 해당하는 것이라면 이를 전제로 하여 구체적인 사례에 적용해 볼 수 있으며, 반대로 특정한 사례에 해당하는 것이라면 이와 유사한 사례를 찾아내어 일반화하는 시도를 할 수 있다.

또한 선행연구의 내용과 함께 서지사항을 정확하게 기록해 둔다. 저자 이름 · 논문 제목 · 논문이 수록된 학술지 · 단행본 제목 · 간행기관 · 간행일 등을 꼼꼼히 기록해 두면 보고서를 작성할 때 편리하게 인용하고 주석을 달 수 있다.

(2) 관련문헌 및 데이터 등 자료를 꼼꼼하고 정확하게 정리한다

보고서의 주제와 관련된 자료를 정리하는 일은 본문을 작성하는 일만큼이나 중요하다. 자료를 잘 정리해야만 본문을 제대로 작성할 수 있기 때문이다. 자료의 성격이나 종류는 보고서에 따라 달라진다. 인문학 분야의 자료는 문학작품이나 역사기록 등 문헌 텍스트인 경우가 많은데, 문헌자료를 꼼꼼하게 읽고 특징을 정리해 두어야 한다.

자연과학 보고서나 사회과학 보고서는 실험이나 조사 등을 통해서 얻은 데이터를 근거로 하기에 관찰 및 조사에 대한 기록이 중요하다. 조사보고서의 경우에는 일시 · 조사자 · 조사 방법 · 조사할 때의 상황 등을 세세하게 적어두어야 한다. 필요한 경우 사진을 찍어서 활용하기도 한다.

실험보고서의 경우에는 실험노트에 실험과 관련된 사항을 자세하고 정확하게 기록한다. 실험노트에는 우선 실험 제목 · 실험 일시 · 실험 장소 · 실험한 사람을 적고 다음으로 실험의 원리 및 실험방법을 적는다. 그 다음에 구체적인 실험 내용을 그대로 기록하는데, 실험 결과에 영향을 미칠 만한 변수도 함께 기록한다. 즉, 기온 · 습도 · 기압 등의 기상조건이나 실험 재료 등을 꼼꼼하게 기록해야 한다. 실험 과정에서 발생하는 예상치 못했던 결과도 모두 기록하여야 결과 분석이나 차후의 실험에서 참고할 수 있다.

실험 결과가 자신의 가설과 다르게 나올 경우 학생들은 가설에 맞추어 분석 결과를 조작하고 싶은 유혹을 느낀다. 그렇더라도 가설에 맞추기 위해서 조작하지 않는다. 훌륭한 과학이론 중에는 예상치 못한 결과에서 나온 것도 많다. 그러므로 예상치 못했던 결과는 일단 그대로 기록한 후에, 왜 그런 결과가 나왔는지 따져 보아야 한다.

2) 사례별 보고서의 유형

(1) 연구논문

연구논문의 형식은 분야에 따라 조금씩 차이가 있는데, 사회과학 분야에서는 조사보고서의 형식을, 자연과학 분야에서는 실험보고서 형식을 주로 이용한다. 문학이나 역사, 철학 등 인문학 분야에서도 조사보고서 형식의 논문이 없는 것은 아니지만, 데이터보다는 텍스트의 분석을 요구하는 경우가 많다. 이를 '연구논문'이라 명명하여 조사보고서나 실험보고서와 구별하여 설명해보고자 한다.

❶ 서론쓰기

일반적으로는 연구논문은 서론과 본론, 결론의 형식을 갖추고 있는데, 서론에서는 문제제기 · 선행연구 검토 · 연구 목적 · 연구 대상 · 연구 방법 등이 서술된다. 문제제기는 연구 주제의 필요성에 대해 설명하는 것이다. 그 다음으로 선행연구 검토는 해당 주제에 관해 지금까지 선행연구에서 어떤 논의가 있었는지를 서술한다. 이 부분에서는 선행연구를 나열하기보다는 선행연구의 성과와 한계를 짚어 주어야 한다. 즉, 선행연구에서 이미 논의했지만, 어떤 부분이 미흡해서 자신이 논문을 쓰는지 밝히도록 한다.

선행연구 검토의 서술 사례

20세기 초 우리의 소설작가들은 종결형태의 처리를 두고 많은 고심을 하였다. 이들이 종결형에 대해서 고민했던 이유는 소설의 서술방식과 밀접한 관련이 있기 때문이었다. 예컨대 김동인은 춘원 이광수의 글에 나타나는 '–더라'를 문어체의 흔적으로 비판하였다.[1] 소설이 현실을 담아내기 위해서는 구어체로 서술되어야 하는데, 이전의 소설에서 흔히 사용되었던 '–더라'는 구어에서는 사용되지 않는 문어체라는 것이다.

이전 소설에 대한 김동인의 이러한 비판은 이후 현대소설 연구자들에게 적지 않은 영향을 미쳤다. 권영민은 '–더라'식의 표현이 '설화성'을 드러내는 종결어미라고 하여, 문어체적 표현이라고 한 김동인과는 정반대의 시각을 보였지만, 극복되어야 할 구습으로 보았다는 점에서는 비슷하다. 그는 '–더라'식의 표현이 이야기를 전달하는 고대소설의 설화성을 그대로 나타내고 있으며 전지적인 서술과 관련된다고 하였다.[2] 권보드래 또한 전대소설(前代小說)의 '–더라'체가 이미 모든 것을 알고 있는 존재로서 서술자의 초월적인 위치를 드러낸다고 논하였다[3]

그런데 고전소설에 대한 김동인의 언급은 실제 작품에 대한 고찰을 바탕으로 한 것이 아니었다. 김동인은 과거의 소설에 대해서는 문헌이 없으니 참고할 바가 없다고 하면서 "현재에 남아 있는 것은 승려들의 손으로 된 몇 가지의 역사담과 기담 외에 춘향전 등이 있으되 모두 그 이야기의 주지를 전할 뿐 정본은 구할 수가 없다"[4]고 하였다. 고전소설의 구체적인 실상을 알지 못했던 것이다. 그의 머릿속에 있는 고전소설은 야담계 소설이나 〈춘향전〉에 그치고 있다. 김동인 이후의 연구자들이 언급한 '고대소설' 혹은 '전대소설'도 막연한 인상에서 크게 벗어나지는 못했다. 때문에 어미의 종결형에 대한 논의도 막연하고 추상적인 수준을 넘지 않았다. (…중략…)

그러나 종결형에 대한 국어학계의 논의를 참조할 때,[5] 종결형에 따라 문장의 의미가 달라질 가능성은 높다. 그럼에도 불구하고 고전소설의 종결형에 대해 이처럼 단순하게 파악하는 것은 고전소설과 근대소설을 대립시켜 오늘날의 소설을 일본과 서구에서 이식된 장르로만 인식하게 만들 위험이 있다. 또한 종결형이 서술방식을 살피는 데 중요한 단서가 되는 만큼, 고전소설에 나타난 종결형의 실상을 좀 더 정확하게 아는 것은 필요하다.

1) 김동인, 「한국근대소설고」, 『동인전집(8)』, 홍자출판사, 1964, 598쪽.
2) 권영민, 「개화기 소설의 문체연구」, 서울대 석사논문, 1975, 36-37쪽.
3) 권보드래, 『한국 근대소설의 기원』, 소명출판, 2000, 239-255쪽.
4) 김동인, 앞의 논문, 1964, 584쪽.
5) 이지영(李知英)은 '-니라'와 '-더라'의 의미차이에 대해 언급한 바 있으며(이지영(李知英), 위의 논문), 장윤희는 '-다'의 의미차이를 '-니라' 및 '-더라'와 대비하여 논의한 바 있다.(장윤희, 「중세국어 종결어미에 대한 통시적 연구」, 서울대 박사논문, 1998.)

☞ 위 지문의 종결형에 대한 기존 연구를 검토하여 종결형 어미에 대한 기존 논의가 추상적이었기에 근대소설을 이식된 장르로 인식할 위험이 있다고 지적하면서, 종결형 어미의 실상을 밝히는 연구가 필요하다는 점을 주장하고 있다.

그 다음 연구 목적에서는 논문을 통해서 밝히고자 하는 바가 무엇인지 서술한다. 학생들이 연구논문은 연구 목적이 불분명한 경우가 적지 않다. 자신이 논문을 통해서 밝히거나 주장하려는 바가 무엇이고 어떤 학술적인 가치가 있는지 명확하게 밝힐 수 있어야 좋은 연구논문이 될 수 있다. 예를 들어 한 편의 시를 분석하는 논문을 작성한다고 하자. 시를 분석하는 것 자체로는 학술적인 가치가 없지만, 기존과는 다른 시각에서 시를 분석함으로써 이전에는 포착하지 못했던 새로운 문학적 의미를 발견할 수 있다면 학술적인 가치를 부여할 수 있다.

연구대상은 분석하고자 하는 대상으로 연구 주제와 연구 목적에 부합하여야 한다. 또한 자신의 여량과 능력에 맞게 범위를 한정하는 것이 필요하다. 예를 들어 학생이 '병자호란에 대한 기억'에 관한 주제로 논문을 쓸 경우 대상 자료가 지나치게 방대할 수 있지만, 〈강도몽유록〉이나 〈산성일기〉 등 특정한 자료를 대상으로 한다면 깊이 있는 분석이 가능하다. 이처럼 대상을 한정하는 것은 미리 주제를 정할 때부터 염두에 두어야 하는데, 서론에서는 연구 대상이 어떻게 효과적으로 주제를 구현할 수 있으며 연구 목적을 이룰 수 있을지를 밝히도록 한다.

연구목적과 연구대상의 서술 사례

이에 본고에서는 17세기에 한글로 창작된 〈사씨남정기〉를 대상으로 하여 어미의 종결형과 서술방식의 관련양상을 고찰하고자 한다. 〈사씨남정기〉는 상층 사대부 남성문인이 창작하였지만, 이후 사대부 남성 뿐 아니라 사대부 여성 또한 즐겨 읽었던 작품이다. 이런 점에서 대표적인 고전소설작품이라고 할 수 있다. 길이도 그리 길지 않아 종결형의 전모를 살피기 유리하다. 현재 많은 이본이 전해지고 있는데, 이 글에서는 그 중에서 원본의 모습에 가장 가깝다고 평가되는 한국학중앙연구원의 장서각 소장본 〈남졍긔〉(귀 K4-6789)를 택하기로 한다.[1]

---

1) 이금희는 조동일 소장본이 원본에 가깝다고 했으며[이금희, 『사씨남정기 연구』(반도출판사, 1991)], 부셰(Daniel Bouchez)는 장서각 소장본이 원문에 가장 가까우면서도 문체가 훌륭한 선본(善本)이라고 하였다[부셰, 「원문 비평 방법론에 관한 소고(小考)」, 『동방학지』, 95(1997)]. 이에 대해 이내종은 몇몇 주요 이본을 면밀하게 검토한 뒤, 조동일 소장본은 〈백빈주중봉기〉와 김춘택 한역본의 교합본하여 재역한 이본이기 때문에 국문 원본과는 거리가 있으며, 현재 전하는 이본 중에서는 장서각 소장본이 원본 가장 가까우면서 문체가 매끄러운 이본이라고 하였다[이내종, 「〈사씨남정기〉의 주요 이본 고찰」, 『대동한문학』, 19(2003)]. 필자가 확인한 바로도 조동일 소장본은 교합본인 데다가 문장도 거칠고 조야한 반면, 장서각 소장본은 문체 면에서도 자연스러운 우리말로 서술되어 있었다. 이지영(李智瑛), 〈사씨남정기〉 한문본과 한글본의 비교 분석: 규장각 소장본과 장서각 소장본을 중심으로, 『한국문학논총』, 37(2004).

☞ 앞서 인용한 논문에 이어지는 부분이다. 앞에서는 고전소설의 종결형 어미 연구가 미흡했음을 주장하고 이어서 〈사씨남정기〉를 대상으로 하여 종결형어미를 고찰하겠다고 하였다. 연구대상을 〈사씨남정기〉로 정한 이유를 향유층 및 분량과 관련시켜 설명하였으며 여러 이본 중에서 원본에 가장 가까운 이본을 선택하였다고 밝히고 있다.

서론의 연구방법에서는 논문에서 주장하는 바를 논증하기 위한 방법을 밝힌다. 연구대상을 분석하는 방법이 특별할 경우에는 이 부분을 서술하기도 하고 유사한 것을 비교함으로써 대상의 특징을 부각시킬 때에는 이에 대해 서술한다. 일반적인 연구논문의 방법에 따르는 경우에는 생략하기도 한다.

연구방법의 서술사례

어떤 변이가 결정적인지를 판단하기 위해서는 이본 변이에 대한 분석틀이 필요하다. 즉, 이본 변이의 동인으로 작용할 수 있는 것이 무엇인지 먼저 검토한 후에 이에 따라 분류기준을 정해야 한다. 이를 위해서 선행연구 및 필사후기를 참조하여 변이양상에 대한 가설을 세우도록 한다.

다음으로 이본의 변이를 어떻게 분석, 비교할 것인가가 문제이다. 선본을 밝히기 위한 이본연구에서는 字句의 차이까지 고려하고 이본을 일일이 대조한다. 그러나, 자구상의 차이에만 초점을 맞출 경우 그 이상의 서사적인 변이는 간과할 염려가 있다. 자구상의 차이가 필사자의 오류일수도 있고 의도적인 개작일 수도 있다는 점을 고려해야 한다.

따라서 본고에서는 자구상의 차이 이상의 변이가 존재한다고 보고, 이보다 상위의 단위에서 변이양상을 살피고자 한다. 그러기 위해서는 조사 대상 이본을 모두 다루기 보다는 유형에 따라 대표적인 이본 몇 종을 대상으로 하여 이본의 차이를 세밀하게 고찰하는 방식을 택하도록 한다.

☞ 한국 고전소설의 이본에 관한 논문 서론의 일부이다. 이본비교의 기준을 어떻게 정할 것이며 이본을 어떻게 비교할 것인가에 관해 서술하고 있다.

❷ 본론 쓰기

본론은 주제에 따라 다양하게 구성할 수 있는데, 보통은 ① 분석을 위한 준비, ② 분석, ③ 분석된 내용에 대한 해석으로 구성된다. '① 분석을 위한 준비단계'에서는 자료를 조사하여 분류하여 정리하기도 하고 텍스트 분석을 위한 이론을 검토하기도 한다. 전자의 경우에는 유형별로 분류한 뒤에 그 다음 장에서 본격적으로 분석하게 되고 후자의 경우에는 검토한 이론에 따라 텍스트를 분석하게 된다. 즉, 본격적인 분석을 위해 필요한 내용을 살펴보는 단계라고 할 수 있다.

'② 분석'에서는 흔히 텍스트를 요소별로 고찰하여 살펴본다. 예를 들어 소설 텍스트라고 한다면, 인물이나 갈등구도 등 서사 요소별로 텍스트를 살펴볼 수 있다. 그 다음 단계인 '③ 분석된 내용에 대한 해석'에서는 분석 결과를 풀이하면서 대상 텍스트의 의미를 짚어주거나 역사적 맥락을 설명한다. 이러한 내용 구분은 절대적이지 않아서 경우에 따라서는 '② 분석'과 '③ 분석에 대한 해석'을 나누지 않고 같은 장에서 다룰 수도 있다.

❸ 결론 및 참고문헌 작성하기

결론에서는 본론에서 논의한 내용을 요약하여 연구의 성과를 밝힘으로써 논문의 의의를 강조한다. 논문에서 미처 다루지 못한 점을 말하고 앞으로의 과제를 제시하기도 한다.

마지막에는 논문의 작성에 참고하고 인용한 논문의 목록을 작성하여 넣는다.

(2) 조사보고서

조사보고서를 작성하기 위해서는 대상에 따라 다양한 방법이 사용되므로 그 종류도 다양하지만, 일반적으로는 ① 목적과 배경, ② 대상 및 방법, ③ 결과 및 분석, ④ 결론, ⑤ 참고문헌의 순서로 작성한다.

'① 목적과 배경'에서는 조사 경위와 조사를 통해서 얻고자 하는 것이 무엇인지 명확하게 제시한다. '② 대상 및 방법'에서는 무엇을 조사할 것인지, 어떻게 조사할 것인지 구체적으로 기록한다. 예를 들어 학생들이 흔히 사용하는 설문조사를 할 때에는 설문 문항이 어떠하며 조사 대상을 어떻게 한정할 것인지, 조사 시기 등을 자세하게 적는다. 이때 조사 대상을 한정하는 것은 표본 추출의 타당성과 밀접한 관련이 있으므로 신중하게 정해야 한다.

'③ 결과 및 분석'에서는 조사 결과를 간명하고도 정확하게 기술하고 그러한 결과의 의미에 대해서 풀이한다. 이 부분은 보고서의 핵심으로 앞에서 서술한 조사 목적에 맞게 작성되어야 한다. '④ 결론'에서는 본문의 내용을 요약하고 조사의 의의를 적는다. 수업과제와 관련된 소감을 간단히 적어도 좋다.

마지막으로 조사 방법이나 결과 분석 등에서 참고한 참고문헌 목록을 붙인다.

(3) 실험보고서

일반적으로 실험보고서는 ① 목적 및 내용, ② 관련 이론, ③ 방법, ④ 결과 및 분석, ⑤ 결론, ⑥ 참고문헌의 순서로 작성한다.

'① 목적 및 내용'에는 왜 이런 실험을 하는지 그리고 어떤 결과를 얻고자 하는지를 간단하게 적는다. '② 관련 이론'에는 미리 정리해 두었던 실험 관련 이론을 요약해서 서술하면 된다.

'③ 방법'에서는 실험 장치나 실험 조건을 기록하는데, 실험 조건으로는 실험할 때의 기후 조건(온도 · 압력 · 습도 등)을 기록한다. 또한 실험 재료에 대해서도 자세하게 기록한다. 실험 도중에 장치를 보완하거나 수정하였다면 이 또한 기술하도록 한다.

'④ 결과 및 분석'에서는 실험에서 얻은 결과가 관련 이론과 일치하는지 검토한다. 만약에 일치하지 않는다면 그 이유는 무엇인지 밝히도록 한다. 실험 결과가 이론과 달랐다면 이론이 틀렸거나 실험이 잘못되었다고 볼 수 있는데, 어떤 문제가 있었는지 하나하나 검토하는 과정이 필요하다. 실험에 문제가 있었다면 실험 재료의 문제인지, 기후 조건의 문제인지를 규명하여 앞으로의 실험에서 개선방안은 무엇인지 검토하도록 한다.

'⑤ 결론'에서는 앞의 내용을 요약하고 실험 결과의 의의, 새롭게 발견된 사실에 대해서 기술한다. 참고문헌 항목에서는 실험에 참고한 논문이나 책의 목록을 정리하여 제시한다.

3) 보고서 작성의 유의점

(1) 표지에는 제목과 제출자의 인적사항 등을 적는다

표지는 제목과 제출자의 인적사항을 한눈에 알 수 있도록 한다. 예쁘게 하는 것보다는 깔끔하게 작성하는 데 신경을 써야 한다. 대다수의 교수들은 예쁜 표지보다는 내용의 충실성을 더 중시한다. 표지를 예쁘게 보이기 위해서 사용한 그림이 오히려 내용을 한눈에 파악하는 데 방해가 될 수도 있다.

표지의 중앙에는 제목을 적도록 하는데, 이는 일반적인 보고서와 마찬가지이다. 인적사항에는 과목명 · 담당교수 · 학과 · 학번 · 이름 · 제출일 등을 기록한다. 제목에는 내용을 간결하고도 정확하게 표현할 수 있는 어휘를 사용하도록 한다. 예를 들면 다음과 같이 작성할 수 있다.

<20**년도 1학기 리포트>

글쓰기의 윤리

과 목 명 : ____________

담당교수 : ____________

학　　과 : ____________

학　　번 : ____________

이　　름 : ____________

제 출 일 : ____________

그러나 위의 형식과 다르게 쓴다고 문제가 되지는 않는다. 담당교수가 표지의 형식을 특별히 요구하면 안내대로 따르면 된다. 표지 중간에 목차를 써서 제출하라고 하는 경우도 있을 수 있으며, 분량이 적은 과제라면 별도의 표지 없이 목차 아래에 바로 내용을 써서 제출하라고 할 수도 있다. 중요한 것은 위의 사항들을 적절하게 보여주는 데 있지, 그 형식에 있는 것은 아니다.

또한 온라인으로 작성할 때는 표지를 굳이 작성하지 않을 수도 있다. 온라인으로 과제를 제출할 때에 담당교수에 따라서는 별도로 표지를 작성하는 것을 번거롭게 생각하는 경우도 있다.

(2) 내용은 간결하고 분명하게 서술한다

조사보고서나 실험보고서는 내용이 명확하게 드러날 수 있도록 서술해야 한다. 그러기 위해서는 우선 문장이 간결하고 정확해야 한다. 사실을 전달하는 것이 목적이므로 불필요한 수식은 삼간다.

특히 공학이나 자연과학의 실험보고서에서는 자료를 숫자로 나타내는 경우가 대부분이다. 숫자가 지나치게 크거나 너무 작을 때에는 십의 멱수(冪數)를 나타내는 접두사를 사용한다. 수의 단위는 원칙적으로 국제단위계(SI)를 사용하지만 공학에서는 영국단위(British unit)를 병행하기도 한다. 국제단위계는 일곱 개의 기본단위와 두 개의 보조단위로 구성되어 있다. 기본단위로는 길이 · 질량 · 시간 · 전류 · 온도 · 물질량 · 광도가 있으며, 보조단위에는 각도(rad)와 입체각(sr)이 있다. 각 단위의 약어는 원칙적으로 소문자를 사용하지만 사람의 이름에서 따온 경우에는 대문자로 표시한다.

수치자료를 기술할 때에는 다음과 같은 점을 유의한다.

① 분수보다는 소수를 사용한다.

② 백분율을 표시할 때에는 숫자와 % 사이를 띄지 않는다.

③ 유효숫자의 개념을 두고 적는다.

④ 실험값의 오차를 기록할 때에는 표준오차인지 확률오차인지를 밝힌다.

변수관계를 기술하기 위해서 자연과학과 공학에서는 흔히 수식을 사용한다. 이는 복잡한 물리현상을 간략하게 표현하기 위한 것이다. 따라서 실험 결과를 수식으로 표현할 때에는 알아보기 쉽게 간단하게 작성한다. 수식이 두 줄 이상으로 길어질 경우에는 =부터 줄을 바꾸도록 하여 수식이 여러 줄일 경우에는 =가 세로 방향으로 일치하도록 정렬한다.

(3) 표와 그림은 알아보기 쉽게 작성한다

실험이나 조사보고서의 경우에는 그림이나 표를 많이 사용한다. 예를 들어 실험 장치를 설명할 때에 간단한 그림을 이용하면 보다 쉽게 내용을 전달할 수 있으며, 실험 과정을 설명할 때에도 도식을 이용하면 효과적이다. 또한 도표를 사용하면 조사하거나 실험한 결과를 체계적으로 보여줄 수 있으며, 그래프를 이용하여 상관관계를 효과적으로 표현할 수 있다.

표 · 그림 · 그래프에는 충분한 설명이 함께 서술되어야 한다. 다시 말해서 표나 그림과 함께 그 내용 및 의미에 대한 서술도 빼 놓아서는 안 된다. 또한 각 그림 · 표 · 그래프에 대해서는 일련번호를 붙여서 본문에서 지칭하는 것이 무엇인지 알 수 있도록 한다. 그리고 각각의 표나 그림에는 캡션(내용을 설명하는 간단한 제목)을 붙이도록 한다. 캡션은 너무 길거나 모호하게 표현되어서는 안되고 핵심적인 내용을 간결하고도 정확하게 표현해야 한다.

표를 작성할 때에 표 안의 숫자는 되도록 한 자리로 표현되는 것이 좋다. 숫자가 너무 크면 읽는 사람이 한눈에 파악하기 어렵기 때문이다. 부득이한 경우에는 숫자를 세 자리마다 콤마를 붙여서 단위를 알아보기 쉽도록 한다. 또한 그래프를 작성할 때에는 좌표축의 측정값 간격을 적절히 조절해야 한다. 내용을 간결하고 명확하게 전달하기 위해서는 5나 10의 배수를 사용하는 것이 좋다. 그리고 표나 그래프에서 사용하는 측정단위는 표준 약어와 국제표준단위를 사용해야 한다.

(4) 인용한 자료의 주석을 달고 참고문헌을 첨부한다

보고서를 작성할 때는 기존 논문의 내용을 그대로 베끼지 않아야 하며 인용했을 때에는 주석을 통해서 출처를 밝혀야 한다. 인용하고도 주석을 달지 않았을 경우에 표절이 된다는 점을 명심하자.

아울러 보고서의 마지막 장에는 참고문헌을 별도로 첨부한다. 참고문헌은 자신이 인용한 자료와 인용하지 않았더라도 보고서 작성을 위해서 읽은 자료를 포함한다. 자신이 읽지 않은 자료까지도 참고문헌 목록에 넣는 경우도 있는데, 이는 적절치 않은 행동이다.[주석 및 참고문헌 작성법은 4장 3절 4항 '올바른 인용법' 참조]

▶ 보고서 사례 [출처 : 한국콘텐츠진흥원(http://www.kocca.kr/)]

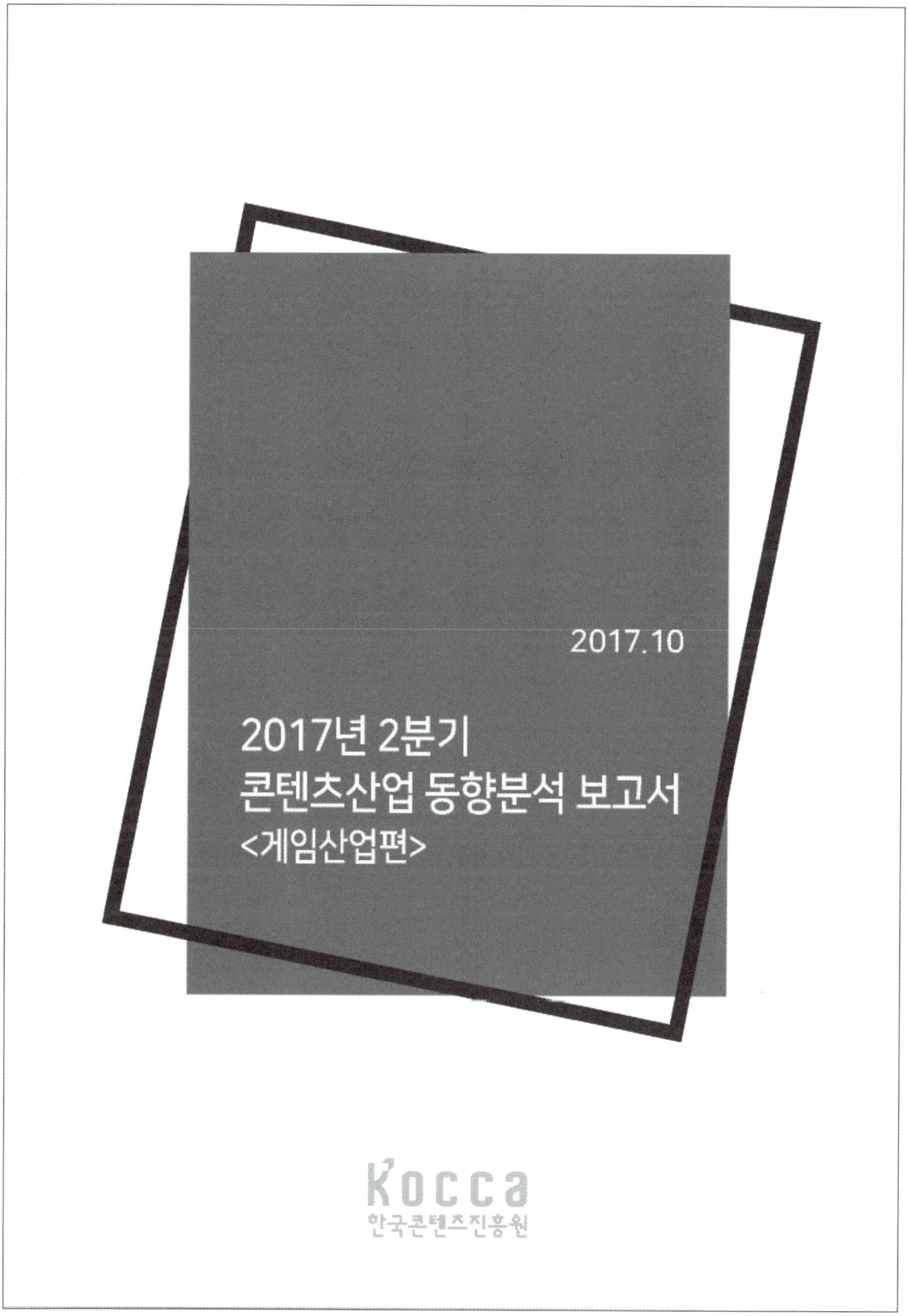

2017.10

2017년 2분기
콘텐츠산업 동향분석 보고서
<게임산업편>

Kocca
한국콘텐츠진흥원

1

게임산업 실태조사

1. 콘텐츠산업 실태조사 개요
2. 게임산업 실태조사 분석결과

I 게임산업 실태조사

1. 콘텐츠산업 실태조사 개요

1.1 | 조사목적

- '분기별 콘텐츠산업 실태조사'는 연간 조사의 한계를 극복하고 신속하면서도 정확한 콘텐츠산업 규모 등을 파악
  - □ 궁극적으로 지속적인 분기별 콘텐츠산업 실태조사를 통해 데이터 축적과 향후 시계열화를 통한 계절적 변화 파악 및 전망 목적

- 현재 콘텐츠산업 관련 상장사(116개, CJ E&M 및 제이콘텐트리, 룽투코리아 등 사업 부문별 중복 포함) 분석을 통해 콘텐츠 업체의 매출액 등을 파악할 수 있으나 콘텐츠산업 전체를 대변할 수 없는 한계를 보완
  - □ 산업별 상장사는 게임 31개, 지식정보 12개, 출판 10개, 방송 27개, 광고 11개, 영화 10개, 음악 11개, 애니메이션/캐릭터 4개이며, 이중 연결재무제표 대상 상장사는 34개사임
  - □ CJ E&M은 영화/음악/방송 등 3개 분야, 룽투코리아는 게임/지식정보 등 2개 분야, 제이콘텐트리는 영화/방송 등 2개 분야에 중복 포함하였으며, 각 분야별 1개사로 간주
  - □ 에이프로젠H&G(게임), 와이제이엠게임즈(게임), 인터파크(출판), 아이오케이(방송), 제이웨이(영화) 등 콘텐츠 외 사업을 동시에 영위하고 있는 상장사는 콘텐츠산업에 해당하는 매출 및 수출, 종사자 등을 별도 추출하여 적용
  - □ 기존 게임 분야에 포함되어 있던 NHN엔터테인먼트와 엔씨소프트는 '16년 1분기 보고서부터 연결 대상 종속회사들의 사업 내용 변동에 따라 분석 기준 재무제표를 변경 : NHN엔터테인먼트(연결→개별), 엔씨소프트(개별→연결)
  - □ 출판 분야에 포함되어 있던 기존 인터파크가 '15년 중 지주회사로 전환 완료하여 상장명이 인터파크홀딩스(035080)로 변경되었고 관련 고용 수가 과소 계상됨에 따라, '16년 1분기 보고서부터 종속회사 중 출판 사업을 포함하고 있는 다른 계열 상장사인 인터파크(108790, 연결)로 분석 대상을 교체 · 변경
  - □ '17년 2분기 보고서부터 넷마블게임즈(게임, 연결 기준) 1개사가 신규 분석대상으로 포함되었고, 서울리거(게임)는 '16년 4분기 중 사내 게임사업 부문을 투자사에 양도하여 관련 매출, 종사자가 반영되지 않음에 따라 '17년 1분기 보고서부터는 분석대상에서 제외하여 재구성함
  - □ SK커뮤니케이션즈(지식정보)는 '17년 2월 모회사에 의해 자진 상장폐지 되었으나, '17년 1분기까지 상장 공시자료가 발표되어 포함하되 2분기 보고서부터는 분석대상 상장사에서는 제외하고 일반 패널 사업체 실태조사 대상으로 전환

- 적시적기 콘텐츠업체 조사를 통하여 현실적인 정책이 수립될 수 있도록 기초자료 제공

1.2 | 조사대상 및 방법

- '분기별 콘텐츠산업 실태조사'는 총 11개 산업(출판, 만화, 음악, 게임, 영화, 애니메이션, 방송(독립제작사), 광고, 캐릭터, 지식정보, 콘텐츠솔루션)을 영위하는 사업체 중 1,210개를 패널 표본으로 선정하여 조사 실시

- 본 조사의 추출단위는 개개의 사업체(본사, 공장, 작업장, 매장 등) 단위이고 2017년 기준 1,210개 사업체는 11개 산업별, 규모(50인 이상, 10~49인, 10인 미만)별 종사자수를 특성치로 모집단 사업체수 및 변동을 동시에 고려하는 네이만배분법을 활용하여 배분
  - □ 네이만배분법(Neyman Allocation)은 산업별 사업체수의 편중이 큰 경우 특성치 변동을 동시에 고려하여 배분하는 방법으로 사업체조사에서 널리 활용되고 있음
  - □ 소규모 사업체 수가 많은 산업(예: 출판)의 과표집을 방지하기 위해 멱배분법(Power Allocation)을 동시 고려함
  - □ 패널사업체와 표본사업체로 나누고, 표본사업체는 콘텐츠산업의 11개 분야를 부 모집단으로 설정, 또한 사업체의 규모에 따라 전수사업체와 표본사업체로 층화
  - □ 패널사업체는 산업별로 사업체규모의 내재화, 즉 종사자수를 기준으로 고르게 선정되도록 계통추출법(종사자수를 기준으로 정렬한 다음 등간격으로 표본을 구성하는 방법)을 적용

- 2017년 표본설계 기준 산업별 적정 표본수 및 당 분기의 조사 표본수는 아래의 표와 같음

산업명	모집단	적정 표본수	비중	추출률	조사 표본수	비중
출판	25,705	302	30.2%	1.3%	303	25.0%
만화	8,274	66	4.8%	0.8%	68	5.6%
음악	36,535	139	9.3%	0.4%	140	11.6%
게임	14,440	121	12.1%	0.9%	122	10.1%
영화	1,285	59	5.9%	7.4%	58	4.8%
애니메이션	350	84	5.5%	34.6%	83	6.9%
방송	893	58	5.8%	14.4%	61	5.0%
광고	5,688	85	8.5%	1.8%	84	6.9%
캐릭터	2,018	55	3.8%	3.5%	55	4.5%
지식정보	8,651	159	10.0%	2.1%	160	13.2%
콘텐츠솔루션	1,586	76	4.1%	7.3%	76	6.3%
전체	105,425	1,204	100.0%	1.2%	1,210	100.0%

주) 비중 : 전체 표본수 대비 산업별 표본수 비중, 추출률 : 산업별 (표본수/모집단)

2

상장사 분석

1. 게임산업 상장사 경영실적 분석
2. 게임산업 상장사 고용 분석
3. 게임산업 상장사 재무분석

Ⅱ 상장사 분석

1. 게임산업 상장사 경영실적 분석

1.1 | 상장사 매출 변동 추이

16

상장사 분석

- '17년 2분기 매출액은 약 1조 3,132억 원으로 전년동기대비 70.2%, 전분기대비 72.7% 증가
  - '16년 2분기, 3분기에 연속으로 하락하였다가 이후 '17년 1분기까지 상승, 하락의 등락을 보이고 있었는데, 2분기 들어 전분기대비 큰 폭으로 증가
  - 2분기에도 대형 게임사와 중소형 게임사 간 실적 양극화가 뚜렷히 나타났으며, 중소형 게임사들의 경우 신작 흥행 부재 등으로 영업이익 적자를 기록하는 등 실적 부진을 면치 못하였음
  - 이에 중소형 게임사들은 상반기에도 활발히 진행되었던 '성공 IP'의 활용 전략이 자사 보유 IP외에도 유명 웹툰 및 애니메이션 등으로 더욱 다양해질 것으로 전망됨

표 Ⅱ-1 게임산업 상장사 매출액 변동

(단위 : 억 원)

구분	2016년			2017년		
	2분기 (전분기대비)	3분기 (전분기대비)	4분기 (전분기대비)	1분기 (전분기대비)	2분기 (전분기대비)	2분기 (전년동기대비)
게임	7,715.6	7,559.6	8,388.2	7,602.6	13,131.7	
	△4.9%	△2.0%	11.0%	△9.4%	72.7%	70.2%
콘텐츠 상장사 전체	68,058.8	71,108.8	79,081.0	72,128.7	80,017.9	
	4.1%	4.5%	11.2%	△8.8%	10.9%	17.6%

자료: 전자공시시스템, 각사 정기보고서(분기보고서, 반기보고서, 사업보고서) 상의 매출액 또는 영업수익

※ 17년 2분기부터 대형 사업체인 '넷마블게임즈'가 신규 편입되었음에 유의

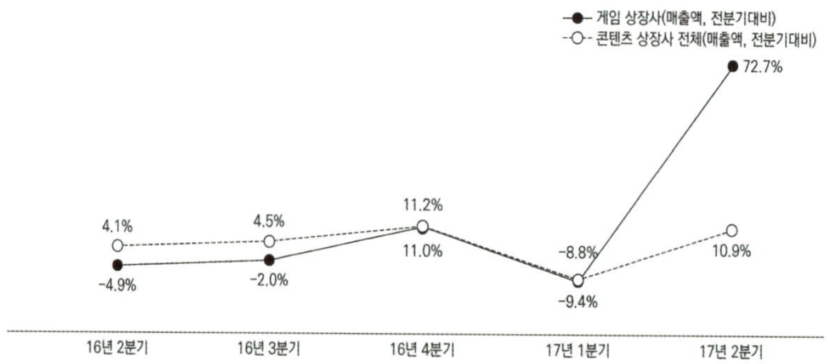

3

게임산업 콘텐츠기업경영체감도 (CBI) 분석

1. 분석 목적 및 개요
2. 조사 대상 및 방법
3. 콘텐츠기업경영체감도(CBI) 시계열 분석

Ⅲ 게임산업 콘텐츠기업경영체감도(CBI) 분석

1. 분석 목적 및 개요

- '분기별 콘텐츠업체 실태조사' 시에 CBI(콘텐츠기업경영체감도)[9] 산출을 위한 기초 자료를 함께 확보하고, 이를 통해 사업체들이 체감하고 있는 콘텐츠산업 분야별 경기 전망을 파악
- CBI 분석을 통해 콘텐츠산업 분야별, 부문별(매출, 수출, 투자, 고용, 자금사정), 시의 적절한 정책 수립의 기초 자료로 활용

2. 조사 대상 및 방법

40

CBI 분석

- '분기별 콘텐츠업체 실태조사'는 콘텐츠산업을 구성하는 출판, 만화, 음악(공연 포함), 게임, 영화, 애니메이션, 방송(방송영상독립제작사), 광고, 캐릭터, 지식정보, 콘텐츠솔루션 등 11개 세부 산업을 영위하는 사업체 중 1,210개('17년도 기준)를 표본으로 선정하여 조사를 실시하였음. 본 보고서에는 최근 10개 분기의 자료를 기준으로 CBI 시계열 추이를 제시
- CBI 분석을 위한 비교 시점, 전망대상 시점, 설문항목 및 전망 평가척도(7점 척도)
  - (CBI의 비교 및 조사진행 시점) '17년 3분기
  - (CBI의 전망대상 시점) '17년 4분기
  - (설문항목) 본 조사에서 사용되는 문항은 매출(매출액, 영업이익, 시장 점유율), 수출(수출액, 수출 비율, 해외 거래처), 투자(국내외 R&D투자, 마케팅 비용, 해외투자 유치), 고용(신규 고용, 직원 규모), 자금사정(유동비율, 운전자본) 등 크게 5개 부문별 요소로 구성되어 있음
  - (평가척도) 각 설문항목에 대하여 각각 7점 척도(매우악화-악화-약간악화-변화 없음-약간호전-호전-매우호전)로 조사하여 총점 200점으로 환산(100점 미만 : 전분기대비 악화 전망, 100점 : 보통, 100점 초과 : 전분기대비 호전 전망)
  - □ 직접적으로 수출, 투자 실적이 없는 사업체는 동일 영위 업종의 전망을 예상하여 응답
  - □ 다음 분기 전망을 묻는 설문이지만, 조사 진행 시점의 사업체의 체감도 및 심리가 응답에 다소 반영되므로 이를 감안하여 해석할 것에 유의
- CBI 산출 방법
  - 지표별 항목 구성 : 매출(3), 수출(3), 투자(5), 고용(3), 자금사정(2)

9) CBI(Contents Business Index)는 콘텐츠산업의 경기 동향과 전망 등을 7점 척도로 질문하여 응답한 내용을 토대로 지수화한 것이며, 이는 사업체의 주관적이고 심리적인 요소까지 포함

4

게임산업 주요 이슈

1. 국내동향
2. 해외동향

IV	게임산업 주요 이슈

1. 국내동향

- **블루홀 신작 '플레이어언노운스 배틀그라운드' 흥행 돌풍**
  - 블루홀 산하 블루홀 지노게임즈에서 개발한 '배틀그라운드' 게임이 3월 출시 이후 판매량 1,000만 장을 돌파하고, 동시 접속자수도 97만 명을 기록하면서 게임 시장에 흥행 돌풍을 일으키고 있음
  - 또한 누구나 무료로 즐길 수 있는 부분 유료화 게임이 아닌 유료 패키지 판매이며, 정식 출시도 아닌 '얼리 억세스' 상태인 만큼 이러한 성공은 더욱 이례적이며 정식 버전 출시 이후 한국, 중국 등에서 PC방 서비스가 본격화 될 경우 더욱 성장할 것으로 기대됨
  - □ 얼리 억세스 : 정식 버전 출시 전 베타 버전을 유료로 판매하는 것을 뜻하며, 게임을 플레이 하면서 의견을 남기고, 개발자들이 해당 의견을 참고로 업데이트 및 콘텐츠 추가를 통해 차후에 정식 버전을 완성하는 게임 발매 형태
  - 이처럼 배틀그라운드가 성공을 거둔 이유는 매출을 위해 타협하지 않고, 오로지 완성도만을 추구하였으며 해당 '배틀로얄' 장르의 창시자인 브렌든 그린을 영입하여 정통성을 확보하는 등 제작사의 여러 노력에 의한 결과
  - 더불어 폭발적인 성장세를 보이는 개인 방송도 배틀그라운드 흥행에 힘을 더했는데, 100인이 섬이라는 한정된 공간에서 동일한 조건에서 시작해 최후의 1인이 살아남는 과정에서 여러 드라마가 만들어져 개인 방송과 게임이 서로 시너지 효과 발생
  - □ 개인 방송 플랫폼 트위치에서 8월 기준 배틀그라운드 연간 누적 방송 시간이 1위 게임 '리그 오브 레전드'를 밀어내고 첫 1위를 달성하기도 함
  - 블루홀은 올해 하반기에 정식 서비스 버전을 공개하고, 카카오를 통해 국내 PC방 서비스도 본격화할 예정으로, 당분간 흥행이 계속될 것으로 전망됨

- **게임업계, 이용자 확대를 위한 이용자 참여 이벤트 개최 확산**
  - 넥슨, 블리자드 등 주요 게임사에서는 이용자가 직접 게임 콘텐츠를 체험할 수 있는 오프라인 이벤트를 개최하거나 게임에 이용자가 만든 콘텐츠를 추가하는 등 다양한 이벤트를 통해 이용자 확대를 도모하고 있음
  - □ 넥슨은 온라인 액션게임 던전앤파이터(이하 던파)의 서비스 12주년을 맞아 7월 8일 1,200명 이용자가 참가하는 오프라인 행사인 '던전앤파이터 오리진: 더 비기닝'을 개최
  - □ 블리자드는 '디아블로3'의 신규 캐릭터 '강령술사'의 출시에 앞서 마포구 캐슬프라하에서 이용자 참여 이벤트인 '강령술사의 저택'을 개최하였으며, 1,700명의 사전 신청자가 참가하였음
  - □ 데브시스터즈는 5월 전 세계 쿠키런 이용자들을 대상으로 '쿠키런: 오븐브레이크' 사생대회를 개최하였으며, 총 1,400건이 넘는 응모작이 출품되어 성황리에 마감되었으며, 특히 해외 이용자들이 전체 출품작의 61%를 차지한 것이 특징
  - 게임 업계에서는 이러한 이용자 참여 이벤트가 이용자와 게임사가 소통하고 친근감을 강화할 수 있어 서로에게 긍정적인 효과를 가져온다고 분석

부록

1. 상장사 재무분석표
2. 상장사 매출구조 분석

✻ 부록

1. 상장사 재무분석표

표 부록 I-1 게임산업 상장사 자산증가율 변화 추이

(단위: %, %p)

구분	2016년 2분기	2016년 3분기	2016년 4분기	2017년 1분기	2017년 2분기	2017년 2분기 전년동기대비증감
NHN엔터테인먼트	0.0%	1.1%	△1.2%	2.1%	△3.1%	△3.1%p
엔씨소프트	△0.8%	1.6%	5.4%	△0.1%	16.3%	17.1%p
네오위즈게임즈	3.4%	△2.3%	△1.5%	△2.6%	0.6%	△2.7%p
넥슨지티	1.4%	△1.5%	△3.2%	△2.7%	△1.0%	△2.4%p
액토즈소프트	△2.2%	△2.2%	3.1%	0.8%	2.1%	4.3%p
웹젠	0.6%	△0.5%	6.1%	0.4%	3.2%	2.6%p
와이디온라인	△1.2%	△10.7%	0.2%	△3.0%	1.6%	2.8%p
이스트소프트	△0.7%	6.5%	△3.2%	△1.0%	0.6%	1.3%p
한빛소프트	△1.1%	11.6%	△16.1%	△5.3%	14.1%	15.1%p
컴투스	6.4%	4.4%	1.8%	0.8%	5.8%	△0.6%p
엠게임	3.0%	3.4%	1.1%	4.3%	△0.7%	△3.7%p
드래곤플라이	△0.6%	△4.8%	3.6%	△0.2%	△10.0%	△9.4%p
플레이위드	4.3%	△0.4%	6.2%	△0.1%	3.3%	△1.0%p
조이시티	△15.8%	△5.5%	△4.0%	△5.3%	2.8%	18.5%p
바른손이엔에이	54.9%	5.7%	△4.2%	2.2%	8.3%	△46.6%p
이에스에이	△14.0%	△0.8%	84.5%	△4.5%	7.3%	21.2%p
조이맥스	△1.3%	△0.2%	△0.9%	△3.1%	△0.3%	0.9%p
게임빌	4.2%	3.4%	3.1%	2.5%	2.3%	△1.9%p
위메이드엔터테인먼트	△2.9%	△3.6%	△4.8%	6.4%	△0.7%	2.2%p
선데이토즈	1.1%	6.5%	5.1%	2.0%	1.8%	0.7%p
데브시스터즈	△0.8%	△1.9%	△1.4%	△2.3%	△1.1%	△0.3%p
파티게임즈	0.8%	△2.7%	△17.3%	△3.3%	130.0%	129.2%p
서울리거	△2.9%	△12.0%	9.3%	-	-	-
룽투코리아	86.2%	33.7%	△21.0%	△6.5%	△6.6%	△92.8%p
액션스퀘어	△4.7%	△2.0%	△10.3%	△0.3%	11.8%	16.5%p
에이프로젠H&G	28.3%	△1.5%	△71.3%	83.5%	1.3%	△27.0%p
더블유게임즈	△1.2%	2.5%	1.8%	2.9%	5.8%	7.0%p
엔터메이트	△2.1%	△4.9%	△16.4%	△9.7%	△2.3%	△0.2%p
썸에이지	4.3%	△1.0%	3.7%	△3.2%	△8.2%	△12.6%p
미투온	-	-	2.8%	0.0%	10.3%	-
와이제이엠게임즈	-	-	-	△16.2%	26.0%	-
넷마블게임즈	-	-	-	-	-	-
게임산업	1.5%	1.3%	1.6%	0.7%	70.5%	69.1%p
콘텐츠산업	5.1%	2.8%	5.2%	△1.0%	16.5%	11.5%p

4. 제안서

제안서 쓰기는 설득의 글쓰기이다. 자신의 계획이나 구상 등을 상대방에게 구체적으로 제시함으로써 이에 대한 동의를 구하는 것이다. 따라서 상대방이 궁금해 할 내용을 잘 파악하여 명확하게 제시하여야 한다. 제안서는 대학이나 기관 등에서 이루어지는 연구계획서, 사업계획서, 정책제안서 등을 말한다. 대학에서 진행되는 여러 가지 공모전이나 해외연수 모집 등에서는 1차적으로 지원자들이 제출한 제안서를 평가하여 최종 합격자를 선발하는 것이 일반적이다.

1) 좋은 제안서의 요건

제안서에는 연구나 사업의 목표와 내용, 세부 추진 계획, 기대효과, 예산 등이 구체적으로 들어있어야 한다. 즉, 제안하는 내용이 무엇이며, 왜 중요한지, 그리고 이것을 어떻게 수행할 것이며, 시간과 비용은 얼마나 드는지를 구체적으로 담고 있어야 한다. 또한 제안의 내용은 전문성과 차별성을 지니고 있어야 한다.

제안서를 작성할 때 고려할 사항은 다음과 같다.

(1) 보편성

제안서에 제시된 내용들은 누구나 읽어도 이해할 수 있어야 하며, 수긍할 수 있어야 한다. 제안서는 상대방을 이해시키고 제안 내용에 대한 설득을 얻어야 한다. 그러기 위해서는 상대방의 입장에서 궁금한 점을 점검하여 서술하며, 용어와 문장을 평이하고, 보편적으로 작성해야 한다.

(2) 정확성

제안서에 명시한 내용들은 정확한 이론적 근거를 바탕으로 하고 있어야 한다. 또한 '대략', '대체로' 등과 같은 부정확한 표현들을 삼가고, 모호한 문장이 없도록 하여야 한다. 특히 인용하는 수치와 통계는 더욱 정확하여야 한다. 조그마한 하나의 실수가 제안서 전체에 대한 신뢰를 무너뜨릴 수 있음을 명심해야 한다.

(3) 현실성

제안서의 내용은 실현 가능한 것이어야 한다. 일단 선정되는 것에 급급하여 자신의 능력에서 벗어난 내용을 서술한다면, 이후에 심각한 문제를 맞이할 수 있다. 따라서 제안자의 능력 범위가 어디까지인가를 미리 잘 살펴보아야 한다.

(4) 유기성

제안서의 각 항목들은 유기적으로 연계되어야 하며, 구체적으로 작성되어야 한다. 제목의 선정에서부터 목적, 방법, 필요성, 제안 내용, 활용방안 등에 이르기까지 하나의 주제를 효과적으로 밝히는 과정이 되어야 한다.

2) 제안서 작성 과정

좋은 제안서는 강한 설득력을 가지고 있어야 한다. 제안서 내용의 독창성과 창의성도 중요하지만 일반적으로 제안서는 표준 형식이 제시되는 경우가 많다. 따라서 제시된 형식과 틀에 맞추어 하나의 항목도 빠짐없이 전체 내용을 유기적으로 구성하여야 한다.

(1) 내용 기획과 자료 수집 및 분석

❶ 방향 정하기

제안서의 방향을 정하는 것이 가장 먼저 해야 할 일이다. 이것은 목표와 내용을 확정하는 것으로 제안서의 표준 형식에 제시된 공고문이나 작성 가이드의 내용을 꼼꼼하게 정독하고, 다양한 각도에서 내용을 검토하여 정한다.

❷ 자료 수집 및 분석

제안서의 방향이 정해지면 내용과 관계된 정보를 조사하고, 자료를 수집한다. 일차적 자료 수집은 포괄적인 자료에서 세부적인 자료 찾기의 순서로 진행한다. 처음부터 세부적인 자료를 찾으면 제안서를 작성할 때 항목별 유기성이 떨어지는 경우가 생길 수 있다.

수집된 자료는 일정한 기준에 의하여 분류하고 분석한다. 제안서 내용의 활용도에 따라 전체 내용과 관련된 자료인지, 아니면 세부적인 내용에 사용될 자료인지를 구분하여 준비한다.

(2) 기본 구조 만들기 및 내용 작성

❶ 기본 구조 만들기

수집 · 분석된 자료를 바탕으로 전체적인 틀을 잡는다. 이 단계에서 중요한 것은 제안서의 방향성이 얼마나 일관되고, 상호 연계성을 가지는가에 초점을 맞추어야 한다. 이미 준비된 자료들을 어느 곳에 배치하는 것이 효과적인가에 대한 고려도 중요한 부분이다.

❷ 내용의 작성

기본적인 구조가 만들어지면 이에 따라 본격적으로 작성한다. 이 단계에서는 한번에 완벽한 완성본을 만들려고 하지 말고, 빠른 시간 내에 일차적 초안을 마련하여 여러 번의 수정과 보완을 거치는 것이 완성도를 높이는 데 효율적이다.

(3) 구성 재검토 및 수정 · 보완

❶ 구성의 재검토

초고가 완성되면 여러 번 반복하여 내용을 교정하는 작업이 필요하다. 전체 항목이 유기적으로 구성되었는지, 오자나 탈자, 잘못된 문장은 없는지, 인용된 자료 중에 오류는 없는지, 핵심적인 내용에 대한 강조는 되어 있는지 등을 정밀하게 살펴보아야 한다.

❷ 수정 및 보완

앞의 재검토 과정에서 발견된 여러 오류들을 수정하고, 근거 자료가 부족하거나 표현이 미진한 부분에 대해서는 보완 작업을 한다. 수정 및 보완 작업은 많이 하면 할수록 완성도를 높일 수 있다.

3) 제안서 항목별 작성 방법

(1) 제목

제목은 제안서에서 주장하고자 하는 핵심 내용을 단숨에 파악할 수 있도록 해야 한다. 따라서 주제의 범위와 의미를 포함하면서도 구체적이고 명료한 제목을 제시한다. 필요에 따라 부제를 사용한다.

> 해외(영국, 프랑스) 우수 사회적 기업 연구를 통한 한국형 사회적 기업 모델 개발

위의 제목을 보면 수행하고자 하는 연구의 범위와 내용을 포함하고 있으며, 그 연구를 통해 얻고자 하는 목적이 명확하게 나타나 있다고 할 수 있다.

(2) 배경 및 필요성

배경 및 필요성은 수행하고자 하는 내용이 현재 상황에서 반드시 필요한 것임을 드러냄으로써 제안 내용의 당위성을 주장하는 것이다. 따라서 주제와 관련된 국내외의 선행 연구를 분석하여 정리하고, 본 제안과의 연관성과 의미를 기술한다. 또한 기존 선행 연구와의 차별성과 본 제안의 필요성과 독창성을 제시한다.

• **경제적 양극화 확대**

– 한국의 자본주의 사회는 그 동안 급속한 경제 성장에 따른 양극화 확대에 따른 심각한 사회 갈등의 증폭에 직면하고 있다.

– 오늘날 우리 사회는 일자리를 비롯한 고용, 교육, 의료, 주택, 교통서비스 등 사회적 인프라와 사회적 가치 창출의 부족으로 인하여 노사 갈등을 비롯한 다양한 사회 갈등을 자아내고 있다.

• **사회적 기업에 대한 관심 증가**

– 최근 사회적 기업에 대한 유럽 각국과 미국의 관심은 놀라울 정도로 증폭되고 있으며, 동아시아와 라틴 아메리카와 리베로아메리카와 같은 지역으로 확산되고 있다.

– 우리나라는 사회적 기업의 발전이 먼저 이루어지고 제도화와 정책추진이 뒷받침된 서구사회 와는 달리 경제성장과정에서 발생한 많은 사회적 문제와 고용 없는 성장의 실업문제를 해결하기 위한 방안으로 사회적 기업의 육성을 적극 추진하고 있다.(조영복, 2011)

• **신뢰성 있고 체계적인 조사**

– 사회적 기업의 육성을 위해서는 신뢰성 있는 정확한 자료를 바탕으로 적절한 정책이 수립되어야 하며, 이를 위해서는 체계적인 실태조사가 이루어져야 하며 그 방향은 개선을 위한 실태조사(Improve through Prove)이어야 한다.

• **한국사회 공동체 재구축**

– 사회적 기업의 효과적이고 극적인 사회적 가치 창출은 한국 사회 공동체 구축에 절대적인 역할은 물론, 한국 자본주의 존립과 발전에 크게 이바지 할 것으로 여겨지고 있다.

– 한국 사회에 당면한 갈등을 해소하고 일자리 창출과 바람직한 사회 공동체 구축을 위하여, 사회적 기업이 성장 · 발전할 수 있도록 하는 사회적 기업 육성노력이 절실히 필요한 시점이다.

- 대학생들에게 능동적이고 주체적인 취업준비의 방안 마련
  - 인공지능, 사물 인터넷, 빅 데이터 등의 첨단 정보통신 기술 즉, 4차 산업혁명의 물결이 오히려 우리의 일자리를 대신하여 청년 실업 증대로 이어질 가능성이 존재한다.
  - 사회적 기업은 사람에 의한 사람을 위한 사람 사는 세상으로 만들 수 있는 대안으로 독식적인 자본주의에 맞서 사람을 위한 경제체제로 나아간다는 데서 출발하고 있으므로 국제적으로 중요한 화두로 떠오르는 놓칠 수 없는 미래 산업 중 하나이다.

위에 제시된 연구의 필요성에서는 먼저 현재 우리나라가 당면한 사회적 문제점과 국제 사회에서의 사회적 기업의 현황을 진단하고 있다. 아울러 이러한 국제적 추세에 맞추어 우리나라에서도 다양한 형태의 사회적 기업이 필요하며, 여러 가지 사회적 문제를 해결할 수 있을 것임을 제시하고 있다. 또한 각 세부 서술 단위마다 간단한 소제목을 제시함으로써 일목요연하게 내용을 이해할 수 있게 하였다.

(3) 방법 및 내용

방법 및 내용에서는 대상 자료의 현황을 분석하고, 연구의 방법을 제시한다. 또한 연구 내용을 구체적으로 제시하며, 세부 목차를 제시하는 것이 좋다.

1. 사전조사 : 문헌연구와 한국의 사회적 기업 면접 서베이를 통한 사전조사 시행

- 문헌연구 참고자료
  - 고용노동부(2016), 「2016년도 사회적 기업 인증 업무매뉴얼」.
  - 노대명(2008), 「한국의 사회적 기업과 사회서비스」, 한국보건사회연구원.
  - 임혁백 외(2007), 「사회적경제와 사회적 기업」, 송정문화사.
- 사회적 기업 면접 서베이

  * 보고서는 [별첨4] 첨부

2. 현장조사

- 조사 방법
- 예상경로

3. 결과조사

4. 역할 분담

• 사전 준비

• 현지 탐방

(4) 기대 효과 및 활용방안

본 연구가 가지는 학문적 의의를 밝힌다. 연구 결과가 학문적 · 사회적으로 어떤 기여를 할 것인가를 기술한다. 막연한 서술이 아니라 구체적인 내용을 제시한다.

1. 대학 내 수행 팀 및 인문대학 학생 측면

– 국제적인 사회적 기업 운영 현황에 대한 이해를 기반으로 취업역량 강화

– 인문학적 가치를 운영 목표로 삼는 사회적 기업을 통하여 인문학 전공의 활용 가능성 발견 및 인문 융합 실무역량 강화

– '사회적 기업'이라는 개념의 인지를 통한 취 · 창업에 대한 시각 확장

2. 대학 외 지역주민 및 사회적 기업 등 측면

– 지역 내 사회적 기업에 대한 인식 제고로 인하여 기업 홍보를 통한 사회적 기업의 활성화 및 일자리 창출

– 사람을 먼저 생각하는 사회적 기업을 통한 건강한 노동 환경 조성 및 지역사회발전 및 공익 증진에 도움

– 해외 사회적 기업의 성공 사례와 그 바탕이 된 인식을 탐구함으로서 롤 모델로 삼고 활용하고, 차이점을 바탕으로 우리나라의 인식에 맞는 기업 모델을 변형 연구

– 사회적 기업이 발전할 수 있었던 환경을 연구함으로서 이를 토대로 우리나라에서 사회적 기업이 발전할 수 있는 환경 조성 방안 연구 가능

위에서는 크게 두 가지 측면의 기대효과를 서술하고 있다. 첫 번째를 다시 수행팀과 동료 학생들의 측면으로, 두 번째는 지역주민과 사회적 기업의 측면으로 나누어서 다양하고 구체적인 면을 제시하고 있다.

(5) 일정

연구를 수행하는 과정을 단계로 나누고 각 단계별로 예상하는 연구의 내용을 월별, 주별로 자세하게 제시한다. 또한 일목요연하게 표로 정리하여 제시하는 것이 좋다.

일시	일정	세부 활동 내용
1일차 (7월 5일 WED)	인천〉영국 런던 (1회 경유)	– ICN(인천)〉FCO(로마피우미치노)〉LHR(런던) [아시아나항공 OZ561〉영국항공(BA) BA555] (오후 12:30 출발, 오후 9:55 도착, 여행기간 17시간 25분)
2일차 (7월 6일 THU)	런던〉스코틀랜드 MAKLab 인터뷰 Inch 인터뷰	– LHR〉EDI(에든버러), [flybe BE2102] (오전 8:45출발, 오전 10:25 도착, 여행 기간 1시간 40분) – MakLab : 본 회사만의 장점과 마케팅방법, 같은 영역끼리의 네트워킹 구축방법, 멤버쉽 제도의 장점 – Inch : 사회적과제, 협업현장의 장점, 지속가능한 변화가 가능한 이유
3일차 (7월 7일 FRI)	The experience 인터뷰 및 체험	– 인터뷰 : 어떻게 설립되었는지, 운영하게 된 이유, 사회적 기업으로서의 의무, 사람들의 만족도는 어떠한지, 주 고객층은 어느 연령이며 그들이 찾는 이유가 무엇인지 등
10일차 (7월 14일 FRI)	파리〉인천	– CDG(파리샤를드골)〉ICN [아시아나항공 OZ0502] (오후 7:50 출발, 오후 1:50 도착, 여행기간 11시간)

(6) 참고문헌

연구 주제와 직접적으로 관련된 문헌목록을 자세하게 기술한다 [참고문헌 작성방법은 Ⅳ장 '참고문헌 정리' 부분 참조].

- 김인태(2010), 「한국형 사회적 기업 발전방안 연구」, 호남대학교 석사학위논문.
- 노대명(2008), 「한국의 사회적 기업과 사회서비스」, 한국보건사회연구원.
- 박찬임,김혜원(2010), 「사회적 기업 실태와 발전방향」, 한국노동연구원.
- 이은선(2009), 「사회적 기업의 특성에 관한 비교 연구」, 『行政論叢』 47-4.
- 임혁백 외(2007), 「사회적경제와 사회적 기업」, 송정문화사.
- 조영복(2008), 「사회적 기업의 이해와 국내외 경영사례」, 사회적기업연구원.
- 전병유 외(2012), 「사회적 기업 실태 조사 연구보고서」, 한신대학교 산학협력단.
- 한국사회적기업진흥원(2015), 「사회적 기업 가이드북」.
- OECD 대표부(2006), 「OECD 국가의 사회적 기업과 시사점」.

대학인문역량강화사업 CORE

Initiative for COllege of humanities' Research and Education

글로벌 인문파인더 수행계획서

<table>
<tr><td>팀 명</td><td>4차원</td><td>접수번호</td><td></td></tr>
<tr><td>지원학과</td><td>영어영문학과, 국어국문학과</td><td>지도교수</td><td>○ ○ ○ (인)</td></tr>
<tr><td>수행 주제</td><td colspan="3">해외(영국, 프랑스)의 우수 사회적 기업 연구를 통한
한국형 사회적 기업 모델 개발</td></tr>
<tr><td>수행 지역</td><td colspan="3">영국(런던): UnLtd, Imperial College London , University College London,
King' s College London, London school of Economics and Political Science
영국(스코틀랜드): Inch, The Experience, MakLab, The Edinburgh Remakery
프랑스(파리): Reconnect</td></tr>
<tr><td>목적 및 필요성</td><td colspan="3">개요
☑가설: 한국 내 사회적 기업의 필요성은 증가하고 있으나 정착하지 못하고 있다.
☑목적 및 필요성: 해외의 성공한 사회적 기업들을 비즈니스 모델로 삼아, 한국형 사회적 기업에 대한 홍보나 인식이 개선된다면 한국에서도 사회적 기업의 사회·인문학적 인프라가 단단히 구축될 것이다.
☑연구 국가: 영국-경제적 측면, 자본주의 이데올로기 하에 사회적 기업에 대한 시민 인식
프랑스- 문화적 측면, 노블리스 오블리주 정신과 사회적 기업 성공 연관성

1. 연구 목적
본 연구는 해외(영국, 프랑스, 스페인) 의 사회적 기업이 최근 실업률 저조와 복지증진에 대한 대안으로 급부상한 성공 사례에 주목하여, 해외 사회적 기업의 구조 및 운영 방식을 사전 연구 및 현장조사를 통해 실시하고, 그것을 바탕으로 한국형 사회적 기업 모델을 개발하는 것을 목적으로 한다.

○ 영국의 사회적 기업 성공 사례에 대한 현황 및 특성조사
- 영국은 한국과 가장 비슷한 경제체제의 국가로서, 자본주의 이데올로기 하에 어떻게 Inch, The Experience 같은 사회적 기업들이 이윤을 내고 지속적으로 경제활동을 할 수 있는지에 대해 알아보고자 한다.
- 현재 영국은 사회적 기업에 대한 문화 배양, 경영자문 및 정보 접근성을 확충하고 있고, 재정 접근성 또한 기반이 확립된 상태이다. 정부 부서와 협력 체계가 우리나라보다 체계적이고 구체적인 연결고리로 이루어져 있다. 이는 사회적 기업의 지원방안을 더욱 확대한 계기가 되었다.
- 영국을 통해 사회적 기업이 발전할 수 있는 환경을 연구하고 이러한 환경의 기반이 된 영국 시민들의 사회적 기업에 대한 인식을 알아보고자한다.</td></tr>
</table>

	○ **프랑스의 사회적 기업 성공 사례에 대한 현황 및 특성조사** - 프랑스는 가장 오래된 기본 정신 중, 높은 신분에 따르는 도덕적, 정신적인 의무이며 특권 계층의 솔선수범인 노블리스 오블리주(noblesse oblige)는 사회적 기업과 매우 부합하는 부분이다. - 한국에서는 이와 다르게 오래전부터 노블리스 오블리주가 자리 잡지 못했다. 요즘 현대 사회에서 '헬조선', '흙수저 계급론'이 나오며 분노하는 근본 원인이 바로 우리 사회의 탐욕적인 상층 때문이기 때문이다. - 프랑스의 Groupe SOS는 전문 경영인을 고용해서 정부, 민간기업과 협력해서 매년 8000억 원의 매출을 내고 있다. 24개의 자회사가 존재하며, 프랑스와 해외에서 270개의 비영리 단체를 운영한다. - 프랑스의 그룹sos의 계열사인 Reconnect를 통해 우리는 빈곤 및 불공평한 사회구조를 해소할 수 있는 방안을 얻고자 한다. - 노블리스 오블리주의 정신으로 사회적 기업에 대한 인식이 어떻게 형성되어 있고 이를 우리나라에 적용할 수 있는 방법을 연구하려 한다. ○ **한국의 사회적 기업의 인식개선을 위해 문헌 연구 및 해외(영국, 프랑스, 스페인)의 기업관계자, 시민, 대학교수, 대학생 등의 면접 서베이 및 설문조사** - 본 연구를 위해 연구진은 두 가지 방법의 연구 방법론을 사용한다. - 첫째는 문헌 연구를 사용하였다. 기존 문헌 연구를 통해 사회적 기업 실태조사에 대한 사례를 수집하고 한국의 실태조사 준비 및 실행에 있어서의 시사점 및 발생 가능한 문제들에 대한 사전 점점 사항 등에 대해 검토하였다. - 둘째는 현지조사법을 사용한다. 사회적 기업이 성공한 사례와 구조 및 운영 방식을 알아보기 위해 유럽(영국, 프랑스)의 기업관계자들 및 대학 교수와의 면접 서베이를 진행할 예정이고 인터뷰 질문은 [별첨3]에 첨부한다. - 사회적 기업에 대한 일반적인 인식을 알기위해 표본 집단을 유럽(영국, 프랑스, 스페인)의 시민 및 대학생으로 채택했다. 설문지의 문항의 구성은 측정수준은 대부분 명목 측정을 사용하였고, 주된 척도는 리커트 척도를 사용하였다. ○ **해외의 성공 사례를 통해 한국에 적용·수정·발전 가능성을 개발** - 고용 측면에서 일반계층 및 취약계층을 구분하여 일자리 창출에 대한 정책적 정당성을 지닌다. - 단순한 서비스의 제공이 아닌 사회적 서비스를 제공하는 다양한 방식에 대한 실태조사를 실시함으로 사회서비스의 질적 향상에 가치를 둔다. - 본 실태조사를 통한 조사결과에 대해서 정책적 활용과 더불어 각 분야별 우수사례에 대한 공유를 한다. 사회적 기업들 간의 건전한 정보공유를 통해 상호발전 할 수 있는 기회를 제공한다. - 시민사회의 인식을 제고시켜 사회적 기업이 자생적으로 지속가능한 성장을 할 수 있는 기회를 제공한다. ○ **인문학적 가치 확산과 사회적 가치의 역량을 인문학적 요소와 융합하여 강화** - 유럽의 사례를 통해 우리는 인식이라는 측면이 사람들이 사회를 이루고 살면서 얼마나 큰 영향을 미치는지 알아 볼 수 있을 것이다. 사상의 정신적 지배는 추상적이고 막연하지만 그로 인

해 나타나는 행동의 결과는 구체적이고 확실한 결과를 가져온다.
- 우리가 원하는 앞으로의 긍정적인 민주주의 사회를 만들어가는 데 있어 경제적 측면과 인문학적 측면은 떼어 낼 수 없는 관계에 있다. 하늘의 별을 읽는 것은 천문학이고 사람의 마음을 읽는 것은 인문학이라고 할 수 있다. 한 인격체로서 주체로서 살아가기 위해 우리는 현재 민주주의의 근본이 되는 프랑스 혁명의 정신인 평등 속에서 차이의 권리(E.Balibar.1988)를 사회적 기업을 연구함에 있어 명확히 정의할 수 있을 것이다.

2. 연구 필요성

독식적 자본주의 체제 아래 한국은 양극화의 확대에 따라 사회적 기업에 대한 관심이 증가하였다. 하지만 사회적 기업의 인식 및 태도에 대한 정보가 부족하여 시장 환경에 대한 직접적인 조사와 신뢰성 있고 체계적인 조사를 필요로 한다. 사회적 기업은 한국사회 공동체 재구축을 위할 뿐 아니라 대학생들에게 능동적이고 주체적인 취업준비의 방안으로 마련될 것이다.

○ 경제적 양극화 확대
- 한국의 자본주의 사회는 그 동안 급속한 경제 성장에 따른 양극화 확대에 따른 심각한 사회 갈등의 증폭에 직면하고 있다.
- 오늘날 우리 사회는 일자리를 비롯한 고용, 교육, 의료, 주택, 교통서비스 등 사회적 인프라와 사회적 가치 창출의 부족으로 인하여 노사 갈등을 비롯한 다양한 사회 갈등을 자아내고 있다.

○ 사회적 기업에 대한 관심 증가
- 최근 사회적 기업에 대한 유럽 각국과 미국의 관심은 놀라울 정도로 증폭되고 있으며, 동아시아와 라틴아메리카와 리베로아메리카와 같은 지역으로 확산되고 있다.
- 우리나라는 사회적 기업의 발전이 먼저 이루어지고 제도화와 정책추진이 뒷받침된 서구사회와는 달리 경제성장과정에서 발생한 많은 사회적 문제와 고용 없는 성장의 실업문제를 해결하기 위한 방안으로 사회적 기업의 육성을 적극 추진하고 있다.(조영복, 2011)

○ 신뢰성 있고 체계적인 조사
- 사회적 기업의 육성을 위해서는 신뢰성 있는 정확한 자료를 바탕으로 적절한 정책이 수립되어야 하며, 이를 위해서는 체계적인 실태조사가 이루어져야 하며 그 방향은 개선을 위한 실태조사(Improve through Prove)이어야 한다.

○ 한국사회 공동체 재구축
- 사회적 기업의 효과적이고 극적인 사회적 가치 창출은 한국 사회 공동체 구축에 절대적인 역할은 물론, 한국 자본주의 존립과 발전에 크게 이바지 할 것으로 여겨지고 있다.
- 한국 사회에 당면한 갈등을 해소하고 일자리 창출과 바람직한 사회 공동체 구축을 위하여, 사회적 기업이 성장·발전할 수 있도록 하는 사회적 기업 육성노력이 절실히 필요한 시점이다.

○ 대학생들에게 능동적이고 주체적인 취업준비의 방안 마련
- 인공지능, 사물 인터넷, 빅 데이터 등의 첨단 정보통신 기술 즉, 4차 산업혁명의 물결이 오히려 우리의 일자리를 대신하여 청년 실업 증대로 이어질 가능성이 존재한다.

<table>
<tr><td></td><td>- 사회적 기업은 사람에 의한 사람을 위한 사람 사는 세상으로 만들 수 있는 대안으로 독식적인 자본주의에 맞서 사람을 위한 경제체제로 나아간다는 데서 출발하고 있으므로 국제적으로 중요한 화두로 떠오르는 놓칠 수 없는 미래 산업 중 하나이다.</td></tr>
<tr><td>조사 방법</td><td>1. 사전조사 : 문헌연구와 한국의 사회적 기업 면접 서베이를 통한 사전조사 시행

○ 문헌연구 참고자료

• 고용노동부(2016) 「2016년도 사회적 기업 인증 업무매뉴얼」
• 김명희(2008) 「영국의 사회적 기업 사례 연구와 한국에의 정책적 함의」 사회복지정책 제33집
• 김용태(2012) 「사회적 기업의 창업성과 영향요인에 관한 실증적 연구」 중앙대학교 대학원 박사학위논문
• 김인태(2010) 「한국형 사회적 기업 발전방안 연구」 호남대학교 대학원 석사학위논문
• 노대명(2008) 「한국의 사회적 기업과 사회서비스」 한국보건사회연구원
• 박찬임,김혜원(2010) 「사회적 기업 실태와 발전방향」 한국노동연구원
• 이은선(2009) 「사회적 기업의 특성에 관한 비교 연구」 行政論叢, Vol.47 No.4
• 임혁백 외(2007) 「사회적경제와 사회적 기업」 송정문화사
• 조영복(2008) 「사회적 기업의 이해와 국내외 경영사례」 사회적기업연구원
• 조영복,양용희,김혜원(2008) 「사회적 기업 육성을 위한 중장기 정책방향」 사회적기업연구, 1(2)
• 최재호(2013) 「대기업과 사회적 기업 연계 사례 및 활성화 연구」 가천대학교 경영대학원 석사학위논문
• 전병유 외(2012) 「사회적 기업 실태 조사 연구보고서」 한신대학교 산학협력단
• 한국사회적기업진흥원(2015) 「사회적 기업 가이드북」
• 황선길(2011) 「사회적 일자리사업의 효율적 운영을 통한 사회적 기업 육성 방안 연구」 경원대학교 경영대학원 석사학위논문
• 황준용(2014) 「사회적 기업 육성법의 개선방안에 관한 연구」 동국대학교 대학원 박사학위논문
• OECD 대표부(2006) 「OECD 국가의 사회적 기업과 시사점」

○ 사회적 기업 면접 서베이
*보고서는 [별첨4] 첨부

2. 현장조사

○ 조사 방법
- 기업 관계자 및 대학 교수는 면접 서베이를 사용할 것이다. 질문지는[별첨3] 첨부
- 일반 시민들의 사회적 기업에 관한 인식도에 대한 조사는 설문지를 통한 조사 방법을 사용할 예정이다. 설문지는 [별첨2] 첨부

○ 예상경로
- Plan A : 영국(스코틀랜드), 영국(런던), 프랑스(파리)
- Plan B : 영국(런던), 영국(스코틀랜드), 프랑스(파리)

3. 결과조사
: 사전 조사한 내용과의 비교를 통한 결과 도출, 설문지에 대한 자료는 SPSS를 사용한 상관분석, 회귀분석, 카이제곱검정, T검정 등 여러 검정의 비교를 통한 유의미한 결과 도출 예정.</td></tr>
</table>

<table>
<tr><td></td><td>4. 역할 분담

○ 사전 준비
- ○○○ : 인터뷰 대상 기업 사전 접촉(프랑스/group sos 등), 설문지 및 인터뷰 목록 작성
- ○○○ : 인터뷰 대상 기업 사전 접촉(영국 런던/ UnLtd 등), 예산 계획
- ○○○ : 인터뷰 대상 기업 사전 접촉(영국 스코틀랜드/The experince 등), 문헌 및 사례 조사

○ 현지 탐방
- ○○○: 사진 및 동영상 촬영, 플랫폼을 통한 동영상 생중계, 티켓 예약, 숙소 예약
- ○○○: 영어 통역 및 회화, 총무, 예상 경로 탐색
- ○○○: 인터뷰 예상답변 작성 ,인터뷰 녹음 및 수기 작성, 대중교통 예약 및 안내</td></tr>
<tr><td>기대 효과</td><td>1. 대학 내 수행 팀 및 인문대학 학생 측면
- 국제적인 사회적 기업 운영 현황에 대한 이해를 기반으로 취업역량 강화
- 인문학적 가치를 운영 목표로 삼는 사회적 기업을 통하여 인문학 전공의 활용 가능성 발견 및 인문 융합 실무역량 강화
- '사회적 기업'이라는 개념의 인지를 통한 취·창업에 대한 시각 확장

2. 대학 외 지역주민 및 사회적 기업 등 측면
- 지역 내 사회적 기업에 대한 인식 제고로 인하여 기업 홍보를 통한 사회적 기업의 활성화 및 일자리 창출
- 사람을 먼저 생각하는 사회적 기업을 통한 건강한 노동 환경 조성 및 지역사회발전 및 공익 증진에 도움
- 해외 사회적 기업의 성공 사례와 그 바탕이 된 인식을 탐구함으로서 롤 모델로 삼고 활용하고, 차이점을 바탕으로 우리나라의 인식에 맞는 기업 모델을 변형 연구
- 사회적 기업이 발전할 수 있었던 환경을 연구함으로서 이를 토대로 우리나라에서 사회적 기업이 발전할 수 있는 환경 조성 방안 연구 가능</td></tr>
<tr><td>결과
활용방안</td><td>1. 대학 내
- 교내 생협과 협력하여 사회적 경제 홍보 브로슈어 제작
- 사회적 기업에 대한 교내 전문가 지도하의 세미나 개최 (협의 완료)
(충북대학교 중문 '청춘'사회적 기업과 연대 (협의 완료), 세미나 개최 인준)
- 교내 신문사 및 교지편집위원회에 연구 자료를 기고하여 홍보
- 취업지원본부와 충북 내 사회적 기업의 연계 추진
- 사회적 기업과 관련된 교내 동아리 개설

2. 대학 외

○ 청년층 인식 개선
- 유튜브 등 인터넷 플랫폼을 통한 실시간 활동 모습 업로드
- 인스타그램, 페이스북 등의 SNS 페이지 개설 등을 통하여 사회적 기업에 대한 홍보 및 인식 개선

○ 중, 장년층 인식 개선
- 청주시청에 사회적 기업 인식 개선을 위한 지역 세미나 개최 건의</td></tr>
</table>

	- 지역 신문(청주 시민신문)에 연구 자료를 활용한 기사 기고 및 지역 사회적 기업 홍보 - 연구 자료를 토대로 국회의원에 의견 제시

인문파인더 프로젝트 수행 계획 (가안 추후 변경 가능)		
일시	**일정**	**세부 활동 내용**
1일차 (7월 5일 WED)	인천 > 영국 런던 (1회 경유)	- ICN(인천) > FCO(로마피우미치노) > LHR(런던) [아시아나항공 OZ561 > 영국항공(BA) BA555] (오후 12:30 출발, 오후 9:55 도착, 여행기간 17시간 25분)
2일차 (7월 6일 THU)	런던 > 스코틀랜드 MAKLab 인터뷰 Inch 인터뷰	- LHR > EDI(에든버러), [flybe BE2102] (오전 8:45출발, 오전 10:25 도착, 여행 기간 1시간 40분) - MakLab: 본 회사만의 장점과 마케팅방법, 같은 영역끼리의 네트워킹 구축방법, 멤버쉽 제도의 장점 - Inch: 사회적과제, 협업현장의 장점, 지속가능한 변화가 가능한 이유
3일차 (7월 7일 FRI)	The experience 인터뷰 및 체험	- 인터뷰: 어떻게 설립되었는지, 운영하게 된 이유, 사회적 기업으로서의 의무, 사람들의 만족도는 어떠한지, 주 고객층은 어느 연령이며 그들이 찾는 이유가 무엇인지 등
4일차 (7월 8일 SAT)	The Edinburgh Remakery 인터뷰	- 인터뷰: 어떻게 설립하게 되었는지, 자원봉사자가 증가한 이유가 무엇인지, 소비자와 소통하는 방법은 무엇인지, 수입은 주로 어떻게 나는지, 본 기업을 지속가능하게 하는 이유는 무엇인지, 환경과 함께하는 삶이란 무엇인지 등
5일차 (7월 9일 SUN)	1차 중간점검 스코틀랜드 > 런던이동	- 사진 정리 및 1차 보고서 작성 - 인터뷰 정리 및 녹음 확인, 스크립트 작성, 예산 점검 등 - EDI > LHR, [flybe BE2109] (오후 6:20 출발, 오후 8:00 도착, 여행기간 1시간 40분)
6일차 (7월 10일 MON)	UnLtd (Foundation For Social Entrepreneurs) 인터뷰	- 인터뷰: 설립하게 된 계기, 사회적 네트워크 기반이 성공할 수 있었던 이유, 사회적 기업가를 양성하는 전략, 정부의 재정지원을 받는지, 지속가능한 사회적 기업이 되려면 해야 할 일, 사회적 기업가들이 영국 사회에 미치는 영향도
7일차 (7월 11일 TUE)	런던 대학 내 설문조사	- Imperial College London - University College London - King's College London - London school of Economics and Political Science (*상황에 맞추어, 1차 중간 점검 때 표본집단 설정)
8일차 (7월 12일 WED)	2차 중간점검 런던 > 파리 이동	- 설문지 확인 및 인터뷰, 사진 점검, 예산 점검 등 - 유로스타 이용 런던 > 파리 (오후 3:31 출발, 오후 6시 56분 도착, 여행기간 2시간 25분)
9일차 (7월 13일 THU)	Reconnect(그룹SOS계열사) 인터뷰	- 인터뷰 : 프랑스의 노블리스 오블리주 정신에 대한 생각 간략한 소개, 본 기업과 사회적 기업이 프랑스에서 성공할 수 있던 이유, 그룹 sos의 계열체로서 좋은점, 정부의 지원, 하나의 독점기업으로 발전하지 않은 이유, 빈곤 및 불평등한 사회구조에 대한 대안
10일차 (7월 14일 FRI)	파리 > 인천	- CDG(파리샤를드골) > ICN [아시아나항공 OZ0502] (오후 7:50 출발, 오후 1:50 도착, 여행기간 11시간)

위와 같이 제출합니다.

2017년 6월 9일

제출인 성명: ○ ○ ○ (도장 또는 서명)

인문대학 CORE 사업단 귀하

▶ 해외 교환학생 지원을 위한 학업계획서를 작성해보자.

▶ 우리 학교 학생생활 개선을 위한 제안서를 작성해보자.

5. 프레젠테이션(Presentation)

두루 알고 있는 바와 같이 프레젠테이션은 대학이나 기업체, 공공기관 등에서 효과적인 발표를 위한 방법으로 이미 정착되어 있다. 프레젠테이션을 잘 하면 대학에서의 학점은 물론 취업을 하는 데도, 취업 후에도 매우 유리하다.

프레젠테이션은 자신의 생각이나 아이디어, 연구 결과, 조사 결과 등을 여러 사람에게 보고하는 발표 형식의 하나이다. 따라서 가장 중요한 것은 발표하는 내용을 상대방에게 분명히 전달하는 것이다. 영상과 기법의 활용은 내용을 효율적으로 전달하는 선에서 이루어져야 한다.

프레젠테이션의 목적은 복잡하고 많은 내용을 간략하고 이해하기 쉽게 전달하기 위한 것이다. 따라서 프레젠테이션에서는 전달하려는 정보 중 핵심내용만을 기술해야 한다는 점에서 정보를 요약하는 능력이 필수적이다.

1) 사전 준비과정

'프레젠테이션'은 흔히 '발표'와 같은 의미로 쓰이고 있는데, 좀 더 엄밀하게 구분하자면 파워포인트(PPT)와 같은 시청각 매체를 활용하여 발표하는 것으로 한정할 수 있다. 원고지나 한글 워드 프로그램으로 작성한 원고를 읽으면서 하는 발표와는 차이가 있다. 화면에 비춰진 슬라이드를 청자와 화자가 함께 보면서 발표가 진행된다. 따라서 일반적인 글쓰기와 달리 발표용 글쓰기의 특징과 목적에 대한 이해가 선행되어야 한다.

오늘날 다양한 프레젠테이션의 수단 중에서 가장 보편적인 것은 마이크로소프트사에서 만든 파워포인트(PPT)이다. 최근에는 프레지(Prezi)와 같이 온라인을 기반으로 다양한 영역과 시각을 보여줄 수 있는 역동적인 프로그램도 주목받고 있다.

(1) 계획하기

프레젠테이션도 다른 글과 마찬가지로 계획이 중요하다. 프레젠테이션을 계획하는 단계에서는 목적(Purpose), 청중(People), 장소(Place) 등을 분석 · 고려해야 한다. 이 세 가지 요소에 따라 프레젠테이션의 형식과 내용, 특성 등을 결정해야 한다. 성공적인 프레젠테이션을 위해 가장 우선적으로 고려해야 할 사항은 어떤 목적을 가지고 프레젠테이션을 하는가이다. 프레젠테이션의 목적은 정보의 전달을 위한 것과 상대방의 설득을 이끌어내기 위한 것으로 나눌 수 있다.

정보전달을 위한 프레젠테이션은 개인이나 조직이 가진 정보를 상대방에게 전달하는 것이 목적이다. 대표적인 것이 강의시간에 이루어지는 프레젠테이션이라고 할 수 있다. 그러나 이러한 경우에서도 일방적인 정보의 전달이 되지 않도록 주의해야 한다. 상대방의 설득을 이끌어내기 위한 프레젠테이션은 참석자들의 심리상황을 긍정적인 상태로 이끌어 냄으로써 능률을 향상하거나 우호적인 관계를 만들어 적극적인 참여를 유도하기 위한 것이다.

다음으로 고려되어야 할 것은 프레젠테이션이 실시될 장소의 상태와 청중의 수준에 대한 것이다. 같은 내용이라도 청중의 성향과 규모, 공통 관심사 등이 파악되어야 하며, 프레젠테이션이 진행될 장소의 상황도 미리 점검해야 성공적인 프레젠테이션을 할 수 있다.

또한, 프레젠테이션은 기본적으로 말하기(발표)를 전제로 한다는 것을 항상 명심해야 한다. 따라서 성공적인 말하기를 하기 위한 다음의 규칙은 좋은 참고가 될 수 있다.

㉠ 필요한 만큼 정보를 제공하라.
㉡ 거짓이나 근거가 불충분한 것을 말하지 말라.
㉢ 관련성 있는 말을 하라.
㉣ 명확하고 간결하며, 조리 있게 말하라(그라이스, 1975).

이것은 말하기에 있어서 양, 질, 관계, 방법의 네 항목을 정리하여 제시한 것이다. 말하기로 상대방에게 전달하여야 하기 때문에 위의 규칙을 종합하여 구체적인 상황과 맥락에 맞추어 목적이나 요구에 합치되도록 발표문을 구성하여야 한다.

(2) 자료 수집하기

프레젠테이션을 작성하기 위해서는 주제와 관련된 자료를 수집해야 한다. 전달하려는 내용을 증명하는 데 필요한 관련 연구 논문이나 보고서, 서적, 동영상, 사진 등 모든 것이 자료가 된다. 자료는 다양한 종류를 수집하는 것이 좋으며, 확실한 근거가 있어야 한다. 요즘은 인터넷에서 자료를 검색하는 경우가 많은데, 인터넷에서 검색한 자료는 사용하기 전에 반드시 출처를 정확하게 확인한 후에 사용한다.

2) 내용 작성 방법

프레젠테이션의 계획에 따라 중심 주제와 목표가 정해지면, 관련 자료를 수집하고 분석한다. 자료 분석이 끝나면 분석된 자료를 바탕으로 서론, 본론, 결론과 같은 기본적인 목차를 만든다. 내용을 구성할 때에는 우선적으로 체계성을 염두에 두어야 한다. 일반적으로 파워포인트를 사용할 경우, 청중들은 슬라이드를 보면 되기 때문에 발표자가 작성한 문서를 청중들에게 따로 나누어주지 않는 경우가 많다. 그 경우 전체 문서의 내용과 부분의 내용들 사이의 관계를 파악하기가 용이하지 않을 수 있다. 따라서 내용을 구성할 때 전체와 구성요소들 사이의 관계가 잘 드러날 수 있도록 체계적으로 구성해야 한다.

(1) 원고 작성하기

프레젠테이션을 활용하는 경우에도 구체적인 내용을 확인할 수 있도록 자세한 내용을 담고 있는 완성된 보고서를 함께 준비해야 한다. 프레젠테이션은 이 보고서의 내용 중 핵심적인 것만 요약하여 발표하는 것이다. 따라서 일반적인 발표문과 동일한 과정에 따라 보고서를 작성하고, 그것을 프레젠테이션에 맞게 요약하는 과정이 첨가된 것이다. 따라서 글쓰기 절차는 일반적인 보고서 작성의 순서를 모두 거쳐야 한다.

본격적인 원고를 작성할 때는 간결한 어구형 서술방식으로 핵심 내용을 요약하여 제시함으로써 청중들에게 발표 주제를 명확하고 효과적으로 전달할 수 있도록 작성한다. 발표의 시간과 내용을 정확하게 지키기 위해서는 별도로 일반적인 서술형으로 자세하고 풍부하게 작성하는 것도 좋다. 수집된 자료의 구체적인 수치나 근거 등을 기록해 놓는 것도 중요하다.

일반 서술형

교수는 학생들의 과제에 대해 피드백을 성실하게 해 줄 필요가 있다. 과제에 대한 피드백은 학생 입장뿐 아니라 교수 입장에서도 여러모로 필요하고 유용하다. 피드백을 통해 교수들은 학생들에 대한 공정한 평가와 관심을 표명할 수 있다. 과제에 대한 정확한 피드백을 통해 교수의 채점이 공정함을 알리고, 이에 따라 학생들과의 관계에서 신뢰성을 얻을 수 있다. 또한 교수는 정확한 피드백을 통해 학생들이 강의 목표와 내용을 어느 정도 이해하고 있는지를 측정할 수 있다. 이밖에 피드백을 통해 학생들 개개인에게 관심과 애정을 갖고 있음을 알릴 수 있고, 학생들과 소통할 수 있는 새로운 채널을 만들 수도 있다.

어구형 서술

⊙ 과제 피드백의 필요성

1. 학생 입장
2. 교수 입장 : 학생들에 대한 공정한 평가와 관심을 표명
   1) 공정성 확보를 통한 신뢰성 구축
   2) 학습 목표와 내용의 이해도 측정
   3) 학생에게 관심·애정을 표현할 수 있는 기회
   4) 학생과 소통할 수 있는 채널

(2) 전달효과 높이기

프레젠테이션 슬라이드는 내용만을 전달한다고 생각하면 안 된다. 청중들에게 작성한 내용이 잘 전달될 수 있도록 배치에도 신경을 써야 한다. 슬라이드가 텍스트로만 이루어져 있으면 전달력이 현저히 떨어지게 된다. 따라서 사진이나 이미지, 도표, 그래프, 동영상 등을 활용하면 청중이 쉽게 알아 볼 수 있다. 그러나 이러한 자료들은 시각적 화려함이나 재미만을 추구하는 것이 되어서는 안 된다. 항상 프레젠테이션의 주제를 효과적으로 전달한다는 목적에 부합하는 보조 자료라는 점을 잊어서는 안 된다.

그래프는 통계나 숫자 등의 자료 결과를 일목요연하게 보여주기 위한 자료로 적당하다. 그래프에는 선 그래프, 막대 그래프, 원 그래프가 있다. 선 그래프는 시간의 흐름에 따른 변화를 나타내는 데 적절하다. 막대 그래프는 다양한 집단의 특성을 비교하는 데 주로 사용되며, 원 그래프는 여러 가지 결과를 한눈에 보여주기에 적절하다. 도표의 경우는 제시되는 항목이 다양하거나 내용이 복잡한 경우, 이를 효과적으로 정리하여 보여줄 수 있다.

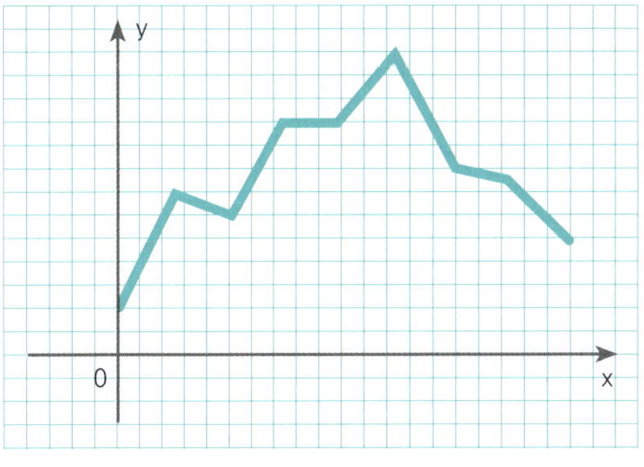

선 그래프

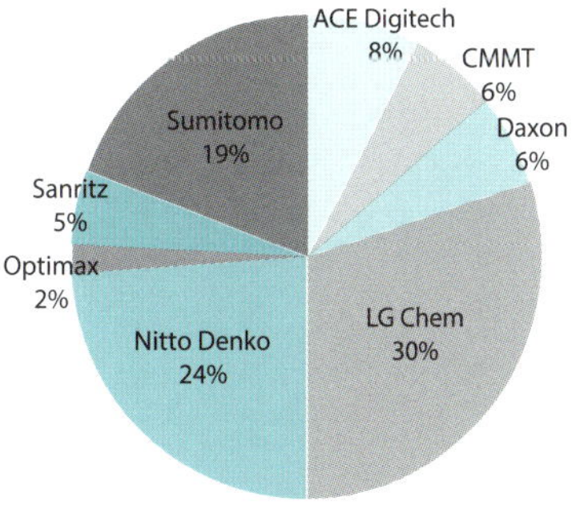

원그래프

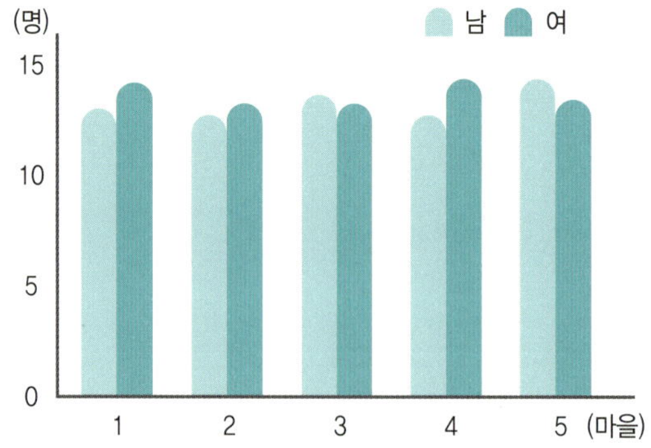

막대그래프

3) 내용 작성의 전략

프레젠테이션은 많은 사람들 앞에서 자신의 의견을 명확하게 전달하는 것이다. 그러나 청중들에게 단순히 자료를 읽어 내용만을 전달해 주는 것이 아니다. 프레젠테이션의 핵심은 청중들과 자료를 중심으로 서로 공감하고 소통할 수 있어야 한다. 그러기 위해서는 내용의 구성에 있어 몇 가지 전략이 필요하다.

(1) 간단명료하게 요점만 전달한다

프레젠테이션의 중심은 정보의 전달에 있다. 따라서 장황한 설명이나 모호한 표현은 청중들의 이해를 방해할 수 있으며, 자칫 지루함을 가져올 수 있다. 따라서 간결하고 명료한 표현을 사용하여 핵심적인 정보만을 분명하게 전달해야 한다.

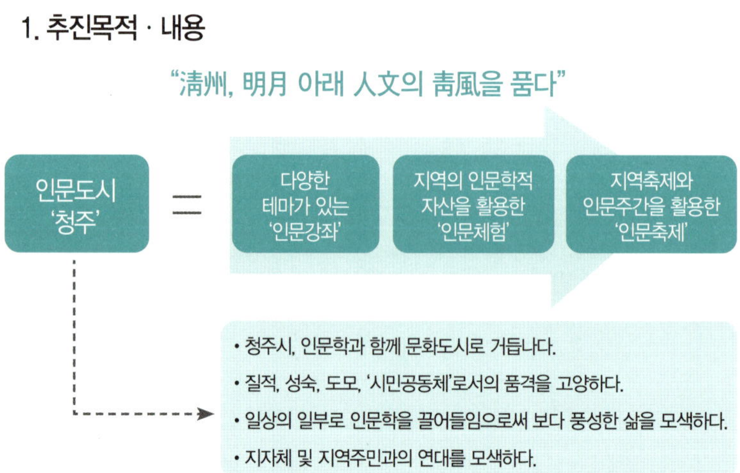

위의 예시를 보면 본 사업이 추구하는 주제를 먼저 제시하였으며, 이어서 구체적인 내용으로 설명하고 있다. 그러나 설명을 장황하게 하지 않고 주제어를 선정하여 각각의 특징적인 면을 강조하고 있다. 또한 부족한 정보 설명에 대해서는 새로운 공간을 이용하여 제시함으로써 간단명료하게 내용을 이해할 수 있게 하였다.

(2) 가독성을 고려하여 단순하게 구성한다

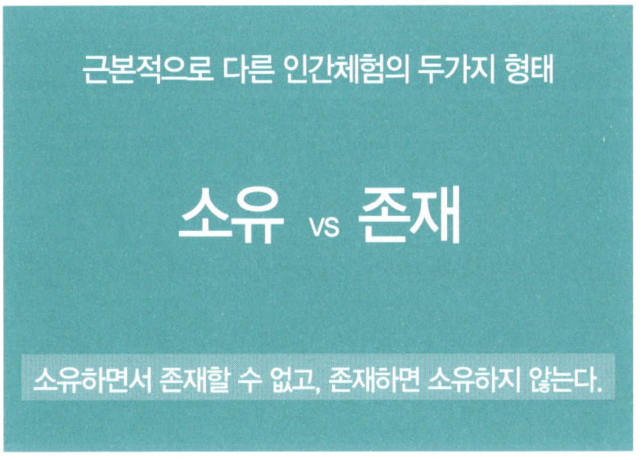

글자체와 배경을 선정할 때 우선적으로 가독성을 고려하여야 하며, 너무 화려하고 다양한 색상이 아니라 단순하면서도 깨끗하게 구성하여야 한다. 너무 다양하고 혼란스러운 배경을 사용하면 청중들의 주위를 분산시켜 내용에 집중할 수가 없게 된다. 또한 글자체나 색상의 경우에도 핵심이 되는 중심 단어를 부각하는 것을 제외하고는 단순한 것이 가장 좋다. 그래야 전달하고자 하는 핵심내용에 집중할 수가 있다. 인용하는 그림이나 도표도 가능한 한 딘순하게 제시하는 것이 좋다. 또힌, 하나의 슬라이드에 너무 많은 내용을 담지 않아야 한다.

위의 예시에서 보는 바와 같이 하나의 화면에 핵심 주제를 단번에 파악할 수 있도록 간단하고 명확한 단어들로 효과적으로 구성함으로써 가독성을 높이고 전달하려고 하는 내용을 쉽게 짐작할 수 있도록 하였다.

(3) 내용의 흐름이 자연스럽게 이어지도록 구성한다

모든 글쓰기가 그렇기는 하지만 프레젠테이션에서도 제시된 내용과 내용이 자연스럽게 이어져서 전체적으로 유기적인 관련을 가지고 있어야 한다. 프레젠테이션의 내용은 대체로 여러 장의 슬라이드로 구성된다. 또한 각각의 슬라이드는 자세한 설명을 보여주지 못한다. 따라서 내용과 내용이 자연스럽게 연결되기 위해서는 발표자의 의사소통이 중요한 부분이다. 일반적인 문어의 표현에서는 단락 나누기, 들여쓰기, 띄어쓰기 등으로 내용의 구분과 연결을 시각적으로 보여줄 수 있다. 그러나 이러한 시각적인 전달이 어려운 프레젠테이션에서는 발표자의 언술로 이를 대신하여야 한다.

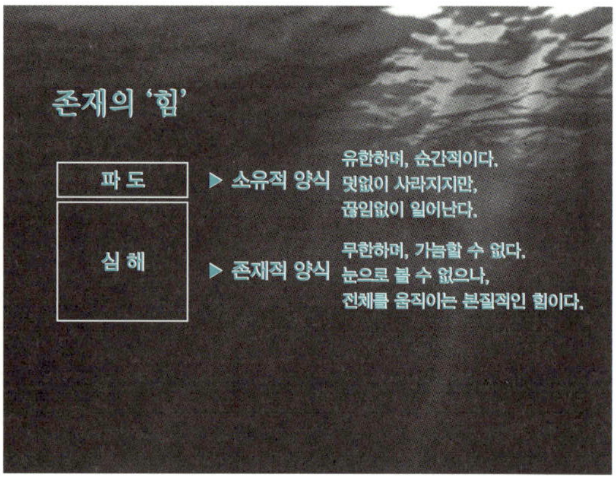

위의 예시에는 가장 핵심 질문을 포함하고 있는 배경화면을 사용하고, 질문에 대한 설명을 텍스트로 간단하게 제시함으로써 화면을 구성하고 있는 모든 요소들이 유기적으로 연결되도록 하였다. 배경화면에 관한 다양한 설명을 통해 자연스럽게 텍스트로 제시된 핵심 내용을 이해할 수 있게 하고 있다.

4) 프레젠테이션 하기

성공적인 프레젠테이션이 되기 위해서는 잘 준비된 내용도 중요하지만, 이를 효과적으로 전달하는 발표자의 태도와 화법도 큰 비중을 차지한다. 발표자는 항상 청중의 변화를 주의깊게 살피면서 발표에 집중할 수 있도록 유도해야 한다. 또한 발표자는 자신의 감정을 진실하게 전달할 수 있도록 해야 한다. 그러기 위해서는 실제 프레젠테이션에 들어가기 전에 반드시 충분한 예행연습을 해야 한다.

(1) 연습 및 점검하기

예행연습은 실제 상황과 최대한 비슷한 환경을 조성한 후, 목소리의 크기, 속도, 발음, 어조, 레이저 포인트와 같은 보조기구의 사용, 소요시간 등 실제 상황에서 일어날 수 있는 문제점을 점검하고 보완해야 한다. 원고의 초안을 소리 내어 읽어봄으로써 어색한 단어나 문장을 바로잡고, 논리의 오류나 내용상의 문제점을 수정한다. 또한 제시되는 시청각 자료와 원고 내용이 일치하고 있는지도 점검하여 보완한다. 마지막으로 예상 되는 질문에 대한 답변을 미리 준비하는 것도 중요하다.

(2) 발표하기

자신감을 가지고 준비된 내용을 차분하게 발표한다. 발표는 먼저 발표자의 자기소개, 청중에 대한 인사, 발표의 핵심적인 주제에 대한 간단한 소개로 시작한다. 이 때 발표의 순서나 소요 시간 등의 정보를 제공하는 것도 좋다.

내용을 발표할 때는 청중과 끊임없이 교감하면서 반응에 따라 적절하게 대응한다. 또한 어휘 사용을 전략적으로 하여 지나치게 상투적인 말이나 부정적인 표현을 삼가고, 명확하고 정확한 발음으로 신뢰감을 심어주도록 한다. 발표는 너무 빠르거나 느리지 않은 적절한 속도를 유지해서 말을 한다. 너무 많은 내용을 준비하여 발표하게 되면 후반부에 가서 발표를 서두르게 되어 당황하고 말이 빨라져 내용이 올바르게 전달되지 않을 수 있다. 발표 중에는 과도하지 않은 범위 내에서 몸동작을 함께 하는 것도 전달력을 높이는 역할을 한다.

발표 마지막에는 지금까지의 발표 내용을 간단하게 정리하고, 결론을 다시 한번 강조하여 전체 내용을 환기시켜 준다. 그리고 발표가 끝나면 질의와 응답의 시간을 가진다. 전체적으로 발표시간을 준수하는 것도 중요하다.

(3) 프레젠테이션 시 유의사항

- 자신감을 가지고 정확하게 발음하며, 말끝을 흐리지 않는다.
- 원고나 슬라이드를 그대로 읽으며 발표하지 않는다. 발표 전에 충분한 연습을 실시하며, 중요한 내용에 대해서는 간단히 메모를 하여 참고할 수 있다.
- 발표자로서의 격식을 갖춘 옷차림을 해야 한다. 슬리퍼나 반바지 등을 착용하거나 지저분한 옷을 입지 않고 단정한 옷을 입어 예의를 갖춘다.
- 질의와 응답에서 질문이 마음에 들지 않더라도 일단 상대방을 존중하고 성실하게 답변한다. 답변은 정확하게 함으로써 불필요한 논쟁이 되지 않도록 하며, 대답하기 어려운 질문에는 즉석에서 반드시 답변해야 한다고 생각하지 말고 다음을 기약하는 것이 바람직하다.

▶ 전공수업 발표문을 프레젠테이션으로 작성해 보자.

▶ 자신이 소속된 학과를 프레젠테이션으로 소개해 보자.

참고문헌

Ⅰ장

강헌, 「청년문화의 등장」, 『전복과 반전의 순간』, 돌베개, 2015.

김홍중, 「삶의 동물/속물화와 참을 수 없는 존재의 귀여움」, 『속물과 잉여』, 지식공작소, 2013.

룽잉타이(龍應台) · 안드레아, 강영희 역, 『사랑하는 안드레아』, 양철북, 2016.

장자(莊子), 김창환 역, 『장자』, 을유문화사, 2010.

Harari, Yuval Noah, 김명주 역, 『호모 데우스: 미래의 역사』, 김영사, 2017.

Jakobson, Roman, 신문수 역, 『문학 속의 언어학』, 문학과 지성사, 1999.

Ⅱ장

2008년 5급 공개경쟁채용시험 제시문

2011년 5급 공개경쟁채용시험 제시문

2012년 5급 공개경쟁채용시험 제시문

2013년 입법 고등고시 제1차 시험 제시문

2016년 5급 공개경쟁채용시험 제시문

2017년 5급 민간경력자일괄채용시험 제시문

문창극, 「공짜 점심은 싫다」, 『중앙일보』, 2010.3.15.

오세정, 「한류 드라마의 흐름과 성공 요인 재고」, 『개신어문연구』 41, 개신어문학회, 2016.

오세정 · 조현우, 『고전, 대중문화를 엿보다』, 이숲, 2010.

최병권 · 이정옥 편, 『세계의 교양을 읽는다』 1, 휴머니스트, 2011.

하윤섭, 『조선조 오륜시가의 역사적 전개 양상』, 고려대 민족문화연구원, 2014.

Frank, Arthur W., 메이 역, 『아픈 몸을 살다』, 봄날의 책, 2017.

Ⅲ장

공무원시험 기출문제 제시문(2009 · 2011 · 2014 · 2015년 국가직 9급/2009 · 2012년 지방직 9급/ 2015년 서울직 9급/2016년 법원직 9급)

국립국어원 편, 『바른 국어 생활』, 국립국어원, 2009.

권석만, 『인간관계 심리학』, 학지사, 1997.

김구, 「나의 소원」, 『백범일지』(도진순 편), 돌베개, 2005.

김소영, 「신종 엔터테인먼트」, 『중앙일보』, 2007.5.26.

박성래, 「음력 양력의 과학적 비교」, 『민족 과학의 뿌리를 찾아서』, 동아출판사, 1991.

박이문, 『길』, 미다스북스, 2003.

이희승 · 안병희 · 한재영, 『개정 한글맞춤법 강의』, 신구문화사, 2015.

Ⅳ장

강명관, 「파리를 조문하는 글」, 『시비를 던지다』, 한겨레출판, 2009.

김윤식, 「명품과 운명의 관련양상」, 『황홀경의 사상』, 홍익사, 1984.

뉴턴코리아 편집부, 「대우주」, 『NEWTON highlight』 68, 아이뉴턴, 2016.

이지영, 「〈창선감의록〉의 개작을 통해 본 소설읽기와 필사의 위안 효과」, 『문학치료연구』 8, 한국문학치료학회, 2008.

이지영, 「조선시대 규훈서 번역과 여성의 문자문화」, 『젠더와 번역』, 소명출판, 2013.

조동일, 「처용가무의 연극사적 이해」, 『탈춤의 역사와 원리』, 홍익사, 1979.

한인섭, 「사형제도의 문제와 개선방안」, 『형사정책』 5, 한국형사정책학회, 1990.

와타나베 히로시(渡辺浩), 윤대석 역, 『청중의 탄생』, 강, 2006.
Eliade, Mircea, 이윤기 역, 『샤마니즘』, 까치, 1992.
Fabre, Jean Henri, 김진일 역, 『파브르 곤충기』, 현암사, 2006.
Said, Edward W., 박성규 역, 『오리엔탈리즘』, 교보문고, 1991.

V 장

구현정 · 전정미, 『화법의 이론과 실제』, 박이정, 2012.
박영민, 「비평문 쓰기 교육의 방법」, 『오늘의 문예비평』 64호, 2007.2.
박진숙, 『소통을 위한 글쓰기』(수정증보판), 예옥, 2009.
임태섭, 『스피치 커뮤니케이션』, 커뮤니케이션북스, 2012.

대학 글쓰기

편 자 대학 글쓰기 교재 편찬위원회
발행처 충북대학교 출판부
발행인 고 창 섭
주 소 28644 충북 청주시 서원구 충대로 1
전 화 (043) 261-2952, 3014
팩 스 (043) 274-1256
이메일 presscbu@chungbuk.ac.kr
등 록 제1983-2001-7호
초판1쇄 2018.02.28.
초판8쇄 2025.03.31.
인쇄처 삼성디자인기획 042)221-3111

ISBN 978-89-7295-322-7 93700

값 17,000원